国家文化发展国际战略研究院学术文库

国际文化贸易经典案例研究

（第四辑）

主编　秦淑娟　张佑林

中国商务出版社
CHINA COMMERCE AND TRADE PRESS

图书在版编目（CIP）数据

国际文化贸易经典案例研究. 第四辑／秦淑娟，张佑林主编. —北京：中国商务出版社，2021.10（2024.01重印）

ISBN 978- 7- 5103- 3963- 9

Ⅰ.①国… Ⅱ.①秦…②张… Ⅲ.①文化产业—国际贸易—案例—研究 Ⅳ.①G114

中国版本图书馆 CIP 数据核字（2021）第 216634 号

国际文化贸易经典案例研究（第四辑）
GUOJI WENHUA MAOYI JINGDIAN ANLI YANJIU（DISIJI）

主编 秦淑娟 张佑林

出版发行：中国商务出版社

地　　址：北京市东城区安定门外大街东后巷 28 号　　邮　　编：100710

网　　址：http://www.cctpress.com

电　　话：010-64212247（总编室）　　010-64269744（事业部）

　　　　　010-64208388（发行部）　　010-64266119（零售）

邮　　箱：bjys@ cctpress.com

印　　刷：北京明达祥瑞文化传媒有限责任公司

开　　本：787 毫米×1092 毫米　1/16

印　　张：22.25

字　　数：351 千字

版　　次：2022 年 1 月第 1 版

印　　次：2024 年 1 月第 2 次印刷

书　　号：ISBN 978- 7- 5103- 3963- 9

定　　价：68.00 元

前　　言

国际文化贸易是指与知识产权有关的文化产品与服务的贸易活动，是国际文化产品与服务的输入和输出的贸易方式。作为国际服务贸易的一个重要组成部分，国际文化贸易已成为当今全球服务贸易竞争的重点领域之一。虽然受新冠肺炎疫情影响，国际文化贸易发展放缓，但发展趋势没有改变。国际文化贸易作为一种新的商业形态未来仍有广阔的发展前景。

《国际文化贸易经典案例研究（第四辑）》是在秦淑娟、张佑林教授的指导下，由上海对外经贸大学国际经贸学院的研究生和留学生以及马克思主义学院的研究生、金融管理学院的学生鼎力完成。学生们通过线上线下方式分头调研了美国奈飞（Netflix）、漫威漫画（Marvel Comics）、华特迪士尼（The Walt Disney），以及日本东宝、东映动画、任天堂、索尼等文化贸易企业近年来的发展情况，掌握了大量的第一手材料，在此基础上独立撰写了24篇调研报告，汇集为本书。

本书以业内领先企业为对象，调研内容涉及影视戏曲、文化创意产品、动漫游戏、文化贸易平台、国际文化交流等领域。由本书主编统筹规划、悉心指导，各位作者深入调研、认真撰稿最终完成的调研报告质量较高，具有一定的借鉴意义。但毕竟各位作者研究能力和水平有限，书中或许还有不完善之处，欢迎广大读者探讨和指正。在写作过程中，我们借鉴和引用了国内外许多文化学者的相关研究成果，在此表示诚挚的谢意！

秦淑娟　张佑林

2021 年 10 月于上海

目 录
CONTENTS

第四部分　文化贸易平台

第五部分　国际文化交流

第一部分

影视戏曲

YINGSHI XIQU

Netflix 全球流媒体巨头产品国际化路径与经验分析

在其飞速发展的二十多年中，Netflix（网飞/奈飞）通过不断的技术创新，使其提供的内容在各大平台竞争中脱颖而出，顺利成为历史上第一家加入美国电影协会的流媒体服务公司。2020 年 4 月，Netflix 的市值再次超过迪士尼，达到了 1873 亿美元。这是 2018 年之后，Netflix 市值第二次超过迪士尼，成为全球第一大媒体娱乐公司。在国际文化建设方面，Netflix 采取了包容与拓展同时进行的策略，以迎合目标地区的文化背景；在平台打造方面，Netflix 投入大量资金构建多样化的、原创的数据库，引导自身产品全球化、本地化内容的发展；在技术方面，Netflix 实现破坏性创新的同时还在有差异的产业链市场里充分利用了不对称优势，在时间与空间的动态竞争中占据了先机，针对不同文化、语言、支付和定价习惯的地区采取因地制宜的策略开拓国际市场。Netflix 的路径与经验分析势必对我国影视剧的产业布局、市场建设及国际化发展提供有意义的借鉴。

一、Netflix 的发展现状及国际化特征分析

（一）Netflix：发展过程

1. 初创：DVD 租赁为前身

Netflix 由里德·哈斯廷斯（Reed Hastings）于 1997 年在美国加利福尼亚州成立，为迎合美国当时热门的影带租赁行业需求，主要从事 DVD 租

赁业务。Netflix 作为一家业内新企业，为了与当时美国的其他 DVD 租赁公司竞争，力争在运营模式和服务模式上更为先进。它与邮局达成合作，将门店设置在邮局旁边，将 DVD 邮寄到客户手中。这种模式不仅提高了整个分发系统的效率，还节约了运营成本。自此，Netflix 在影视 DVD 租赁行业积累了巨额资本。DVD 租赁行业在 2006 年总收入走向峰值，高达 270 亿美元。Netflix 嗅到了市场变革的气息，在技术与运营模式上开始革新。2007 年，Netflix 在继续利用 DVD 租赁盈利的同时，开始转向在线视频业务。由此，流媒体平台逐渐形成，Netflix 成为全球流媒体平台的前驱。

2. 发展：从 DVD 到流媒体

2007 年，Netflix 从 DVD 租赁转向流媒体平台，成为美国互联网在线视频行业的先驱者。eMarketer 发布的 2008—2014 年美国互联网用户规模数据显示：自 2008 年起，美国互联网用户规模正在逐渐上升。随着互联网的发展，Netflix 选择了新的发展方向，将其原先的 DVD 租赁业务转为通过互联网流媒体平台对数据影视的租赁业务。同时，Netflix 在数字影视播放技术上不断革新，对大数据统计、分析、算法，以及播放质量、内容分发等方面进行创新与优化，使用户得到高质量影视的同时还能轻易找到自己喜爱的电视电影作品。此外，Netflix 对其流媒体平台的质量把控上，通过开发自己的程序，使得展现给用户的界面更加流畅、影视下载更加快速，从而提高了用户体验，实现了使用率的进一步提高。2007 至 2009 年间，Netflix 的用户从 750 万增加至 1200 万，多了近一倍。

3. 成熟：从美国第一到世界第一

在平台搭建完成之后，内容的填充成为 Netflix 的主要业务。2012 年，Netflix 正式进入自制剧集的创作，并拍摄了第一部原创电视剧《莉莉海默》(Lily hammer)。2013 年，Netflix 依据客户调查，以全新的播放方式与内容制作模式推出了《纸牌屋》(House of Cards)，并在美国大获成功。这是 Netflix 第一次尝试将大数据参与到剧集的制作之中。通过大数据的收集与分析，Netflix 能够精准找到市场用户的需要，大大降低影视出品后不被大众接受的风险，直接降低了剧集制作的投资风险。自此，Netflix 视频网站平台进入成熟稳定的发展时期。

Netflix 最主要的盈利来源是会员费。会员用户可以在任意联网的地区登入 Netflix 的官网或者使用 App 观看其提供的产品，包括纪录片、电影、电视剧等在线资源（这里有收入数据）。对用户来说，Netflix 汇集了大量优质内容，通过支付月租费便可在平台上收看大量的美剧和电影。在这一时期，Netflix 不断拓展国际市场，加速全球化之路。近几年，Netflix 的国际付费用户持续增长，特别是 2020 年第一季度，受全球新冠肺炎疫情和家庭隔离政策的影响，Netflix 新增订阅用户 1577 万，远超市场预期。截至 2020 年 4 月，Netflix 全球用户总量已接近 1.83 亿。

（二）发展现状

2015 至 2019 年间，Netflix 美国区域的活跃订阅用户持续上涨。虽然没有具体的新用户增加量与旧用户离开量的数据，但能够推测 Netflix 用户在美国的高速增长阶段已经结束。对 Netflix 来说，美国市场已经趋于饱和。进一步开拓国际市场、尽快占有国际市场将成为其首要目标与新增长点。

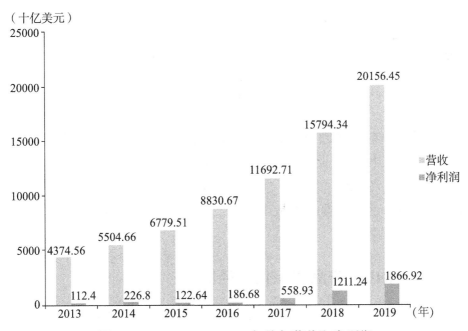

图 1 Netflix 2013—2019 年的年营收和净利润

图 1 为我们展现了 Netflix 的发展近况，2013—2019 年的年营收额与净利润的持续快速增长见证了 Netflix 迅猛发展的过程。但在计算 Netflix 净利润的过程中，所扣除的支出一般是流媒体平台内容资产摊销。Netflix 的成本中，有大部分是来自两三年前的摊销成本。因此，Netflix 除了面对新制作内容需要支付的成本外，还需要支付大量的往年内容摊销成本。这就是 Netflix 必须维持良好营收状态的原因。

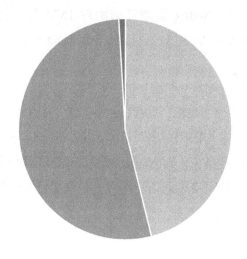

▨ 美国地区　▨ 外国地区　■ DVD售卖

图 2　Netflix 2019 年收入占比

其收入中有 98.52%都是会员费。如图 2 所示，作为一家国际化企业，Netflix 的收入中的最大收入来源并非来自美国本土会员，其中一半多的收入都来自国外各个地区的会员。其中美国地区的会员费收入是 92.43 亿美元，美国之外的会员费收入是 106.16 亿美元，传统的 DVD 售卖依然有 2.97 亿美元的收入。

二、Netflix 产品国际化路径探讨

从根本上讲，Netflix 当下的成就应当归功于其特有的运作体系。在这一运作体系中，技术创新、多元化、品牌化等战略，共同推动了 Netflix 的

自我完善和持续发展。

（一）全球科学技术创新用户摆在首位

Netflix 之所以能在产品内容输出与利用媒体方面保持优势，并在变幻莫测的市场竞争中脱颖而出，应该说主要得益于其基于用户喜好的算法及其对 AR 视频领域的高度敏感和快速反应。

1. 流媒体技术的应用与实践

为了应对激烈的市场竞争与垄断压力，Netflix 在技术创新上从不吝啬，技术的不断革新为 Netflix 的对外输出打下了坚实的基础。在创立之初，Netflix 为了与百事达影视租赁公司竞争，创新性地推出了 DVD 邮寄服务，缩短了产品与消费者之间的距离。并在此后又推出了订阅模式，按月为消费者提供 DVD。此举取消了高额的滞纳金，进一步拉近了与消费者的距离。2007 年，Netflix 颠覆了 DVD 租借传统，正式推出在线流媒体服务，在影视生产商、广告投资商、消费者之间构建起了一套"良性互动"的生态网络，通过流媒体技术将影视节目和广告直接传输到消费者使用的各类终端，一马当先的流媒体技术的成功使 Netflix 迄今为止仍是流媒体行业的典范。此外，Netflix 为了打通有线电视与流媒体数字平台之间的数据传输障碍，通过创新的数字流技术将电视机顶盒和数字视频播放器联系起来，成功地将数字视频内容传送到电视机顶盒等终端，此举牢牢地巩固了 Netflix 在数字电视电影行业的中心位置。除此之外，Netflix 为了提高数字传输速度，还在 2011 年专门组建了传递网络 Netflix Open Connect，在全球 1000 多处安装了 Open Connect 设备，从而优化了基础设施和服务器，保障了数字内容的高速传输。

2. 引入算法推荐

算法推荐技术是 Netflix 业务的基石，即针对不同的用户喜好推荐相应的内容以改善体验。"公共观影体验"的概念由经济学家邓肯等提出，即用户对电影的偏好还取决于其在社会网络中的观看行为。2000 年，公司根据亚马逊旗下的互联网电影资料库评分，通过客户观影次数、时长、位置、设备、反馈等参数为基准创建了一套基于分数的算法推荐系统，通过了解观众的偏好来修改推荐模型，让用户成为社会网络效应的制造者，从而提升网站的公共观影效应以及提高保留用户的能力。该算法还通过创建、营销和分发等手段，显著增强了呈现给用户的内容趣味性。

3. AR 技术开创互联网交互模式

Netflix 在 2018 年出品的交互影视作品 *Black Mirror：Bandersnatch* 中首次使用了 AR 技术。*Black Mirror* 使用全新的交互模式，在提高了收集、分析用户数据的效率的同时，还能根据其收集到的数据改变提供音乐的偏好和品味，甚至能够修改观众的互动角色使之更加舒适。这种实时分析用户从而优化剧情内容的新的交互模式掀起了一股在流媒体平台上采用新的数据挖掘模式的潮流。观众在这种新的交互模式下不再只作为剧情的接受者，还能成为推动剧情发展，使剧情走向符合自身喜好的创作者。*Black Mirror* 使用的新交互技术为影视内容的消费与整合带来了巨大的空间，也为广告商植入广告提供了一片新天地。当 Netflix 通过革命性创新的 AR 交互技术稳步发展时，YouTube 等竞争者也开始纷纷效仿，制作开发采用交互模式的新的影视作品，以提高其平台的用户使用率与广告收入。

4. 沉浸式按需定制，鼓励用户参与

Netflix 在让用户沉浸在影视作品中的同时还能够获得用户的偏好、习惯等信息，再据此按需制作消费渠道与方向，并嵌入到用户界面中，基于用户行为来针对性地进行品牌建设，这种经济行为属于数字注意力经济的范畴。Netflix 采用同步分发的模式，其订阅方式让每个用户都能在不被广告影响的情况下按自身喜好访问整个平台的绝大部分节目与影视作品。这种成熟的影视体验模式在用户群中广受欢迎。Netflix 的成功离不开其对用户行为的追踪、收集与分析。并且，Netflix 十分重视感情基础与认知的影响力，通过全球算法推荐与沉浸式模式，为每个用户提供个性化的服务，实现了在众人喜好都不同的情况下，仍能保证其提供的影视作品得到每个人的认可。除此之外，Netflix 还推出了"用户集资"模式，鼓励用户为自己喜欢的原创作品投资。对用户数据的超前利用使 Netflix 成为电视、电影制作和全球营销的潮流风向标。

（二）合作下的差异化适应本地消费需求

国家与国家间的网络基础设施和政策各不相同。为了保证在各个国家和地区的有效运转，Netflix 采取了多元化的战略，不仅与当地平台合作，以提升文化产品内容与传播渠道相互促进的能力，还根据不同国家的法律法规调整自身的行为，在平衡与妥协的基础上开拓当地市场，促进全球用户增长。

1. 跨地区跨领域合作，建立渠道和内容优势

Netflix 在创立初期只是一家致力于 DVD 租赁与邮寄的服务。自其进入流媒体行业以来，分别与福克斯广播公司、派拉蒙影业公司、好莱坞环球影城、任天堂公司、华特迪士尼影业集团、英国广播公司、美国广播公司、微软有限公司等建立了国际合作关系，以构筑内容与技术优势。其中，与 OTT 电视运营商达成的国际合作一举将传播渠道扩大到电视行业，从而在输出渠道的能力上打赢了第一仗，奠定了坚实基础。2010 年以来，Netflix 与加拿大广播公司、美国米高梅公司、法国电信公司 Orange、日本软银集团、韩国三星电子、巴西有线电视运营商 Net、以色列 Hot 电视网等公司达成了战略协议，实现了资本合作和终端覆盖，继续扩大其传播渠道。Netflix 同时在欧洲、中东、非洲、拉丁美洲、亚太地区成立了办事处和内容制作中心，不仅能有效地实行内容本土化，在未来剧集的创作上还能广泛吸收各个国家和地区的文化，任用全球的优秀人才，由此在剧集的制作上迸发出更大的活力。

2. 差异化定价支付系统，满足本地化需求

Netflix 十分注重各个方面的本地化策略，在世界范围内的版权管理、每个国家的服务器维护、外贸壁垒、定价模式和支付方式等都有严格的管理与处理方案。为了吸引各个地区的用户，Netflix 在不同地区提供不同的内容。除了推出全球性的影视剧集以外，Netflix 还会购买当地流行的影视播放，同时也会制作本地化的影视节目，以吸引本地用户。本地用户只需要成为 Netflix 的会员，就不仅能看到本地制作的剧集，还能看到 Netflix 国际化的剧集。Netflix 在全球范围内的扩张并不是无序的、盲目的，它拥有

一套完整的评估系统。Netflix 可以通过当地收入水平、互联网普及率、同类型平台数量及经典案例、当地人口的行为与文化特征等来判断目标地区的市场潜力。2019 年 7 月，Netflix 开始为印度用户提供价格低廉的仅在移动端的流媒体免流量服务，每个月仅需 2.78 美元。除了印度之外，Netflix 在马来西亚、菲律宾等国家也实施了类似的移动端免流量的流媒体计划。这种通过测试当地用户的收入情况以及当地公司的定价策略来制定最合适的定价系统和支付系统的方式，不仅不损害当地人利益，还顺势提高企业的声望，提升平台的使用率。

3. 跨地区合作与妥协，确保业务全球运转

互联网与流媒体平台的出现，撼动了电视机、放映机这两大电子输出终端的垄断地位。由于互联网的全球性，影视作品在国际流动的障碍被消灭，流媒体平台能将其影视作品传播到世界各地的互联网终端，全球化合作成为 Netflix 最重要的策略之一。为了保证全球业务的有序发展，必须提供符合当地用户口味的内容，严格遵守地方法律法规。目前，美国地区的流媒体市场趋于饱和，非美国地区将成为 Netflix 接下来发展的重点，这势必要面对本地流媒体平台的竞争，而且始终遵守当地的法律法规，尊重当地的文化传统，都是 Netflix 正在面临的挑战。Netflix 采取的是妥协的战略，每当 Netflix 推出的内容未通过当地文化局的审核或者违背了当地文化、民族价值观时，Netflix 都采取撤回内容和道歉等形式来规避损失。就像 Netflix 的首席执行官里德·哈斯廷斯在接受采访时所说的："我认为娱乐公司必须随着时间的流逝做出妥协……我们希望艺术视野在全世界范围内能够保持一致。"

（三）全球策略提升国际影响力

在 2011 年以前，Netflix 战略的主要内容是购买其他公司制作的电视电影的版权并提供点播服务。在这之后，Netflix 开始针对美国观众的文化需求自制原创内容，这使得 Netflix 从电视电影的转播平台转型成为制作方与发行方。产业上游与下游的结合与兼容，为 Netflix 打开了全新的竞争格局。

1. 追逐奥斯卡奖项，提升品牌影响力和内容扩张力

1929 年创立的奥斯卡金像奖是全球电影行业最具影响力的活动，堪称是"电影行业的风向标"，制作一部能获奥斯卡奖的作品成为一家影视制作公司出品质量的证明。自从 Netflix 制作的电视剧《铁杉树丛》《纸牌屋》在国际上万人空巷之后，它开始在提升品牌影响力上下工夫，开始追逐奥斯卡奖项。Netflix 在奥斯卡的角逐上投资了相当多的预算，几乎每年都会选择十几部电影角逐奥斯卡。2014 年，《埃及广场》获得奥斯卡最佳纪录片提名；2019 年，《罗马》获得奥斯卡最佳导演、最佳外语片、最佳摄影，成为 Netflix 首个非纪录片类别的奥斯卡大奖；2020 年 1 月，Netflix 斩获 24 项奥斯卡大奖提名，成绩超过任何一家好莱坞影视公司。这些奖项都源自 Netflix 不懈的投入和高质量的原创。

2. 以多种族与女性取向的内容战略，扩大品牌的用户基础

为了与各个国家不同地区的用户建立起情感纽带，Netflix 专门成立了一个不仅对影视剧情、拍摄、制作等有着丰富经验，而且对多民族、女性向文化有着深入了解的团队，以此使平台内容多元化。比起好莱坞流水线上千篇一律的特效电影，Netflix 投资制作的电视电影对老年人、妇女以及有色人种关注得更多。其许多电影都成功塑造了独立且充满冒险精神，抑或是为自己的梦想坚持、十分有毅力的女性或有色人种的角色，如《女子监狱》《勇敢的安妮》《月事革命》等作品。Netflix 在塑造女性角色上颇为成功，这与公司结构与管理层决策有相当大的关系。在 2019 年 Netflix 制作的原创电影中，有超过 20% 的电影导演都是女性。如今，Netflix 有 49% 的女性员工，公司高层的女性员工比例更是超过 49%，这样的公司结构使其电视电影的审美与电影内容的表现形式独具一格，扩大了内容的受众群，提高了全球范围内的订阅量。

3. 用本地化场景、标题和语言，提升品牌好感度和知名度

节目内容的全球化必须面对的问题就是文化差距，因此影视企业需要深刻掌握当地语言的文化特性。容易被接受的本土化场景、有本地特色的电影名字以及经过本地流行文化加工的翻译，都会令影视内容在当地更加流行。Netflix 在 2019 年 9 月推出的《刑案侦讯室》，聚焦英、法、德、西班牙四个国家的四组犯罪故事，并分别在这四个国家拍摄了不同版本。虽然四个部分的内容相似，但内容却与拍摄地的文化息息相关，每个部分都基于当地的文化结构与用户喜好来拍摄，能够将当地的文化特色原汁原味地展现到消费者眼前。除此之外，在不同国家拍摄时，使用当地知名演员，以迎合当地用户的习惯。由于文化差距的缩小，这些内容对于这四国的消费者而言更能被接受。为了解决语言障碍，Netflix 所有的剧集都由自家提供翻译与配音，基本每一部电视电影都会提供 10 种翻译配音以及 20 多种翻译字幕，供全球范围内的用户根据自己的喜好选择。Netflix 将语言切换功能调整得十分简单，消费者只需要通过"个人资料"里的通用设置便可以在 20 多个翻译版本间实现自由切换。

三、Netflix 成功出口的经验与启示

无论是 Netflix 快速的全球化发展，还是迪士尼+、华纳等新兴流媒体平台在全球范围内的迅速建立，都表明流媒体的时代已经到来。作为流媒体平台的代表，Netflix 公司的成功经验值得深刻的分析。其凭借低廉的价格、丰富的内容、多元的互动、全球覆盖等优势，迅速缩短了企业扩张的周期，对传统电视电影行业格局带来了根本性的变革。在这样一个变革背景下，Netflix 成长过程中有哪些经验值得我们分析呢？

（一）Netflix 的经验

1. 大数据分析作为核心技术

数据作为信息社会的基础，建立在互联网上的任何一家企业都应该将数据作为发展道路上的核心资源，流媒体平台也不例外。当代流媒体发展的核心是通过包括其他行业以内的各种渠道来收集、分析、加工用户数据，由此得到每一个人独一无二的偏好、习惯等信息。除了在内容推荐上直击人心，提高旧用户留存率与新用户增长率以外，还能将相似偏好的人群聚集起来引起社会效应。目前，虽然不同企业受其规模等因素的影响，利用大数据的能力各不相同，但这种基于对大数据的整合与分析来提高客户忠诚度的模式在全球范围内已经被广泛采用。Netflix 得益于自身巨大的

客户数量，通过内部数据的分析，整合每一个用户的点击次数、浏览时长、观看节目类型等数据，得出一份独一无二的用户报告，再根据这些信息向用户推出更适合的内容，进而培养用户对平台的黏度与忠诚度。

2. 多元素的包容的制作方向

吸引国际用户的最简单的方法就是找到他们的共性，但众多的国家有众多文化，想要找到一个全球各族人民都喜欢的内容十分困难，因此多元素、互动、包容的内容显得格外重要。流媒体平台作为一种新的传媒终端，与旧时代的电视、电影院的最大区别就是其交互性、自主性十分强大。在互联网技术迅猛发展的背景下，用户除了作为内容的接受者外，还可以参与到内容的创作中去，在众口难调的时代，为满足自身的特别需求给自己打造一个仅属于自己的节目内容。要提高内容的互动、自主性，流媒体平台就要拓展自身，具备强大的数据处理与分析能力。2018 年开始，Netflix 在互动剧集上一系列成功的大胆创新为 Netflix 抢占新市场、获取非美国用户的忠诚度、输出文化内容提供了基础。

3. 基于用户喜好的内容制作

国际流媒体平台应当始终站在用户的角度思考，按照每一个用户的喜好提供不同的内容，将国际化战略从关注国家、地区细分到个人，实行精准营销，把用户体验摆在第一位，这样才能保证在用户竞争上不至于处于被动地位。Netflix 转型流媒体平台之初就充分表现了其用户思维。在其早期大红大紫的标志性美剧《纸牌屋》的准备过程中，即对观众的观剧习惯以及观剧偏好做了大量的调查与分析，做出了理性的推断，最终制作而成的《纸牌屋》打破了美国电视剧行业一向采用的"边拍边播"的传统，一次性将整部剧集呈现在观众面前，成功赢得了受众的喜爱。

（二）Netflix 的启示

1. 国际环境下更注重文化环境

流媒体平台在对外输出其文化产品的同时，必须充分考虑到目标地区的法律法规、文化语境、版权保护等因素。由于国际环境错综复杂，大部分流媒体平台的输入都受到各国严格的监管，而且监管的政策也各不相同，因此必须对当地的"游戏规则"有着深刻的理解，极力减少或消除与当地法律法规相冲突的文化内容与公司决策，如此方能减少当地政府审查的不确定性对流媒体内容所带来的负面影响。而且由于不同地区的文化语境上存在差异，当所提供内容与当地文化语境不符时需要学会 Netflix 的"妥协"策略，以避免引起当地社会的抵制。

2. 一丝不漏地保护全球用户的隐私

Netflix 在用户隐私保护上投入了不少的资金。隐私保护问题伴随着大数据的使用而渐渐出现在企业面前。企业通过大数据的收集与分析，渗透到了人们的生活之中，掌握了用户隐秘的习惯与喜好的信息数据，隐私保护成为流媒体平台全球性的共同问题。国际流媒体平台必须严格监管数据收集、分析的过程，避免用户的个人隐私泄露，以此维持与用户的紧密联系，避免信任危机，实现平台长久发展。

3. 跨地区用户个性化内容定制

Netflix 对自己的用户实行定制化服务模式，通过对 Netflix 平台用户的数据分析，与用户进行互动，为其推荐定制的节目内容。流媒体平台不仅是一个将内容输出到终端的单向通道，用户与用户之间、用户与平台之间的交互都是在流媒体平台的基础上实现的。提供卓越的交互功能，以及个性化服务能有效增加用户的黏性与忠诚度。因此，流媒体平台在发展过程中，除了要站在客户的角度考虑之外，还应主动培养用户习惯模式，反过来对用户产生影响，加强平台与用户之间的联系纽带，为全球拓展提供用户基础。在交互模式上也要不断创新，适度调整平台对用户的引领力度，形成用户与平台之间的良性互动。

4. 全球收费模式多元化

流媒体平台最重要的环节是流量变现的过程，如何将平台拥有的流量变成资本是每一个流媒体平台都需要考虑的问题。目前，全球大部分流媒体平台主要依靠广告、会员费、付费内容分级等方式进行收费。Netflix 的收费模式十分成熟，其最基本的理念是利用低廉的会员费以及高质量的内容服务来提高用户数量，以此营利。此外，Netflix 还为用户提供了为喜爱的节目投资的项目，在提高用户黏度的同时，开辟了另一种收费方式。为了应对复杂的国际金融环境，Netflix 还为不同的国家制定了不同的收费标准，使收费方式更加人性化。

5. 在跨国业务中拉拢本地伙伴

Netflix 的成功与其优秀的全球化布局密切相关。在内容方面，不是原封不动地输出到目标国家或者地区，输出的内容会先经过本土化加工，在考虑当地文化接受度的情况下对内容进行本土化修改，在语言和文字翻译等方面加入本地文化元素，降低本土消费者的接受门槛，提高用户收视率。除了对输出内容的修改，Netflix 也会根据当地市场情况针对性地拍摄内容，大多以当地文化背景、传说、知名小说等为剧情基础，再加入国际化元素进行拍摄，以满足本地消费者的需求。

除了内容的本土化之外，Netflix 还与当地知名输出终端合作，比如与电视台、机顶盒厂家、电影制作商等企业进行合作，本地企业可提供庞大的消费市场，Netflix 可提供高质量的制作模式与高水平的电视电影作品。Netflix 甚至会与当地的竞争厂家展开合作，互相沟通交换技术与市场，获得双赢。

高融合度的本土化内容与本土化合作离不开以下几点：第一，在深刻理解当地文化基础上，培养用户黏性与忠诚度，挖掘潜在用户；第二，使本地分公司人力资源组成本土化，以减少运营和管理中出现与本地法规冲突的情况，迅速融入当地产业链；第三，内容制作团队成员本土化，如邀请本地知名演员、编剧等参与制作，在保证海外作品质量的同时，保证其在当地也有很高的接受度，努力做到本地化与国际化接轨。

国际经贸学院　岑鑫

星球大战风靡全球的路径与经验分析

一、星球大战国际化的基本概况

《星球大战》系列（以下简称"星战系列"）是全世界最有影响力的电影系列之一，1977年第一部《星球大战》诞生至今，该系列已经走过了四十多年的历程，有十部真人影片上映（包括八部正传和两部外传），具有极高的市场价值。"星战系列"作为较早产生世界影响的系列电影之一，它的成功促进了后来系列电影的生产热潮。近年来，国际影坛特别是好莱坞系列电影层出不穷，《哈利·波特》系列、《速度与激情》系列逐渐走进全球观众视野，漫威旗下的系列电影更是打开了系列电影的广阔前景。中国系列电影也步入了起步阶段。虽然好莱坞系列电影凭借完善的制片体系和丰富的制片经验容易取得成功，但是系列续集的票房和口碑乏力现象越来越常见。而国产系列电影还没有完全摸清系列电影的制片和创作规律，常出现续集难以为继的局面。以上现象反映了系列电影经营理念的滞后和创新能力的不足。

"星战系列"作为延续时间较长、影响巨大的系列电影，它的成功与卢卡斯影业对于系列电影品牌价值的重视具有密不可分的联系。四十多年来，"星战系列"电影在尊重母片（即构成系列电影的首部影片）的形式与内容、风格与内涵的基础上不断进行创新，在子片（续集影片）中延伸出新的情节、矛盾冲突、主题内涵，增添新的角色（或演员），创造新的飞船和武器，不断扩展系列电影的品牌价值。通过品牌价值的延续和扩展，"星战系列"一方面牢牢巩固住原始观众，另一方面又逐渐吸引了年轻观众的注意。这种将系列电影作为品牌经营的长远眼光和全局思维值得系列电影创作者学习。

《星球大战》的成功不仅在于其成熟的经营理念、天马行空的科幻奇观，还在于该系列深刻的文化思想内涵。"星战系列"创作者将哲学、宗教、政治、道德等方面的思考和隐喻编织进跌宕起伏的剧情、光怪陆离的幻想奇观中，从而扩展了影片的思想内涵，这是系列电影具有持久生命力和吸引力的关键，也是"星战系列"品牌价值的重要组成部分。

二、星球大战国际化路径探索

（一）电影制作：文化产业的核心

1. 天马行空的想象与实际的结合奠定了基础

"星战宇宙"是一个先进与落后、科技与神话、过去与未来等对立元素混杂的世界，其中外星风貌、服装、建筑、政治体系、人物设定等各个方面都体现出杂糅的特征。而这种元素的拼贴和混杂风格首先达到的效果就是视觉感官方面的吸引力，引发了观众对于科幻世界的好奇心。

影片中，不同时代、不同阶级、不同风格的服饰出现在同一时空之中：达斯·维达具有威慑力的黑色套装，帝国冲锋队机械感浓重的铠甲，莱娅公主古典风格的衣袍，卢克简约的中世纪套装，汉·索罗典型的牛仔打扮，帝国官员们的标准化军装等，让人眼花缭乱。从单个人物的造型来说，帕德美·阿米达拉（即纳布女王）的服装风格最为繁杂，它糅合了中国、埃及、中东、蒙古、希腊、日本等众多的地域特征，并且大多兼具古典主义和未来主义两种相去甚远的风格。在阿米达拉女王与安纳金定情的一场戏中，浪漫唯美的露背长纱裙具有希腊宫廷色彩，但是脖子上的金属装饰则属于典型的科幻风格。女王的婚纱则应用了维多利亚时期经典的蕾丝和刺绣图样。女王的其他服装还用到了汉服领口、和风雨伞、罗马褶皱、沙皇尼古拉斯二世时期的风格……不论运用何种地域风格，上述服装都少不了金属、几何图案等未来主义科幻元素，彰显科幻型特色。女王嘴唇上的红痕和煞白的面部与中国唐代妇女的妆容如出一辙，创作者却赋予这种妆容特别的含义，命名它为"记忆的裂痕"，象征着"伟大的和平年代"来临前纳布的痛苦岁月。这些构成了异星文化重要的组成部分。

影片一上映，千年隼、达斯·维达、R2-D2、死星构成的异星文化形成了巨大的感召力，迅速成为流行文化的一部分。影片中充满奇思妙想的机器人和外星人也是一大看点：絮絮叨叨、忠心耿耿的C-3PO是个拥有人形金属外壳的公关机器人，演员如机器般机械缓慢的动作让人捧腹；R2-D2是一个矮小的圆柱形机器人，它虽然不会说话却具有修理器械、收发信号、播放全息影像等诸多功能；38R2-D2用红色信号灯和哔哔声来传达自己情绪的呆萌形象受到了广大粉丝的喜爱；楚伊则是个拥有灵长类动物外形的长毛大个子，脾气暴躁但充满温情。这些人物形象已经成为星战品牌的标志。

2. 精美包装及精准定位扩大受众群体

天才的创意使得故事本身就有了天然的优势。导演卢卡斯敏锐的嗅觉让他将故事的时代、国家背景模糊化，讲述了一个超脱于现实社会的近乎魔境的科幻故事。这种"伪装世界电影"的叙事策略，能够寻求受众的最大公约性。近乎苛刻的精致画面特效、创意独特的概念角色设定，史无前例地激发观众的想象，制造视觉狂欢的盛宴。

缜密的用户需求市场调研，可为内容定位精准把关。正如在国内首推IP概念的程武所言，"IP实质就是经过市场验证的用户情感共鸣的承载"，或者说是创意产业里面，"经过市场验证的用户需求"。电影的"IP"概念（Intellectual Property）有"智慧财产""知识产权"（Intellectual Property Right）的意味。卢卡斯非常重视目标消费群，他将受众群体分类，针对不同类型设计相应的情节策略，以达到精准投放的效果。如《星战前传III：西斯的反击》筹划时，在全球范围内启动了一份针对不同国家、不同年龄段的受众群体认同度调研，分析IP更新和加强的环节：将观众按类型分为铁杆影迷、可转化观众、潜在观众、反对者四类，将着力点放在潜在用户身上，根据观众需求，在影片中制造细节吸引点。

3. 体验式营销增加互动趣味

在当前的消费观念中，用户消费不仅注重产品本身带来的满足感，更注重在消费时候的心理认同和情感体验。例如，星战系列在许多销售地点都增加了一些非常有趣味性的小活动，通过营造一种身临其境的感觉来增加用户的购物体验并且增强其购买欲望。在一些比较大的零售店可以看到，商店中的电视屏幕在循环播放一些星战电影中的精彩剪辑片段，这些精彩片段中出现的科幻元素的道具就摆放在屏幕下面，或是在零售店附近的一小块空地上，身着精美衣服的正反两派在用光剑进行打斗，有时还会允许路过的客人手持光剑与工作人员进行"比试"。这种沉浸式的近距离的体验和互动增强了消费群体的体验感，即便最后客户没有进行消费，从效果上来说，对于宣传星战系列人物和科幻风格都起到了一定的作用。在购物之后，免费发放的印有星球大战印记的精美购物袋，也在一定程度上增加了消费群体的文化认同感，让消费人群获得独特文化的认同感和归属感。星战系列的影响力渐渐在周边产品的营销上形成一种独有的"星战迷"们的盛大派对。例如，国内的豆瓣、百度贴吧等网络平台也都有星战粉丝的"根据地"，这些平台不亦乐乎地创作出一些精美的星战剪辑视频或者是漫画，积极地投身到星战的创作与互动中去，这不仅可以提高其对星战系列的忠诚度，还在不同的地区中对亿万网友产生了影响，形成了口碑，有效扩大了潜在星战迷的规模。

（二）宣传制作：文化产业的助力

在《星球大战》之前，电影发行前推广的最常用方法是宣传预告片，他们将在电影首轮放映前一周或更早时候在影院放映，尽管有些预告片富有创造性，但是大多数预告片都显得程式化：一部几分钟的短片，将被宣传的影片的精彩镜头进行分类呈现。很多年来，预告片被认为是对新电影进行宣传的最成功的手段，但随着制片厂制度的解体，每一部电影都要面临影院的挑选，如何在放映之前吸引更多观众是决定电影票房的基础。卢卡斯除了制作精美的具有视觉震撼力的电影宣传片外，还运用了很多具有开创性的新的电影宣传手段。

1. 交叉促销节省宣传投入

《星战前传Ⅲ》也引发了这样一轮宣传热潮。在全球，汉堡王、凯洛格食品、百事可乐、AMD、M&M's 巧克力等都与卢卡斯电影公司签署了相关推广协议。在中国，索尼爱立信、AMD、康师傅、网易、班尼路、沃尔玛等都与星战进行了捆绑营销。星战观众正在成为一个含金量巨大的金矿，越来越多的知名企业开始参与其中。交叉促销的重点是利用已有的资源进行产品宣传和销售。1990 年迪士尼公司对电影《迪克崔西》进行的宣传就是个很好的例子，首映式是圣诞节期间在米高梅、迪士尼乐园举行的，随后每天都上演"崔西表演秀"，乐园的商店里出售与电影相关的产品，同时麦当劳还配合这部电影举行了大型抽奖活动。尽管这部影片的票房不尽如人意，但是影片的特许商品制作和销售却创下了迪士尼有史以来的最高纪录。交叉促销的另外一种方式是媒体公司凭借自己的规模和市场交换能力，与其他营销零售组织结成战略联盟，互相推销商品，也称为联合促销。这两种促销方式不但可以使宣传效果和利润最大化，同时还实现了边际成本的最小化。

2. 媒介选择提高宣传效率

在电影宣传方面要舍得花钱，但绝对不是乱花钱，电影宣传应该努力避免由于传统的传播方式带来的传播无效或传播浪费。卢卡斯把《星球大战》的受众按其对影片的喜爱程度分成了几类，并把宣传重点放在那些潜在观众身上，这样就可以节省宣传费用，同时也为《星球大战》积累更多的观众资源。在中国，《星球大战》选择与网易合作，建立了中国唯一的官方网站，进行互联网的宣传活动。由于网络用户大多为年轻人，因此提高了《星球大战》的宣传效率，为影片在中国的发行聚集了更多的观众。在《星球大战》的影响下，好莱坞电影公司也开始注意对有线电视媒体的广告投入，但并不是盲目地投放到较大的有线电视网。相反，这些公司更多地注意到一些占市场份额较小但对电影迷有很强吸引力的有线电视媒体。例如，一个名叫 G4 的 24 小时提供电子网络游戏的有线电视频道就颇受好莱坞电影公司的青睐。这个视频游戏频道是美国最大的有线电视运营商 Comcast 在 2002 年开通的，它的目标用户是 12～34 岁的电子游戏爱好者。2003 年 G4 的用户多达 1100 万，远远超过了第一年预定的 600 万用户目标。从 2003 年起，Comcast 计划在五年内再注资 1.5 亿美元，把 G4 发展成用户达 3000 万的有线频道。最令好莱坞感兴趣的是，虽然只有不到五分之一的美国家庭拥有 G4 频道，但 G4 的用户愿意在电影首映的第一个周末前去观看的比例是普通电影观众的两倍。为此，2004 年与 G4 签约做广告的电影公司已高达 70 多家，比 2003 年全年的电影客户数高了一倍。随着网络用户的增加，加之网络用户多为年轻人，好莱坞的电影宣传逐渐移植到了网络上，几乎每一部电影都会开放官方网站，为电影做宣传。

3. 活动营销制造轰动效应

《星球大战》的营销活动可谓是占尽了天时地利。由于《星球大战》的巨大吸引力，《星球大战》系列影片的发行成为媒体追踪的对象，因此，很多媒体宣传费用可以直接节省。电影广告只能给观众提供观影的间接经验，而现实活动则可以让观众得到现实体验，这样的活动更能吸引观众。如《加勒比海盗 3》的宣传，是在迪斯尼乐园里举办了一天的游园会，为游客带来惊险刺激的完全海盗历险体验，使观众不仅能通过媒体了解电影，同时也能亲身体验电影，这样就会有更多观众走进影院去观看电影。米高梅公司为了宣传《律政俏佳人》，与美发沙龙"维达沙宣"共同发起了一个全国金发美女日，于 2001 年 7 月 9 日在十个城市为人们免费提供染金发服务。

4. 电影评奖提高国际声誉

尽管《星球大战》系列影片的号召力足以聚集大量的观众，但是评奖对于《星球大战》的宣传而言，无疑是很有帮助的。首部曲夺得七项奥斯卡奖，成为《星球大战》的续集电影的良好开端。奥斯卡奖成为好莱坞用来宣传的一张重要的底牌。据调查资料显示，某一部电影是否获奖对电影票房的影响是非常重要的。据好莱坞业内预测：最佳影片奖可以为一部电影增加 1000 万至 3000 万美元的收入，而最佳男主角或最佳女主角则会给影片带来 300 万至 800 万美元的额外收入。在美国学者莱威的研究中，奥斯卡的最佳影片奖的现金价值被评估为 500 万至 3000 万美元。在一项对 1927 到 1985 年间的奥斯卡奖项的全面研究中，莱威断言：好莱坞每一家制片厂最大目标就是获得奥斯卡奖题名并赢得最佳影片奖，因为奥斯卡奖项扮演了一个举足轻重的角色，它可以带来电影业最重要的一些东西——

金钱、声望和力量。从 20 世纪 30 年代中期开始，奥斯卡奖项和高票房电影之间就存在着密切联系。由于观众对奥斯卡奖的高度认可，奥斯卡奖项可以给影片带来更大的吸引力，亦是对影片质量的保证。尤其对于某些观众来说，如果影片获得了奥斯卡奖项有可能选择去看，如果没有获奖，就认为没有看的必要了。

（三）衍生产品：文化产业的拓展

1. 推出周边产品，赢得市场青睐

根据全球特许授权商品联合会（LIMA）发布的一份报告，2015 年一整年，全球 IP 类的衍生品销售额达到了惊人的 2517 亿美元。在中日韩为主的东亚市场范围内，衍生品年收入达到了 1132 亿美元，其中服装类收入为 379 亿美元、玩具为 337 亿美元。

这些数字充分说明了衍生品市场拥有巨大的市场潜力，《星球大战》在衍生品市场上表现优异，为全球的衍生品市场贡献了超过 7 亿美元的销售收入，可谓是风生水起。由迪士尼负责的衍生品开发和销售，也是星战系列大卖的重要原因。星战系列玩具"Force Friday"比电影提前三个月上市首发，并且迪士尼还在 YouTube 上直播由 YouTube 明星参与的 18 小时"Force Friday"玩具首拆活动。这一系列销售活动不仅带来相关产品的热卖，更推动了《星球大战：原力觉醒》斩获全球票房榜第三名的好成绩。对于依靠电影产业驱动的星战系列来说，衍生品是"放长线钓大鱼"的绝佳商业模式。目前全球有众多公司都与《星球大战》有着很多款联名作品，比如孩之宝公司、hottoys 公司、万代公司、乐高玩具都推出了星战系列手办，得到了广大星战迷的好评，有些手办甚至卖出了不可思议的高价。发展到现在，星战系列的周边产品已经离开了手办这一阶段，开始逐渐融入人们的日常生活中，比如"死星"形状的茶包，链子的另一端是钛战机、光剑筷子、光剑烛台、死星开瓶器、达斯·维达调料瓶、达斯·维达烤面包机（烤好的面包上印有星战人物的印记）、光剑水龙头等。

2. 发行相关游戏，提高品牌知名度

自从第一部星球大战电影被搬上银幕之后，短时间内出现了很多款星

战游戏，包括 1983 年的街机游戏《星球大战》和《绝地归来》，1980 年的弹珠台游戏《帝国反击战》。如今，星球大战已经推出的游戏已多达上百款，系列游戏的推出更是多达 18 款。其中不乏跨界作品，比如 2015 年推出的迪士尼无限世界 3.0，乐高系列的《乐高星球大战》等游戏，甚至联合了愤怒的小鸟在 2012 和 2013 年推出了两款相关游戏。这些作品大都融合电影中的经典元素为其服务，电影剧情或者人物为游戏的设计提供了非常优质的素材，反过来游戏的受众人群也为星战系列的文化传播奠定了基础，由此实现了两个产业的共赢。

国内外知名的游戏平台 Steam 上有星球大战系列的游戏包裹，囊括了大部分发行在电脑端的星战题材游戏；逢年过节的时候还会推出一些促销活动，得到了很多游戏玩家的好评。2019 年 11 月发售的《星球大战绝地：陨落的武士团》，登陆了 PC（Steam/Origin）、PS4、Xbox One，Steam 版游戏更是获得了玩家的"特别好评"。另外根据最新消息，德国游戏分级委员会已经为《星球大战绝地：陨落的武士团》PS5 和 XS 版完成了分级，这意味着重生开发的这款魂类星战游戏也会登陆 PS5 和 Xbox Series。根据网络上的词条热度，此次推出的游戏必然会吸引到一大批玩家，原汁原味的星战元素搭配上性能强劲的游戏机，可谓是吊足了其胃口；预计将带来非常可观的收入，同时也会对《星球大战》系列的其他产业形成正向的促进作用。

3. 建造主题乐园，增加客户体验

当制作《星球大战》系列电影的卢卡斯影业在 2012 年被迪士尼收购之后，迪士尼公司花费很多精力来为这广受好评的电影系列造势。最激动人心的是迪士尼主题园区"星球大战：银河边缘"（Star Wars：Galaxy's Edge）于美国时间 2019 年 8 月 29 日在佛罗里达州华特正式揭幕。新的主题园区邀请游客们参加属于他们自己的《星球大战》冒险活动，以便为晚些时候开放的"星球大战：反抗军的崛起"拉开序幕。

迪士尼斥巨资建造的这个星战主题乐园占地 5.67 公顷，位于美国迪斯尼"西部垦荒时代"主题园区（Frontierland）后面，它是迪士尼目前最大的单一主题区。该主题园区包括两处大型游乐设施以及餐厅、食摊、小

酒吧和多家商店。该主题园区以黑峰站为背景，在《星球大战》的贸易路线绕道母星巴图（Batuu）以前，它曾是个繁忙的城镇。现如今，这处以高耸的石化树来命名的前哨战地吸引了众多走私者和赏金猎人，当然也包括了抵抗组织成员和令人恐惧的第一秩序（First Order）成员。游客们可以一边品尝银河美食和饮料，一边游逛一系列引人入胜的商店，或者在银河系中操控最著名的太空船"千年隼：走私者逃亡号"（Millennium Falcon：Smugglers Run），从而参与到故事情节中来。

新园区的建立基于华特·迪士尼幻想设计部门（Walt Disney Imagineering）与一家专营电影、电视和数字娱乐制作暨拥有《星球大战》特许经营权的全球领导者 Lucasfilm Ltd. 数十年合作的基础。深厚的合作基础为精彩主题园区的建立创造了良好的前提。根据官方描述，这种身临其境的游乐设施将"模糊幻想与现实之间的界限"，让游客置身于"第一秩序与反抗军之间的高潮战斗"之中。故事情节包括《星球大战》电影中的许多经典情节，在这里，电影中的几位英雄可为游客们充当向导，带领游客们进行战斗。

四十多年来，《星球大战》的影片想象仿佛坐在《千年隼号》里面，在星空中如一阵疾风般扫过，或飞速穿越《歼星战斗舰》（Star Destroyer）大厅的情景。"星球大战：银河边缘"会包含将这些梦想统统变为现实的两个标志性游乐设施。在"千年隼：走私者逃亡号"，游客们将会登上号称银河系中最快的庞然大物的驾驶舱，开始自己的《星球大战》冒险。当飞船在太空中疾驰之际，游客们可以担任三个独特而关键的角色之一，并掌握"千年隼号"的控制权。一些游客将成为飞行员，一些会是枪手，而另外一些则变成了工程师，他们将以多种方式参与到游乐项目中来。这些互动方式无疑大大增加了乐园的趣味性，拉近了与影迷的距离。

还有在黑峰站热闹的市集闲逛时，众多的美食是让游客惊喜的亮点之一，在那里他们会看到许多琳琅满目的商店和售卖正宗星球大战主题创作品的摊位。在主题乐园里面的机器人商店（Droid Depot），有时会邀请游客来构建自己的宇航技工机器人。顾客从传送带上选取零部件，以构建两个核心模型（R 系列或 BB 系列）中的一个，他们可以使用各种零件和颜色来定制他们的机器人。这些机器人与整个主题园区的元素互动，提升了游客们的冒险体验。还可以通过添加额外的附件以进一步定制这些新朋友。此外，商店还提供预制机器人，以及启发自机器人灵感的玩具、服饰等。

游客还可以使用 Play Disney Parks 应用程序与《星球大战：银河边缘》中的各种元素（包括机器人、闪烁门板和天线阵列）进行互动。在 Savi 的光剑工坊中，游客将有机会制作和打造他们自己的光剑。在这种神秘的体验中，游客们在制作这些来自更文明时代的优雅武器时将感受到原力（the Force）。如此种种与游客互动的方式可以让游客们在有限的空间内体验到遨游在星际空间的乐趣，进而吸引到众多的游客，为主办方带来了巨大的利润以及品牌效应。

三、星球大战对于文创产品国际化的启示

（一）产品品质与客户心理的把握

在文化产品全球化的过程中，势必会主动或被动地接受来自不同地区的人群与文化观念的检验。在这个过程中，作为文创产品的创造者首先应该最大可能地保证其产品质量，对受众群体进行清晰定位，才可以在鳞次栉比的文化贸易产品中站稳脚跟，不断扩大市场影响力。《星球大战》系列中涌现了诸多或是正义或是邪恶的角色，阐述了邪恶角色是如何一步一步沦为"恶魔"的，围绕着这些人所展开的星际恩怨故事，受到了全世界儿童们的喜爱。青少年和中年人的高度评价也驱动着星战故事的前进，形成了一股似乎永不退潮的星战热。科幻元素与文化特色的交融，正义与邪恶的交锋，既保证了《星球大战》的科幻元素，也对青少年群体有一种启发式的辨别"善良与邪恶"的积极引导，有助于青少年群体的心理健康。在文化产品的创作中，对产品品质与受众群体心理的把握决定了文化产品的生命力和持久力。只有让产品不断追随着客户需求的变化，才能在广阔而又激烈的国际市场上寻得一席之地。

（二）品牌的打造与宣传

品牌营销是影视产业不断创造出惊人价值的源泉。一部成功的作品即使最终没有形成自己的品牌，也一定有着属于自己的符号，每当人们提起这个符号，不会想到其他，而是直接联想到作品，这就是一个成功品牌应该具有的影响。在现代的商业竞争中，符号和品牌越来越凸显出其地位的重要性。发掘文化资源的过程，要与实际用户的需求联系起来，即：在不脱离本文化资源的前提下，努力突破其旧有的局限，以客户需求为导向发展本文化资源。具体来说，在制订文化产品贸易战略时，策略性地吸收一些国际优秀文创作品的经验有益于更好地发展，但同时要区分不同文创产品的特点，区分不同地区的特色以及不同群体客户的偏好与需求。品牌的打造对于其原作品而言是一个涅槃的过程，在这个过程中，既要保持优秀作品的内核，又要摒弃一些优秀文创作品的不必要特征，在保留其核心特征的基础上，再加入一些符合目标群体的流行元素，扩大品牌在其消费人群中的影响力。尽管这种品牌文化与初始的文创作品会有一些出入，但并不影响原作品，甚至相反，恰恰迎合了一些客户对于文创作品"与时俱进"的要求，有益于增强原作品的生命力。

《星球大战》系列从首部上映到现在，已经积累了丰富的文创作品的元素，在这个良好的"符号"基础上，只要"探明"了市场用户群体的需求在哪儿，就可以对这些文创作品进行"流行化"处理，使其变成目标群体的新宠。比如《星球大战》中赫赫有名的光剑，在授权给孩之宝公司光剑外形的玩具之后，孩之宝公司推出了很多款销量火爆的光剑玩具。虽然价格不菲，但依然有很多人为其买单，究其原因，无非是孩之宝公司光剑玩具的外形几乎跟《星球大战》系列电影里的一模一样，这就使得星战迷们趋之若鹜。

同样，一个品牌的发展并不是一蹴而就的，在不断与顾客需求磨合的过程中，创作者首先要主动地去接触其目标消费群体，了解其需求，并进行改造以适应不断变化的客户需求。文化产品的生命力并不是在产品创造之初就决定的，即使最初的文创产品有一些瑕疵或者缺憾，经过后期良好的市场营销也是能够取得巨大成功的。比如中国动画中众所熟知的《熊出没》系列作品。虽然在故事设定和人物性格刻画或是动画制作上都有一些为人诟病的内容，但其在宣传营销方面比较成功，截至现在已有 7 部大电影，2 部贺岁片。虽然说不上是精品，但确确实实赚到了很多新生代儿童的流量，短时间内成了人尽皆知的卡通动漫形象。《星球大战》坐拥优质的原创品资源和经典影视形象，若能吸收一些成功的影视形象宣传营销的经验或是策略，必然能够在文化贸易产品市场上大放异彩。

（三）通过多方合作延长产业链

当今世界各个产业的变化升级非常迅速，从传统意义上划分的第一产业、第二产业、第三产业之间的界限日渐模糊，甚至"第四产业"已经出现并被某些学者定义了。科技发展日新月异，此时的文化贸易更需要借助科技的力量来完成"拾级而上"的过程。在这场全球各种文娱力量互相博弈的过程中，若是闷头专心搞自己的事业是万万不能的，需要秉持一种开放的心态来学习和借鉴世界各地的先进经验，才能在风云诡谲的国际形势中立于不败之地。

其中非常重要的一点就是寻求多方合作伙伴，推销自身优秀的文创作品在合作伙伴的产品或是形象上进行宣传。比如《愤怒的小鸟》这款游戏，其中一个章节的闯关游戏背景和人物角色就来源于《星球大战》系列；又如乐高玩具中的星战角色玩具系列，或是把钥匙扣做成星战角色的形象，等等。寻求合作伙伴在提高当今的世界文创产品的活力中起到了非常重要的作用，因为许多文创作品是某种符号或是某种精彩故事，它是虚拟的。这个时候就需要对文创产品进行"实体化"，使其化身为人们日常能接触到的实体化的物体。通过文创产品不同"实体化"之后的物品来与目标群体客户拉近距离、保持联系。

另外一点就是尽最大努力延长文创产品的产业链。在这一方面，迪士尼做得很好，不仅打造了最大的星战乐园，并且在公园内部进行了各种文创产品的宣传和售卖。游客们获得非同寻常的游玩体验后，还可以将各种星战文化的衍生品带回家，非常有利于扩大其影响力。在延长产业链时，要注重底蕴的保留和长远的发展。习主席曾说，"一个国家的文化底蕴是软实力"。文创作品也一样，底蕴的发展离不开时间的累积。在全球联系愈加紧密的今天，优秀的文创作品越来越缺乏一片"安静"的土壤，这其实说明老牌的文创作品有一定的优势，所以要把握住目前的市场形势，有序高质量地推动产业链的延长，充分利用市场中的各种机会来为产品推广造势。当然，产业链的延长需要充分地权衡利弊后做出判断，采取科学有效的方法评估带来的收益和影响，并加强产业链下衍生产品的质量，以保持该文创产品的影响力和口碑。

国际经贸学院　张博勋

塑造跨国文化品牌　打造漫威电影宇宙

一、漫威的发展概况

（一）漫威简介

漫威漫画公司（Marvel Comics）是美国漫画业巨头之一。漫威漫画创立于 1939 年；2009 年年底，MARVEL 被华特迪士尼公司以 42.4 亿美元加股票的价格收购为旗下子公司。2010 年 9 月，MARVEL 宣布其正式中文名称为"漫威"。漫威影业的作品大多由漫威漫画改编。漫威影业有限责任公司（Marvel Studios，LLC）是美国的一家电视和电影工作室，在 1993 年至 1996 年间又称漫威电影（Marvel Films），之后改名为漫威影业，该公司现隶属于总部位于加利福尼亚州伯班克的华特迪士尼影业。漫威影业原先是漫威娱乐的子公司，而漫威娱乐又属于华特迪士尼企业集团的一部分，通常与负责发行和营销的华特迪士尼影业进行合作。2015 年 8 月，迪士尼重新整合了漫威影业。从迪士尼发布的财务报表来看，漫威影业属于迪士尼影业中的一部分。漫威影业包括多个部门及合资企业，如漫威电视、漫威音乐、漫威动画、MLG 制作以及 MVL 制作有限责任公司等。这些部门有的仍然在运行，有的已经不存在了。

（二）漫威影业的发展历程

公司于 1961 年正式定名为 Marvel，旧译为"惊奇漫画"，曾用名"时代漫画"（Timely Comics）、亚特拉斯漫画（Atlas Comics）。

表 1　漫威电影宇宙三阶段的票房情况

	电影名	上映日	北美票房 （美元）	中国票房 （万人民币）	全球票房 （美元）
第一 阶段	钢铁侠	2008. 5. 2	318 412 101	7 733	585 174 222
	无敌浩克	2008. 6. 13	134 806 913	5 389	263 427 551
	钢铁侠 2	2010. 5. 7	312 433 331	17 509	623 933 331
	雷神	2011. 5. 6	181 030 624	9 784	449 326 618
	美国队长	2011. 7. 22	176 654 505	6 871	370 569 774
	复仇者联盟	2012. 5. 4	623 357 910	56 656	1 518 594 510
第一 阶段	钢铁侠 3	2013. 5. 3	409 013 994	75 486	1 215 439 994
	雷神 2	2013. 11. 8	206 362 140	34 235	644 783 140
	美国队长 2	2014. 4. 4	259 766 572	73 432	714 083 572
	银河护卫队	2014. 8. 11	239 085 000	59 632	765 070 000
	复仇者联盟 2	2015. 5. 12	329 133 743	146 391	936 533 743
	蚁人	2015. 7. 17	169 190 000	67 100	513 700 000
第三 阶段	美国队长 3	2016. 5. 6	406 000 000	124 635	1 150 000 000
	奇异博士	2016. 11. 4	230 120 000	75 170	677 000 000
	银河护卫队	2017. 4. 19	388 390 000	67 611	427 000 000
	蜘蛛侠	2017. 7. 7	332 700 000	77 414	702 000 000
	雷神 3	2017. 10. 10	311 220 000	74 302	854 000 000
	黑豹	2018. 2. 16	699 120 000	66 258	1 346 000 000
	复仇者联盟 3	2018. 4. 23	678 000 000	239 053	2 045 000 000
	蚁人 2	2018. 7. 6	215 400 000	83 155	622 674 139
	惊奇队长	2019. 3. 8	426 200 000	103 511	1 128 200 000
	复仇者联盟 4	2019. 4. 26	858 000 000	424 887	2 798 000 000
	蜘蛛侠：英雄远征	2019. 6. 26	389 750 000	141 742	1 131 900 000

资料来源：艺恩数据网。

　　漫威在 1975 年开始涉足音频领域，推出了一个广播剧《神奇四侠》和一张唱片，均由斯坦·李（Stan Lee）担任旁白。1990 年，漫威开始与贸易卡制造商天空盒子国际公司一起销售漫威宇宙卡。这些都是带有漫威宇宙角色和事件的可收集的贸易卡。2001 年，漫威退出了 Comics Code Authority，并建立了漫威漫画评级系统。2019 年 3 月，数字图书平台 Serial Box 宣布与漫威合作。

自 2008 年起，漫威依次将钢铁侠、绿巨人、黑寡妇、雷神、鹰眼、美国队长等超级英雄搬上大荧幕。先拍各个角色的故事，后拍英雄战队复仇者联盟，这样各部影片的设定是统一的，还在各部影片中埋下相互联系的伏笔，形成一个统一的世界观。漫威电影和电视剧开始在全世界传播。

（三）漫威电影业的代表性作品

截至 2019 年上映的"漫威宇宙计划"第三阶段的完结篇——《蜘蛛侠：英雄远征》，漫威已经推出了钢铁侠、蜘蛛侠、绿巨人、雷神、蚁人等热门的超级英雄 IP，几乎每一部电影都在世界范围内引起了热烈的反响，漫威的超级英雄系列出口至全球每个国家，并且在各个国家中取得了高额票房。

二、漫威影业跨国传播现状与路径分析

（一）漫威影业跨国传播现状分析

庞大的粉丝群体让漫威的超级英雄们成为炙手可热的大 IP，也促成了它与全球各大品牌的合作。漫威的跨界产品几乎涵盖所有类别，如 T 恤、零食、剃须刀、定制手机和香水等。其中不乏奥迪、可口可乐这种全球一线的大品牌，也有安踏、优衣库这样的大众品牌，还有像 Vans 这样的潮牌。这些年来，漫威逐步进入世界各地市场，通过与各地市场进行跨界合作，充分实现了其品牌扩张战略。下面我们主要对漫威进入北美、欧洲以及中日韩国家的品牌传播情况进行分析。

1. 漫威进入北美市场

Team Liquid（简称 TL 或液体队）是一支国际电子竞技职业组织，2000 年在荷兰建立。2012 年，它在北美成立了 DOTA2 战队，这是其首次

进军多项目俱乐部。2015 年 1 月，Team Liquid 宣布合并 Team Curse，正式进军英雄联盟项目。2017 年，Team Liquid 的母公司 aXiomatic 被纳入了"迪士尼加速器"计划，获得了美国娱乐巨头迪士尼公司的资金及其他方面的支持。2019 年 6 月 IT 之家发布消息称：北美知名电竞战队 Team Liquid 将与漫威开启长达一年的战略合作关系；同时，漫威方面也表示，希望这次合作可以让 Team Liquid 变得越来越好。

美国的吉列公司以剃须刀、Oral-B 牙刷和 Duracell 高效能电池等产品闻名于世。漫威的超级英雄们大多数都是男性，因此吉列剃须刀快速找到了品牌的切入点，推出了四款分别代表人物个性的定制产品。从广告片中可以看出，这四款产品的性能分别与钢铁侠、绿巨人、美国队长、雷神的技能相结合。可口可乐作为美国最具价值的品牌之一，在全球范围内得到了推广。2019 年，可口可乐宣布与漫威再度合作，并且依然延续了打造定制罐装设计的思路，采用时尚又实用的联名方式来吸引年轻人的注意。Vans（范斯）是 1966 年诞生于美国南加州的原创极限运动潮牌，深受年轻极限运动爱好者和潮流人士的喜爱。Vans 在与漫威达成合作后，不仅在鞋子的设计上别出心裁，就连鞋盒的外观设计也加入了钢铁侠、雷神、美国队长等元素，吸引了无数潮流人士的眼球。

2. 漫威进入欧洲市场

奥迪是德国大众汽车集团子公司奥迪汽车公司旗下的豪华汽车品牌，是世界最成功的汽车品牌之一。在漫威的电影中，经常出现奥迪汽车的身影，比如大家熟悉的钢铁侠史塔克的座驾就是奥迪 R8 V10 Plus 跑车，另外奥迪 A4、A7 和 Q7 也经常在影片中露脸。法国品牌丝芙兰在 1997 年加入全球第一奢侈品牌公司 LVMH，在全球 21 个国家拥有 1665 家店铺。尽管漫威的女性英雄角色不多，但也并不影响它和丝芙兰彩妆的合作。丝芙兰将漫威的各种元素符号应用在自己的一系列产品中，粉底、腮红、眼影、口红一个也没落下。除上述品牌外，法国的脉动品牌、德国的阿迪达斯品牌、丹麦的乐高品牌等均与漫威有密切的合作。

3. 漫威进入中国市场

2015 年，迪士尼公司宣布与中国视频巨头优酷土豆公司达成合作协议，双方将共同对迪士尼公司的电影电视作品进行营销推广，优酷土豆成为漫威系列电影和美剧在中国区的网络营销伙伴。优酷土豆将通过推出影片片花、拓展线上票务、组织现场活动，以及上传优酷原创内容等多种形式来扩大未来市场份额，创新市场动力及收购更多传播渠道。在《复仇者联盟2》和《银河护卫队》上映期间，优酷土豆已为影片提供相关线上营销服务。2018年冬季，波司登推出多款漫威合作款羽绒服，突破性的分格充绒技术和先进精密的缝制工艺，杜绝了钻绒尴尬，加持了保暖科技。美国队长扮演者Chris Evans还穿着美国队长款羽绒服为国内粉丝录制了一段拜年视频，既延续了波司登纽约时装周的热度，又在国内主流消费者群体中树立起了年轻时尚的形象，扩大了在年轻人群体中的影响力。2019年4月，波司登再次联手漫威，汲取超级英雄勇敢、果敢、正义的精神内涵，推出了防晒衣、T恤、运动裤等一系列春夏季联名服装。2019年5月，网易游戏宣布将与漫威建立广泛的长期合作关系。虽然发布会只说了漫画和影视作品而没有提及与游戏相关的合作，但相信网易游戏的野心不止于此，网易游戏必定会做到将游戏融入互动文娱产品之中，真正地做到为热爱赋新。2019年，名创优品也宣布与漫威合作，并会陆续开发漫威的周边产品，让漫威的品牌IP进一步向大众化下沉。红米手机作为《复联4》唯一的手机合作商，虽然还未正式宣布合作方式，但可以大胆猜测，漫威联名的定制款手机指日可待。除了上面提到的品牌，漫威的有些跨界合作常常让人意想不到。比如与国内老字号品牌五芳斋的合作。一个是宇宙英雄的大IP，一个是传统老字号，五芳斋在端午节期间推出的漫威联名粽子礼盒，不仅在设计上获得了大量好评，就连产品与漫威人物的结合上也没有想象中那么格格不入，时尚感扑面而来。除此之外，美特斯邦威、周大福珠宝、Acer电脑、安踏等品牌都与漫威有过合作，足见漫威英雄们的影响力有多大。

4. 漫威进入韩国市场

韩国SM公司在美国Capitol Records公司的提议下，为进军美国市场推出了Super M组合，将以Super M为起点开始与漫威marvel合作。虽然目前还没确定是以何种方式，但估计会有一些关于成员们的背景故事打造及包含漫威故事的歌曲制作的内容合作。

5. 漫威进入日本市场

早在 2006 年，漫威还没有成功构建出漫威宇宙的时候，漫威曾联合日本发行商动视和开发商 Raven Software 推出了一款以漫威旗下超级英雄为主题的动作 RPG 游戏《漫威终极联盟》，这款游戏登陆了 PC、PS2、PS3、Xbox、Xbox360、GBA、PSP、Wii，后来还移植到了 PS4 和 Xbox One。2013 年，迪斯尼（亚洲）有限公司将旗下的漫威系列品牌，包括蜘蛛侠、钢铁侠 3、雷神、绿巨人等授权给玩具堡。玩具堡依托其研发和制作工艺，陆续开发并推出了一系列，涵盖儿童、成人的衍生产品。据悉，此次与漫威的合作也是玩具堡实施走出去战略、塑造国际化品牌的重要一步。玩具堡凭借其多年来积累的网络营销和推广经验，借助时下热播的电影《钢铁侠 3》，着力塑造自我品牌拓展网络营销的思路，为行业打造自主品牌，实现多元营销提供了经验借鉴。优衣库（UNIQLO）作为日本著名的休闲品牌，目前是亚洲第一的服装零售商。目前优衣库在全球的门店已超过 3500 家，在中国内地门店超过 670 家，遍布 150 多个城市，中国已经成为其最大的销售市场。优衣库的品牌定位是"快时尚"，其目标消费者集中在年轻群体，漫威的粉丝群体也主要集中在年轻群体，拥有共同的目标群体是促使优衣库与漫威合作的重要条件。优衣库选择 UT 系列产品与漫威进行合作，使双方的品牌理念更为契合。而该合作系列的 UT 选择在电影《复仇者联盟》上映之际发售，这在很大程度上刺激了漫威粉丝群体的消费。2018 年，优衣库推出的 13 款 Marvel x Uniqlo UT 漫威超级英雄漫画主题 T 恤，一上市就出现了漫威迷的哄抢。

（二）漫威电影跨国传播路径分析

1. 以世界中青年群体为主要传播载体

由于漫威电影多是科幻题材，漫威的市场群体大多以男性为主。为了进一步拓宽自己的市场，吸引更多女性观众的喜爱，漫威考虑将女性超级英雄搬到大屏幕上。《惊奇队长》是漫威电影宇宙中的第一部以女性为主导的超级英雄电影，这也是漫威制作女性超级英雄电影的开始。漫威影业计划将拍摄更多关于女性超级英雄的独立电影，在影片的角色选择和设定上，他们还将与女性主演合作。

在美国，18 至 34 岁的成年人中，约有 54% 的人在影院看过漫威的《复仇者联盟》系列电影中的一部或多部。漫威系列电影吸引 18 到 54 岁的大部分消费者，同时这个年龄段也是整个消费群体最有购买力的群体。

表 2　截至 2018 年 2 月，观看漫威超级英雄电影的美国消费者群体占比

观看过的电影	18~34 岁	35~54 岁	55 岁及以上
复仇者联盟系列中的一部或多部	54	48	26
雷神系列中的一部或多部	47	45	26
钢铁侠系列中的一部或多部	53	52	33
绿巨人系列中的一部或多部	41	42	28
美国队长系列中的一部或多部	49	46	28
奇异博士中的一部或多部	30	30	15
蜘蛛侠系列中的一部或多部	39	32	17
蚁人系列中的一部或多部	35	34	16
银河护卫队系列中的一部或多部	46	47	26
以上电影均未看过	18	27	49

资料来源：statistics。

2. 实现各国文化元素相融合

观看进口影片的时候，因为文化的共鸣，人们往往会被含有本国文化特色的影片所吸引，这些文化特色包括进口影片中的本国的演员、景点、建筑物等元素。因此，漫威影业在制作影片时，一直试图创造能引起全世界观众共鸣的内容，在影片制作中加入了不同国家的文化元素。如漫威电影的取景场地，剧中演员和角色的国籍遍布各个大洲。

比如票房大获成功的《黑豹》展现了非洲文化之美。这部电影是非洲裔美国人在好莱坞取得的巨大成就。好莱坞几十年来一直不让有色人种担任主演。据外媒 DEADLINE 报道，漫威影业正在开发首部华人英雄"上气"的单人电影，这将是漫威的第一部以中国超级英雄为主导的电影。由于漫威是科幻类型的电影，市场群体大多以男性为主，在影片制作中的角色选择和设定上，此后将与女性主演合作，以进一步拓宽自己的市场群体。

在美国，成年人喜欢看超级英雄电影，并表示他们将继续在电影院看这些电影。数据显示，在过去一年中，年龄在18~44岁之间的大多数成年人在电影院看过超级英雄电影，其中18~29岁的人群对这一类型的电影表现出了特别的热情。

表3 漫威电影中部分场景取景地

序号	影片	剧中场景	取景地
1	《复仇者联盟：奥创时代》	奥创时代的开始，九头蛇基地所在的城堡拍摄地；索科维亚的街道	意大利
2	《复仇者联盟：奥创时代》	九头蛇基地的城堡内部	英国多佛城堡
3	《复仇者联盟4》	市中心广场附近	英国伦敦的亨顿警察学院
4	《复仇者联盟4》	新阿斯加德的标志的出现，表明阿斯加德人的新家在挪威的特恩斯堡	苏格兰村庄
5	《复仇者联盟3》	深藏功与名的大boss灭霸最后坐在一处世外桃源的小屋前看美丽的梯田	菲律宾
6	《雷神3》	当海拉抵达阿斯加德之后，海姆达尔带领幸存的阿斯加德人穿过阿斯加德山脉沿线的一系列森林	澳大利亚国家公园的雪松溪瀑布
7	《绿巨人》	卡尔弗大学成为布鲁斯班纳和军队之间的战场	加拿大的多伦多
8	《黑豹》	勇士瀑布是姆巴库在瓦坎达王冠的仪式战斗中挑战黑豹的地点	阿根廷和巴西边境

表 4　漫威电影中部分演员的国籍

演员	角色	影片	国籍
克里斯·海姆斯沃斯	雷神	《雷神》《复仇者联盟》	澳大利亚
休·杰克曼	金刚狼	《金刚狼》	澳大利亚
汤姆·希德勒斯顿	洛基	《雷神》《复仇者联盟》《洛基》	英国
瑞安·雷诺兹	死侍	《死侍》	加拿大
本尼迪克特·康伯巴奇	奇异博士	《奇异博士》	英国
金世佳	记者	《美国队长 3》	中国内地
范冰冰	变种人	《X 战警：逆转未来》	中国内地

表 5　漫威英雄被设定的角色国籍

序号	角色	角色的国籍
1	黑豹	非洲
2	古一法师	中国
3	黑寡妇	前苏联
4	美国队长	美国
5	钢铁侠	美国
6	卡特	美国
7	银武士	日本
8	金刚狼	加拿大

三、漫威影业的全球市场化的营销模式

（一）充分利用线上平台进行营销

1. 利用线上社交平台进行宣传

漫威宇宙能够在世界各地取得如此大的成功，与其所实行的全覆盖营销模式有着巨大的关联。漫威的每一部电影都会提前在官网发布影片相关信息，同时会在各大受众聚集的社交媒体与网络上发布，从欧美国家的 Facebook、YouTube 以及 Twitter，到中国的微博、百度、微信，漫威都进行了全方位的宣传。例如，2012 年 2 月 4 日，漫威影业在中国的新浪微博上注册了官方微博，开启了微博同步漫威电影的相关资讯。漫威影业会在每部电影上映前在微博官网上相继发布超级碗预告片、正式版预告片（中文版）、多支人物版预告片、电影制造特辑以及主题 MV 等来吸引中国漫威粉丝与潜在观众。与此同时，漫威还会在微博上发布官网海报、剧照、角色海报等物料，并与微博网友进行互动。例如，拍摄短视频"艾特"好友赢得漫威玩偶，与角色墙合影"艾特"微博官网赢漫威首映门票或超级英雄签名海报等。除此之外，漫威还会通过转载网友们有关电影的微博或转载网友制作的与漫威电影相关的视频来了解粉丝的关注点与爱好。除了漫威影业的官方微博之外，各大电影的主创也都在微博上开通了个人微博账号，针对各大电影进行宣传，并且不定期地与网友进行互动来加大电影的曝光度，实现电影的宣传效果最大化。

2. 与各国视频网站进行合作

随着互联网的迅速崛起，漫威不再把自身的发展步伐局限在线下电影院等观影平台。漫威在电影传播方式上采用了多元触底的策略，与各国视频网站进行了合作，在多个平台上实现观众对观影的需要。漫威积极与国外的 Netflix、YouTube 等平台、中国的爱奇艺、优酷、腾讯等平台进行合作，确保电影在电影院下架后，第一时间在互联网上架。与此同时，各大视频网站为了获取更多的用户，也会争相购买电影的版权，这样视频网站的会员便可以获得优先的观影权，促进了电影与网站的共赢。除此之外，电影在各视频网站上映除了会对漫威电影本身和各个网站带来实惠以外，同时可以惠及漫威的影迷，视频网站会不定期地发放观影折扣来吸引更多的潜在观众。漫威电影还专门设立了 APP，影迷们可以自主下载手机客户端或移动客户端，在 APP 上观看视频短片或主题片段。

3. 充分利用在线流媒体平台迪士尼

迪士尼+是一个基于订阅的 DTC 视频流媒体服务平台，提供迪士尼、皮克斯、漫威、星球大战和国家地理等品牌节目。该公司的电视和电影节目库可提供大约 11700 集电视剧和 700 部电影，以及超过 30 个独家原创系列剧和超过 15 个独家原创电影和特别节目，由公司的电影和电视工作室制作。迪士尼+于 2019 年 11 月在美国和其他四个国家推出。2020 年 4 月，印度的 Hotstar 服务转换为 Disney+Hotstar。2020 年 6 月，日本的迪士尼豪华服务用户转换为 Disney+。2020 年 9 月，迪士尼+在其他欧洲国家推出，Disney+Hotstar 在印度尼西亚推出。2020 年 11 月，迪士尼+在拉丁美洲推出。其他的拓展计划将于 2021 年在亚太地区进行。随着迪士尼+进入多国市场，将打通漫威系列影片从影片制作到影片播放的直通渠道。

（二）充分利用线下平台进行营销

1. 举行全球实地宣传首映礼

除去线上的推广外，漫威影业在线下的推广也进行得如火如荼。在各大电影首映前通常会有一段密集的宣传活动，电影的导演与主创们均会现身到全球举办的各个首映礼，首映礼会从北美一直举办至亚洲等其他地区，其中中国也是漫威进行实地宣传的一个重要阵地。2018 年，《复仇者联盟 3》首映礼在上海举行，由于主办方准备不周全，导致许多粉丝无法进入首映礼现场，给漫威带来了不小的负面风波。2019 年，漫威吸取了 2018 年的教训，在《复仇者联盟 4》首映礼中采取线上购票方式，杜绝了各种形式的倒票行为，此次首映礼十分成功。对于无法到达首映礼现场的漫威粉丝，漫威影业采取了现场直播的方式。漫威影业还发起了面向影迷的视频征集活动，被选中的视频会在首映礼现场播放，从而达到与影迷们的互动。此外，漫威还在各大城市的地铁站、公交车站等公共场所投入了广告位，设置了电影宣传广告牌来实现电影宣传最大化。

2. 利用国际动漫展进行营销

漫威作为一个以漫画起家的公司，漫画是其最基础的业务，漫威宇宙的电影系列均是由其漫画改编而来。在北美，一直有漫画展的传统，国际动漫展、纽约国际漫展、洛杉矶动漫展、圣地亚哥国际漫展等漫画展几乎每年都会举行，而漫威几乎常驻这些动漫展。在数十年的发展中，圣地亚哥国际漫展成为涵盖范围最广、作品最多样化的动漫展之一，该动漫展包含漫画、动画、电影、Cosplay、电玩等文化娱乐产品，漫威一直都是圣地亚哥国际漫画展的主要参与者。在漫画展上，漫威会播放即将上映的电影的预告片，同时也会邀请主创们参与到漫画展宣传上来，以实现在北美市场上的最佳营销效果。

3. 利用国际电影节进行营销

2012 年 6 月，由上海国际电影节与瑞格传播联合举办的首届"品牌娱乐营销国际研讨会"在第十五届上海国际电影节上隆重开幕。本次研讨会是国际电影节开办以来首次围绕着"品牌娱乐营销"专题展开的一个讨论环节。本次研讨会邀请了好莱坞六大制片公司的负责人，其中包括迪士尼旗下漫威娱乐全球市场合作以及产品植入的负责人。这些负责人在本次研讨会上发表了专业讲话，分享了宝贵的经验。这是中国的品牌娱乐营销产业实现初步发展的宝贵经历。2019 年，漫威参加了第十五届中国国际动漫节，这也是迪士尼公司首次参与到中国最大规模的动漫节，在这场国际动漫节上，漫威展现了 80 周年之际它的大量优质漫画和超级英雄的 cosplay。

（三）充分利用衍生产品进行营销

1. 利用主题乐园进行营销

2009 年，漫威被迪士尼所收购，迪士尼一举拿下漫威 5000 多个漫画角色的版权。在此之后，迪士尼公司在迪士尼乐园中增加了漫威主题公园。国外的主题公园一般采取"主题公园+IP"的形式，将电影体验与乐园游乐真实地融合在一起，从而实现观众们的真实体验。如曼谷的漫威主题乐园，迪拜的 IMG 冒险世界。曼谷的漫威主题乐园的整个场馆由 7 个巨大的圆顶馆组成，是东南亚首家也是亚洲最大的漫威主题乐园。超先进的虚拟现实技术呈现了二十多个漫威主要角色，如钢铁侠、蜘蛛侠、绿巨人、黑寡妇、美国队长、雷神等。在迪拜的 IMG 冒险世界，漫威英雄世界还原了纽约街景，漫威迷可以乘坐复仇者联盟神盾局昆式战斗机，再现纽约之战。2016 年，香港迪士尼举办了"漫威夏日超级英雄"活动，在园区游玩的游客可以参加"美国队长英雄会面礼""跃见蜘蛛侠""Marvel 危机次元任务"等不同类型的活动。同年，上海迪士尼推出了"漫威小镇"，在这个小镇中，游客可以观看漫威电影制作的全过程，近距离与超级英雄接触，还可以通过角色扮演来实现角色互动，从而加深对漫威文化的了解。2017 年，香港迪士尼乐园在"明日世界"园区，新加入游乐设施

"铁甲奇侠飞行之旅"。该项目将香港作为故事背景，游客戴上特配眼镜，登上铁甲号飞行列车，就可飞跃香港上空，与钢铁侠一起对抗邪恶势力。2018年，迪士尼发布以漫威电影为蓝本的计划，将在加州、巴黎和香港的迪士尼乐园建立超级英雄园区，园区将设银河护卫队、蜘蛛侠、钢铁侠等漫威经典角色的景点，以及相关的现场表演。

通过以主题公园为载体的宣传形式，影视与观众之间的距离进一步拉近，这不仅能够实现品牌传播以及电影文化的价值延伸，还能够使园区成为一处颇具风情的景区，带动当地的发展。

2. 打造游戏品牌进行营销

漫威游戏题材大多以格斗游戏或者是以超级英雄角色制作的各种手游。1983年的《蜘蛛侠》是第一款蜘蛛侠游戏，也是第一款漫威游戏。之后漫威每逢有新作上市都会做游戏，在FC、Apple II、Atari等机型时陆续出了很多作品，主角如蜘蛛侠、美国队长、X战警等都有出场。1991年《美国队长和复仇者联盟》将漫威游戏推到了巅峰。此时漫威游戏已经销售到亚洲、欧洲、北美各地，为后续的漫威影视引入到其他国家打下了坚实的观众基础。

在推出基于漫画人物的电影之后，漫威公司并没有放弃把游戏作为海外品牌宣传的重要手段，游戏则让漫威拥有了一种讲故事的新方式。为深入挖掘IP价值，漫威为热门IP角色打造了主题游戏，入驻迪士尼的游戏平台。2014年，双方进行了第一次游戏开发项目的合作，漫威旗下的《复仇者联盟》《蜘蛛侠》《银河护卫队》电影系列中的角色相继加入开放性沙盒游戏《迪士尼无限2.0》中。同时，漫威没有忽视手游的开发。漫威授权韩国、全球TOP5、最大的移动游戏发行商网石游戏开发的《漫威：未来之战》，在全球已有过亿玩家。

通过移动游戏作品，漫威可以为粉丝提供机会与自己所热爱的角色互动，使粉丝参与到漫威超级英雄的冒险故事中。通过游戏，漫威能够让自己的品牌每天都影响到数以百万计的智能设备用户。漫威公司的副总裁皮特·菲利普斯曾声称通过向游戏开发商授权IP的方式，漫威、开发商以及玩家之间实现了多赢局面。

四、漫威电影业跨国传播的劣势分析

（一）电影角色版权分散，品牌保护意识缺乏

1996 年漫威破产，自此一直到 2004 年期间，漫威为了走出破产危机，不得不将其旗下的漫画角色版权贩卖给其他公司。迪士尼收购漫威后，尽管一些漫画角色版权回归到了漫威，但仍有部分漫画角色版权还散落在其他公司。例如，《蜘蛛侠》的第一二代属于索尼电影娱乐公司，尽管由汤姆·霍兰德扮演的第三代蜘蛛侠回归了漫威电影宇宙，但第一代蜘蛛侠已深入人心，使得不少粉丝对新版蜘蛛侠时会有争议。当新版《蜘蛛侠2：英雄远征》爆火后，索尼公司与漫威在收益分成方面出现了分歧，最终导致合作破裂。尽管此后两方公司多次讨论关系重建，但这对漫威电影后续的稳定发展已产生一定的负面影响。

（二）忽视文化差异，品牌跨国传播受限

随着漫威品牌影响的进一步扩大，漫威产品的跨国传播范围也在进一步扩大。漫威电影文化主要由西方文化孕育而成，这自然而然地会导致它在全球化传播过程中面临本土化问题。而不同地区的文化差异与文化冲突是不可避免的，由此引发的便是对电影的不满与抵制。例如，2019 年漫威计划通过制作新电影《上气》来开拓亚洲市场。该电影以亚裔英雄为主角，其中一个反派人物满大人邀请中国著名演员梁朝伟出演，然而这个角色原型曾经是西方人心中邪恶的华人形象。这一角色的设定引发了中国网友们的大范围抵触与反对。这说明，在文化差异存在的前提下，漫威驻当地的宣传部门能否发挥协调作用是漫威全球化发展过程中值得重视的一个问题。

（三）他国电影业的迅速发展

根据 MPAA 的最新数据，全球电影票房收入逐年增加。其中，美国票房收入稳中上升，中国票房收入逐年上升，有赶超美国的趋势。中国国内

全球票房统计（美元）

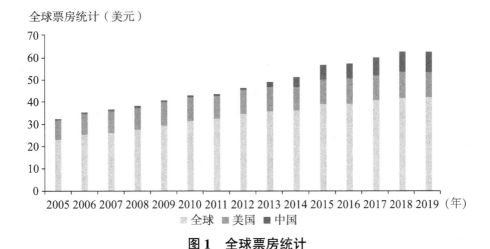

图1　全球票房统计

资料来源：MPAA。

影视作品质量不断上升以及中国市场的巨大需求量，使得中国票房收入实现逐年新高。近几年，国产电影的发展蒸蒸日上。2021年春节档《唐人街探案3》的票房在短短两周便高达40亿元，超过了前两部电影的票房，不少中国网民都在呼吁打造国产的唐探宇宙IP。不仅如此，随着电影行业利润的升高，各国电影业都在不断发展中，其中日本的动漫改编电影业、宝莱坞电影业，甚至好莱坞的其他影业更是漫威强劲的竞争对手。他国电影业的迅速发展必然会对漫威影业的发展带来一定的冲击。

五、漫威影业对我国电影产业发展的启示

（一）打造中国电影IP

成功的电影IP不是一蹴而就的，漫威的每一个角色塑造都是经历了数年的时间与精力。相比于美国的历史，我国的历史文化源远流长，在我国庞大的文化体系中的任何一个历史角色都具备打造成系列电影IP的条件。我国电影业应当致力于在我国丰富的文化体系中选择电影形象，结合国民心中的传统情怀与时俱进地塑造符合新时代特征的电影IP。在IP的打造过程中，必须稳扎稳打，认真打磨，同时积极培养相关优秀人才，推

陈出新，逐步开启属于中国的系列电影 IP 时代。从漫威影业的迅速发展中我们可以看出，单单发展电影业是不够的。当前，从 IP 的开发、电影的制作、电影的发行再到衍生产品设计和生产的一体化运营正在成为全球电影业发展的共同轨迹。电影的开发不仅仅可以通过电影本行，周边产品的价值也能够提升电影产品的附加值。因此，我国的电影业发展应当紧跟时代发展的趋势，以 IP 电影为中心、以互联网技术为平台，形成完整的产业链运营体系，提升我国电影业的价值，构造电影品牌影响力，进而推动我国电影业的全球发展。

（二）克服文化差异的负面影响

1. 具备全球化战略眼光

影片跨国传播是向世界传播自己国家的文化和价值观的一个过程，不同国家的文化差异是一个客观存在的现象。因而，在输出本国文化价值观的同时，也应当将世界性的题材、元素与符号融入影片当中。漫威的每一部影片系列都在努力实现国际化文化的融合。目前我国的影片较缺乏世界性的元素，局限于本民族主义。因此，我国在进行文化产品输出时，应当具备国际化的战略目光，在关注民族性的同时也要关注人类共性，超越本土意识的局限性，打造更有深度和广度的文化产品。

2. 培养国际化电影人才

文化差异是电影对外传播的一大障碍，文化差异主要存在于价值观、宗教信仰、生活习惯以及社会制度等方面。克服文化差异的一个有效渠道便是培养对中外文化都了解的国际化人才。在漫威的影片当中，我们可以发现它在很多影片当中都引入了他国的文化符号，这与漫威影业中的国际化电影人才是高度相关的。因而，我国可以从以下三个方面来进行国际化电影人才的培养：首先，我国应设立专项基金，鼓励电影相关人员走出国门，学习海外的技术与文化。促进年轻的电影制片人和工作人员了解国外的社会制度、风俗习惯以及生活方式。只有充分了解了国外的文化，才能制作出海外观众能够接受的电影。其次，我国现阶段缺乏能独立完成海外发行的人才组织。电影的国际化发行需要熟知国际贸易规则的专业的发行人才，因而，培养专业的海外发行人才是十分重要的。最后，人才的培养还可以从高校的学科发展入手。电影学院应当重视学科设置，在学科教育过程中增加跨文化的课程，增强培养电影业人才的专业知识，提升知识储备。

3. 采取联合拍摄制作

现如今，各国之间为了能够相互拓宽电影市场、发展电影业，争相采取了跨区域联合拍摄制作的方式，将各国之间的导演、制片人、编剧以及演员等都联合在了一起。漫威的许多大片都采取了联合拍摄制作的方式。这种方式，不仅能够集中专业人才，而且还能够吸收合作方国家的文化，将自身文化符号重做国际化编排，用一种能够被其他国家观众接受的方式进行传播。例如，2015 年上映的《狼图腾》便是一部由中国与法国联合拍摄制作的影片。这部影片改编于姜戎的中文小说，由法国著名导演让·雅克·阿诺执导，中国演员冯绍峰主演，出品公司包括中国的中影股份有限公司、紫禁城影业以及法国的荷贝拉艺公司。这部国际化的影片受到了国内外的广泛关注。因而，我国可以凭借这种拍摄手段来实现影片在不同区域的广泛发行并且获得高度的文化认同效果。

（三）开展全球化营销战略

漫威宇宙系列影片在世界范围内能够掀起如此热潮，不仅得益于其电影的高质量制作，还有一个重要因素是其成功的全球化营销。漫威影业的营销工作从电影制作的前期准备阶段一直到完成上映之后，实现了全程覆盖，从线上到线下均进行了大力宣传，吸引了大量的粉丝和潜在观众。因而，我国想要建设国际化的电影品牌，除了致力于高质量的品牌建设外，还应当采取全球化的营销模式，建立跨国宣传团队，制定统一的营销策略。我国可以与国内外的电视台、广播台以及各大视频网站、社交平台等线上平台入手，通过合作来实现从制作直到上映结束的宣传，整合各大媒体的资源和优势，吸引更多的海外观众，实现国内电影品牌的输出。除去线上渠道，我国还可以同时结合线下的"巡回式"见面会、广告位等方式来进行进一步的宣传。此外，还可以充分利用我国的国际电影节，例如北京国际电影节、上海国际电影节等，在电影节上进行宣传。通过这些国际宣传活动来同世界进行文化交流，输出中国文化，让世界各地的群众进一步了解中国的文化产品，搭建中外合作的桥梁。

国际经贸学院　李越　王鹏

积极拓展国际市场　推动影视作品走出去

一、华特迪士尼公司简介

华特迪士尼公司（英文全称：The Walt Disney Company）是美国一家多元化跨国媒体集团，总部位于加利福尼亚州伯班克（Burbank）。该公司由华特·迪士尼和罗伊·迪士尼创建于 1923 年 10 月 16 日，最初以制作漫画和动画电影而成名。如今，迪士尼公司的业务已经扩展到影视娱乐、主题公园和度假村业务、网络媒体、消费品和互动媒体四大领域，拥有迪士尼频道、娱乐与体育节目电视网、艺术与娱乐电视网、Freeform、FX 和国家地理等多个有线电视网，在全球授权了 14 家主题公园。经过近 100 年的发展，迪士尼从美国本土开始，逐步将公司延伸到了亚太、欧洲、中东、非洲和拉丁美洲的多个国家和地区，设立了许多分公司以扩大全球业务，现已成为全球化的家庭娱乐和媒体巨头。

迪士尼是当今美国规模最大、最著名的电影制片公司之一，它的旗下有皮克斯动画工作室、惊奇漫画公司、试金石电影公司、米拉麦克斯电影公司、博伟电影公司、好莱坞电影公司、ESPN（娱乐与体育电视网）和ABC（美国广播公司）。迪士尼每年大约发行八部精品电影，这些电影都收获了超高票房。2017 年，迪士尼有 4 部影片位居北美年度榜单前十名，同年 6 月迪士尼在"2017 年 BrandZ 最具价值全球品牌 100 强"中以 520 亿美元的品牌价值位居第 18 强。2018 年，迪士尼凭借《复仇者联盟 3》《黑豹》《超人总动员 2》和《蚁人 2》进入全球票房前八，总票房突破 70

亿美元，这也是好莱坞历史上第二次单个电影公司年度票房达 70 亿美元。2019 年，迪士尼推出的音乐奇幻电影《冰雪奇缘 2》只用了一周时间，在全球票房排行中升至第 23 位，成为第三部票房破 10 亿的迪士尼动画。根据 2020 年 1 月 10 日的数据，全球破 10 亿的影片共有 9 部，其中 7 部来自迪士尼。2019 年，迪士尼公司共拿下了 111.191 亿美元票房，大幅刷新了它在 2016 年创下的 76.053 亿美元纪录。

二、华特迪士尼公司"走出去"的成功经验

（一）举办大型展会，搭建影视作品出口平台

迪士尼作为好莱坞六大电影公司中唯一一家将自己品牌化的公司，2009 年举办了首次 D23 展览，D 是迪士尼的首个字母，23 代表着迪士尼于 1923 年成立。此后，每两年举行一次。皮克斯和漫威被老鼠帝国"合并"后，其规模不断扩大。2011 年，迪士尼放弃了一流的娱乐节目圣迭戈漫画展，并将所有精华内容留在了 D23 节目中，同年首次发布了《复仇者联盟》剪辑片花。随后《星球大战》的东家卢卡斯影业也被迪士尼收购。为了进一步扩大 D23 的规模，迪士尼首次将 D23 带到美国之外——2013 年 10 月在日本东京迪士尼度假区举行了 D23 Expo。

作为出口迪士尼电影而设立的展览平台，D23 Expo 不仅让来自世界各地的影迷们有机会亲密接触到自己喜爱的动漫形象，而且有主题公园、漫画等一系列产品的开发和预热，甚至还率先推出了迪士尼公司出品的激动人心的新电影，为作品传播到中国、英国、法国等国家起到了一定的宣传作用。

（二）吸收各地本土文化元素，满足世界人们的文化需要

作为一家跨国公司，全球化与本土化的结合是迪士尼不断创新的来源。迪士尼走出了国门，在全球范围汲取各国文化素材作为自己的创作源泉。影片制作坚持以符合世界愿景为目标，吸收来自世界各地的创新想法，这种做法使电影不仅得到当地观众的认可，而且满足了全世界人们的

文化需求。比如著名的动画巨作《白雪公主》《灰姑娘》《美人鱼》等来源于欧洲文化名著或是神话传说，《大力神》来源于古希腊罗马神话，《阿拉丁》则来源于东方古国的神话传说和民间故事。特别值得一提的是以南北朝民歌《木兰辞》为基础的迪士尼动画电影《花木兰》，在20世纪末成功地打开了亚洲市场。该部影片进行了大胆尝试，成功地添加了迪士尼的幽默元素。影片中花家的祖先为保护花木兰，派出一只心地善良的木须龙去陪伴她。在木兰从军的路上，这只讲话像连珠炮又爱生气的木须龙，给了她很多的帮助。这部分内容为动画增添了很多趣味成分。不仅如此，影片还吸收了中国的文化元素，电影中的建筑、道具和客家围屋的出境可谓非常抢眼。围屋是在唐宋时期出现，明清时期才开始兴盛，这一类型的建筑融合了中原古朴风貌和南方的地域文化特色。

为了扩大国际市场，迪士尼在向海外拓展过程中对影视作品进行了精雕细琢，从全球角度为电影作品的内容和情节赋予了普世价值。《花木兰》在Facebook上的电影点评分数高达4.1分（5分制），上线两天即得到325万网友的评价。在泰国、新加坡上映首日，票房就冲上了2020年电影首日票房榜第一。迪士尼电影的全球化传播推进了全球文化的融合，有利于消除人类文化间的疏离隔膜，为全球文化的形成创造出了丰富而开放的"对话"空间。

（三）推动科技创新，制作优秀文化产品

迪士尼动画电影最开始的时候是由人手工绘制的，如今借助科技创新手段，影片质量大幅提升。20世纪90年代，数字特效开始在电影产业中大行其道，《侏罗纪公园》《星球大战》《玩具总动员》等经典影片的陆续上映，不断冲击着观众的视觉神经。随着三维动画技术的不断成熟，现代电影技术逐渐从2D过渡到3D时代，人们可以通过3D眼镜来观看电脑特效制作的或者真实场景拍摄的3D电影，极大地扩展了电影的视觉艺术效果。在2009年《阿凡达》上映之后，全球票房获得了27亿美元，成为3D电影里程碑式的作品。《阿凡达》通过成熟运用数字特效技术和3D创新技术，将科幻电影带入了一个新时代。在影片中，军方的电子模拟图和文字

呈现出来是十分立体的，利用 IMAX 银幕观看电影的观众会被电影画面的真实感所震撼，特别是电影中大量使用了纵深镜头，使得影片的真实感更上一层。这种视觉艺术的突破，让画面中的人物和场景呈现出明显的层次感和纵深感，让观众仿佛置身于电影的潘多拉星球，感受身临其境的奇异场景。

据国外媒体报道，上映仅 11 周《阿凡达》在北美票房累计就达到了7.069 亿美元。在海外《阿凡达》风头也依然强劲，该片在英国收获了历史票房冠军宝座；而在中国，该片上映第 8 周就取得了 300 万美元的票房，中国成为该影片最大的海外市场。

（四）建立品牌营销策略，扩大作品国际影响力

迪士尼动画电影创造出了许多流行的卡通人物，例如米老鼠、唐老鸭、狮子王和加勒比海盗等经典卡通形象。从以"家庭娱乐"为中心的品牌概念出发，迪士尼充分确立了市场影响力和品牌知名度。从华特·迪士尼和罗伊·迪士尼兄弟时代的黄金开端到几代经营的不断转型和沉淀，迪士尼公司利用众多作品的存量和流量逐步构建起特有的产业价值链，这得益于迪士尼管理层对娱乐风向的把握，注重充分利用每一个营销和推广风口，在新媒体环境下用整合营销的方式来提升品牌价值。以迪士尼旗下漫威出品的《复仇者联盟 4：终局之战》为例，该电影在中国上映推广之初，其制片方选择与小米公司等多家企业合作推广，借助微信、微博等渠道发布预告活动为正片内容预热，在年轻受众中造势。影片播出后，制片方又"乘胜追击"，推出影片中各种英雄人物的纪念品、模型、手办、乐高等周边产品，还在线下举办了以《复联 4》为主题的影迷盛典活动，并利用慈善活动在受众与电影之间搭建情感纽带，同时传递出迪士尼品牌一贯的社会责任理念。该影片自 2019 年 4 月 24日上映以来，口碑和票房双丰收，曾在中国、北美等打破多项地区纪录及全球纪录，还曾获得"首映周末全球票房最高电影"吉尼斯世界纪录称号。

为宣传电影相关的周边产品而设立的迪士尼专门商店创始于 1987

年，随后迪士尼商店进入北美、欧洲和日本，目前已扩展到比利时、丹麦、法国、爱尔兰、意大利、葡萄牙、西班牙、英国和中国。据报道，当下迪士尼在全球共拥有 340 家迪士尼商店。2015 年迪士尼商城首次落地上海陆家嘴，销售 2000 多种迪士尼商品。经过几十年来的发展，迪士尼公司已建立起了庞大、完善的品牌经营体系，成为全球第三大娱乐公司。

（五）注重员工素质培养，提高服务质量

美国大型电影公司旗下的制片厂都会根据"劳动分工原则"让制片、导演、编剧和演员就像处在流水线上工作，产出了一部部美国电影，迪士尼公司也是如此。这样流水线的程序，让迪士尼电影在"分工合作"的基础上具有了很高的效率。不仅如此，迪士尼强调要将企业文化灌输给一线员工，特别是在员工培训中。迪士尼专门制定了一个比较正规的培训计划——迪士尼大学，主要是负责研究一些训练计划，提高员工的工作能力。每个新员工在迪士尼大学都要经过三个阶段的培训，分别是迪士尼传统、探索迪士尼和岗位培训。第一阶段是要让员工了解迪士尼文化、历史、现状、服务水准、待客之道、各项制度和员工须知等内容；第二阶段是通过实地考察，让员工熟悉迪士尼文化，有内部专业人士带领并参与到各项娱乐活动中；第三阶段是在岗培训，包括技能培训和紧急应变能力培训等。迪士尼在招聘面试过程中尤其注重考察沟通能力，至少要掌握一门外语，以便与外籍友人能够进行很好的交流。培训过程中还要求员工掌握一些常用句的多国语言版甚至手语版。迪士尼大学训练员工观察每一位顾客，根据不同顾客对欢乐的理解与感受，主动提供相应的服务，因此受到了外籍顾客的一致好评。

除此之外，迪士尼还与当地红十字会机构合作，在员工中提倡无偿献血以及为全国各地成绩优秀的学生共同举办奖励旅游的活动，得到了社会各界媒体的广泛支持。迪士尼通过不断强化员工的服务意识和责任意识，促使员工重视每一位顾客的需求，提高顾客的满意度，更好地打造品牌形象。

三、华特迪士尼公司"走出去"面临的问题

（一）动画市场竞争激烈

影视行业深受流媒体时代的影响。2018 年 2 月 12 日，阿里旗下的阿里巴巴文化娱乐集团（简称：阿里大文娱）宣布与迪士尼旗下的博伟国际达成多年期的内容授权合作，迪士尼有超过一千集动画系列剧集将在中国领先的多屏网络视频分享，在流媒体平台优酷和部分与阿里有合作的 OTT 平台播出，使得阿里大文娱成为在中国汇聚迪士尼动画剧集内容最多的娱乐平台。通过上述平台，超过 3000 万用户可观看各种迪士尼动画系列剧集，享受绝佳的观看体验。但据《电影发展研究报告》显示，近几年院线电影在视频平台上线率稳定在 80% 左右，且从影院上映到视频平台上线之间的窗口期缩短。2019 年窗口期为 47 天，较 2016 年缩短一半，而各大流媒体平台的"超前点映"模式，比影院播放时间更早，"线上影院"早已呈现出常态化的模式。2019 年 11 月，迪士尼旗下的流媒体电影视频平台 Disney +在美国、加拿大和荷兰首次启动，竞争相当激烈。诸如奈飞（Netflix）和 Apple TV +之类的高质量服务正在兴起，尤其是奈飞先进的技术和成熟的治理结构使之成为市场的主导者。据媒体采访，证实了奈飞方面正在与迪斯尼争夺市场份额而展开"军备竞赛"的态势，想要在"家庭动画"中超越迪士尼这一金字招牌，并指出"这可能是一场漫长的拔河比赛，也许在未来一段时间里将一直扮演一个竞争对手的角色"。虽然同在流媒体市场抢食蛋糕，但刚刚上线的 Disney+并不足以成为迪士尼的收入支柱，迪士尼应将重心转移到发布更多影视作品上来，不断增强流媒体服务竞争力。

（二）疫情的冲击

2020 年，突如其来的新冠肺炎疫情在世界各地蔓延，电影业遭到了严重的打击。影院是密闭空间下人员密集的公共场所，根据上级下达的封锁命令第一时间就暂停经营了。迪士尼票房总量下滑，不少电影被迫撤档或

推迟，正在进行中的电影拍摄也被迫中止了。此前根据《好莱坞报道》分析师所做的预测，新冠肺炎疫情期间全球票房损失约为10亿美元（70亿元人民币）。2020年全球票房收入估计在115亿美元至120亿美元之间，比2019年的425亿美元减少了约70%。除了直接的票房损失以外，疫情还对电影制作、发行等环节产生了巨大的影响，全球影视娱乐市场的损失也远远高于这一数字。最初定于3月底进行大规模发行的真人电影《花木兰》在北美等地延期上映，漫威影业严格遵守的电影制作和发行时间安排也被迫搁置。同年第二季度，工作室娱乐业务的营业收入下降了13%（近4.66亿美元）。迪士尼表示，疫情爆发是导致电影资产减值、影院上映电影数量减少和票房下降的重要原因。

（三）文化差异明显

每个国家都有自己独特的文化，这是由不同的社会背景、风俗习惯等客观因素造成的。《阿拉丁》作为迪士尼突破欧美文化圈走向世界的首部动画电影，影响巨大。阿拉丁的故事背景设定在中东，主角阿拉丁和茉莉公主以及其他配角都是一身小麦肤色。这样一部所有角色都是有色人种的电影让迪士尼来拍，网友们感到忧心忡忡。因为好莱坞向来就有"洗白"的习惯，即让白人演员出演有色人种的角色，这是赤裸裸的种族歧视。迪士尼尝试塑造除白人以外的其他肤色、族裔的公主形象，将公主角色放置在不同文化背景下，如阿拉伯文化、印第安文化、中华文化、非洲文化等，从肤色、发色上对迪士尼公主"美的模式"探索新路径。在全球化背景下，迪士尼动画电影选择不同族裔公主及其他异国形象，本质上是出于商业利益考量，为迎合国际市场的需要，但这种"种族多元化"的形象塑造具有浓郁的西方主观臆想的痕迹，不同程度地受到了部分观众的抵制。有网友表示：如果电影《阿拉丁》不是百分之百有色人种演的，就不会为这部"洗白"电影买单。

（四）IP老化的威胁

迪士尼通过角色授权，衍生品业务产生的收益数以万亿计，但与此同时也面临着 IP（即知识产权）老化的威胁。米老鼠、唐老鸭、白雪公主、七个小矮人……这些诞生已久的 IP 仅仅局限在女性和低幼群体，新的动漫角色和游戏正在冲淡其影响力。从某种程度上来说，迪士尼 IP 营销有时过于复杂化和商业化，创造出的部分 IP 较为空洞，造成部分作品火了一把之后就没有下文了，不能长久地吸引人们的关注。迟迟没有打造出现象级的超级 IP，这对于迪士尼的影响显然是非常大的。除此之外，一些主题乐园以及相关的企业在不断强化自身的 IP，也对迪士尼造成了一定的影响。例如，万达收购了美国的传奇影业，传奇影业旗下拥有诸如《魔兽世界》《蝙蝠侠》《盗梦空间》《哥斯拉》《环太平洋》等知名电影的 IP 版权。另外，像环球影城、乐高乐园等强劲对手也在不断打造或引进知名 IP，使迪士尼面临着强大的竞争压力。

（五）受众群体单一

在很多人的认知里，动画电影是拍给儿童看的，票房也是极为有限的。以迪士尼动画为代表的欧美动画对于受众的定位就略显单一，他们在制作动画时往往是以低龄儿童为主要受众，动画情节也多以童话故事为主，故事的主题一般都很浅显，无外乎冒险、亲情和友情，故事的结尾也基本上是大团圆。这种合家欢式的故事结局虽美好，但却不能给人留下深刻的印象。比如，迪士尼动画电影《海洋奇缘》虽制作精良，但由于故事老套剧情反转不够精彩，只适合小朋友观看。受众范围窄了，票房也受到了一定的影响。回顾迪士尼一路发展的历史，从白雪公主、小鹿斑比到今天的冰雪奇缘、汽车总动员、疯狂动物城等等，迪士尼的电影始终以循循善诱的方式潜移默化地给孩子们灌输正确的价值观，却忽视了其他受众群体。这几年迪士尼在受众群体上的问题总是引起讨论，针对单一受众群体而创造出的同质性、单一性的题材和剧情，越来越难以满足观众的胃口。

四、华特迪士尼公司"走出去"的解决路径

（一）秉持企业文化发展理念，主动承担社会责任

迪士尼的品牌核心理念是创新、品质、故事、乐观、尊重，这也是迪

士尼屹立于好莱坞多年不倒的重要法宝。迪士尼动画的主题创意是为观众带来幸福的体验，使其沉浸于快乐与美好之中。如今，在移动互联网的深度普及下，流媒体平台在品牌营销方面也起着巨大的作用，尤其是此次新冠肺炎疫情突袭下，影片纷纷撤档，转战互联网，选择流媒体平台成为春节档电影的共同选择。为克服这种不利影响，迪士尼应选择主动出击，适时转变营销策略，将线下业务转变为线上服务，推出免费观影网站，充分满足受众的居家娱乐需求，弥补因疫情无法观看新影片的缺憾。为帮助世界各地的残疾儿童，让他们感受到温暖与关爱，迪士尼还可以通过主动发起用于支持儿童医院的项目及慈善活动，积极承担社会责任，展现强大的社会援助力量。在疫情肆虐全球这段特殊时期，迪士尼甚至可以制造出有抗疫特点的卡通英雄人物形象，帮助慰藉正在隔离期间或处于治疗阶段的人们，通过动画的媒体技术来治愈人们心灵的创伤，以乐观的心态感染他们，使那些受难的人看到世间美好，重建对生活和工作的信心。

（二）加强产业间联动，开发更多文化产品的衍生品

迪士尼是一个拥有大规模企业体系的综合性娱乐巨头，运营商最初计划并期望迪斯尼的未来不能仅在迪斯尼传统业务"电影"的基础上单一发展，而且公司还要抓住机遇来扩大业务覆盖范围，及时实施行业整合，扩展产业链，以避免过分依赖于电影业务。在运营过程中，迪士尼可以通过电影衍生的其他娱乐业务来打造一个一体化的综合性传媒企业，包括集主题乐园和度假村、周边产品消费、媒体网络和书刊出版业等。在电影衍生品的开发上，迪士尼首先要打破建立在观众心中的"动漫电影"的传统印象，成立真人电影公司，发行一些商业性质的大片。除了获得电影的票房和版权收入外，迪士尼还应把电影的经典场景和人物形象复制到迪士尼主题公园中，与世界各地的众多授权方广泛地开展合作，将电影中的经典元素融入服装、玩具、食品、文具及其他消费品中，通过媒体网络对游戏、音频和视频产品进行授权并在世界范围内销售，人们能够更容易地接触到迪士尼系列产品，进一步提高品牌熟知度及影响力。

（三）利用情感共鸣，制作长久 IP 资源

长久的 IP 要有价值沉淀性，表现为有温度有营养，历史感绝不是快餐式短暂消费。IP 是抵达铁杆用户的连接器，所以经营 IP 应以人为中心，而不是传统的"以产品为中心""以 IP 内容为中心"的经营逻辑。爱情、亲情、友情、荣耀感、尊严等都能推动 IP 深入人心。例如《超能陆战队》中宣扬的亲情是可以跨越文化、地域和时代，能够被沉淀下来的。迪士尼创造的 IP 要有强附着力，容易被接受和记忆，具有分享价值且能激发流行感。不仅如此，还要有一定的传播广度和深度，IP 与受众之间关联度高、价值大，具有更强的附着力，自然就会成为流行的引爆点。迪士尼已经自主研发出许多有价值的 IP，在完整的授权产业链中不断产生收入。在这样的循环过程中，个性鲜明的 IP 形象经过场景化、故事化，往往能凭借较高的出镜率，给人们留下深刻的印象。

（四）扩大受众范围，打破"低龄化"的传统定位

观众将迪士尼电影统归为有着浓厚的浪漫梦幻主义色彩的动画电影，主要受众群体除了儿童之外，还有很大一部分是年轻女性。这些 21 世纪的年轻女性从小并没有像封建社会的女性一样被束缚了思想，而是拥有独立的人格。她们不会一味依靠男性，而是主张依靠自身。迪士尼要明白当下女性，特别是年轻的高收入白领女性和学生群体是电影行业的主要消费群体，年轻女孩的偶像已逐渐从芭比娃娃式的奥黛丽·赫本、苏菲·玛索转向个性十足的 Lady Gaga、碧昂斯、蕾哈娜、艾薇儿等等。偶像形象的更迭，影响着迪士尼女性角色的设定，因此符合当代年轻女性追求的形象更能带动女性观众的消费，这也是许多电影制片方在电影中要强化女性主义的最根本原因。被采访的男性观众表示，"如果是动画版的迪士尼电影，可能不看。但要是有由重量级卡司翻拍的真人版迪士尼电影，我肯定去看。即将上映的《美女与野兽》就打算看，因为有女神艾玛。很多男性也会为了想看自己偶像饰演或拍摄的电影而走进影院。"迪士尼电影若想使其动画电影的受众群达到全龄化程度，就要脱离了单纯讲故事的套路，紧

跟时代的步伐，对关键角色展开更加丰富的表现，人物设定多层次且更加细腻，突破既定的思维模式，了解受众影迷的偏好，根据影片需要加盟大明星，提高不同受众群体的观影兴趣。

（五）拓展文化传播渠道，发挥媒体资源的作用

走进 21 世纪，信息技术深刻地影响着人类的生存方式，也加速了传播全球化的到来，传播全球化在一定程度上扩展了全球不同文化广泛的交流与分享。跨文化传播超越了文化屏障，是实现认知、理解及互动的一种重要的沟通方式。各种各样新的品牌不断地涌现出来，如果迪士尼要实现整体的长期发展、立于不败之地，就需要努力提高推广和宣传能力。新媒体开辟出的新的品牌推广渠道，如微博、微信、Twitter 和 Facebook 等国际通用社交平台相继出现，为品牌与消费者之间的沟通搭建了桥梁，使消费者能够在第一时间获取到影视作品的信息。在品牌文化传播方面，迪士尼在海外传媒市场中要借助信息传播平台，抢占传播出口，有效实现商品形象的宣传和企业理念的植入。此外，公司需要建立一套强大的传播系统，通过利用作品的内容要素营销传播、媒介营销传播、广告营销传播等手段，发挥社会传播的强大效应；通过注重聚合传播效果，最大限度地发挥媒体资源的作用，让企业在整个传播格局中稳占鳌头。只有利用有效顺畅的沟通渠道、细致入微的服务艺术、灵活的合作和定价策略，以及适合的品牌建设手段，精心运营、积极传播，才能够助力迪士尼在国际舞台上发挥独特的魅力。

运用匠人精神　淬炼电影精品

　　日本作为电影文化的输出大国，近年来，海外收益占到电影行业营业收入的 60% 以上。东宝电影公司作为拥有近百年历史的老牌日本电影公司，早已蜚声海外，在推动日本电影"出海"方面贡献巨大。本文对东宝电影公司经营现状做了简单介绍，重点阐述东宝在拓展海外市场时的路径以及遇到的问题，以便给电影行业一些启示。

一、东宝电影公司简介

　　东宝电影公司是第二次世界大战前成立的日本历史最悠久的动画电影制作公司之一，由 1932 年创立的东京宝冢剧场演化而来，主要经营动画电影、剧场、影像等业务，是日本电影行业的龙头企业。89 年历程，经历了浮浮沉沉，立于日本电影行业而不倒，并成为五大电影公司中的翘楚，与它主攻重点业务、其他事业兼顾的经营风格离不开。

　　东宝电影公司主要经营业务包括以下几个方面：第一，电影事业：从企划、制作、发行、宣传、票房、包装等事务，到海外销售，从电影事业的上游到下游一贯展开。多年来，在发行、票房两方面都保持着日本国内第一的市场占有率。第二，戏剧事业：在商业戏剧、音乐剧中具有高品质的绘画、制作能力；拥有直营的帝国剧场，全年提供顾客满意度高的舞台演出。第三，房地产事业：它是支撑收益变动较大的电影、戏剧事业的坚实的收益基础。在全国主要城市拥有好地段的房产，通过积极的再开发建设街道，通过高效的租赁创造稳定的现金流量。第四，新事业领域：东宝集团预见到因技术革新而发生巨大变化的经营环境，通过培育新事业来扩大阵地。它的关注点不仅是电影、影像、戏剧，还将目标锁定在包括音乐、游戏在内的"娱乐领域"，以开发与影业有协同效应的服务、技术为目标。正因为广泛地开展各方事业，才使得东宝在20世纪80年代电影产业没落时凭借不动产租赁和电影衍生事业坚持下来，并在21世纪初电影院规模化扩张时有资金成为荧幕总量第一的公司，为以后的东宝电影公司"一家独大"培育了垄断优势。

二、东宝电影公司海外经营情况

（一）海外事业启航的背景

东宝启动海外事业首先是源于近年来公司的业绩良好。东宝近年来参与制作了多部电影，鬼灭之刃、哥斯拉、名侦探柯南等IP的票房变现使其年年都能实现400亿日元营业收入的目标，因此东宝挑战海外市场也就有了底气。

其次，日本电影市场呈现出一家独大的局面。东宝、东宝东和东宝子公司的市场占有率占本土电影的4成。好莱坞的迪士尼、华纳兄弟、福克斯即使实力雄厚，但在日本的票房合计也比不过东宝一家。然而近几年，日本电影总票房和观影人次都有小幅下降，在整个市场容量趋于稳定的情况下，东宝在电影公映和制作等方面的利润要想有很大的提升，已经不太可能了。

再次，日本新生人口率近几年大幅下降，国内"少子化"现象明显。这直接导致国内对文化内容的需求减少，日本票房的天花板很容易就能够触顶，海外输出是未来文化产业继续发展的重要解决路径。

最后，东宝电影出海得益于政策扶持。2013年日本政府设立了囊括官方和民间基金的日本海外需求开拓支援机构（被视为"COOL JAPAN"战略推进机构），对日本文化传播企业的发展提供无偿援助。机构在几年时间里共投资了约693亿日元。此外日本的金融机构也响应这一战略，为文化内容出口企业提供优惠的利率政策和融资便利。

（二）在国际市场上的反响

1. 在全球市场的反响

20 世纪 50 年代之后的近半个世纪，东宝设计出了"哥斯拉"这个破坏力极强的大怪兽，至今仍是世界流行文化的符号。哥斯拉之于东宝，就像唐老鸭之于迪士尼，它为东宝创造了源源不断的流量与财富。此外，东宝也积极地与其他当红 IP 合作，在动画电影方面齐头并进，包括哆啦 A 梦、樱桃小丸子、蜡笔小新、名侦探柯南、犬夜叉、神奇宝贝以及火影忍者等等，这些动画成了许多 90 后的童年回忆。除此之外，黑泽明执导的电影《罗生门》获得奥斯卡金像奖后，东宝电影公司声名大振。

进入 21 世纪，东宝出品的《千与千寻》斩获第 75 届奥斯卡最佳动画长片奖。这是自 2001 年该奖项诞生以来除美国梦工厂、迪士尼作品外唯一一部获此殊荣的影片。截至 2020 年，在全球知名的电影评分网站 IMDb 动画电影评分排名 Top50 榜单上，东宝作品占据了近十个席位，这也意味着东宝动画电影已经突破了本国狭小的圈子，实现了全球化。2020 年 10 月发行的动画电影《鬼灭之刃——无线列车篇》更是达到了 377.76 亿日元的票房，高居日本影史冠军。它一并获得了奥斯卡最佳长篇动画电影的提名。2021 年 1 月 27 日在韩国首映，取得了当日票房第一的成绩。

与此同时，东宝动画电影给好莱坞的电影作品带来了启发。今敏的《盗梦侦探》给《盗梦空间》带来了灵感，大友克洋的《Akira》和《童梦》也启发了《环形使者》的创作。此外，好莱坞渐渐热衷于购买东宝的经典 IP 版权改编为电影。《我的英雄学院》《你的名字。》《进击的巨人》等大热作品也将陆续被真人化。

2. 在中国市场的反响

与有限的日本国内市场相比，以中国为代表的东亚和南亚市场仍有很大的利润增长空间。中国既是人口大国，也是世界上第二大的电影市场大国。日本的文化背景与中国相近相通，加之近年来二次元文化广泛流行，中国观众更能接受日本的电影。而且与美国大片比，东宝电影也具有引进费便宜、容易盈利的特点，因此日影一度成为中国片商的热门引进对象。

截至 2019 年，中国内地从日本引进电影的数量是 38 部，总票房高达 41.41 亿元人民币。值得一提的是，东宝动画电影《龙猫》（2018 年）和《千与千寻》（2019 年）在中国内地上映后，分别获 1.74 亿和 4.7 亿元人民币的票房收入。有人评价说，中国观众是在为自己的情怀补票，但这也从另一方面说明了东宝动漫大师宫崎骏的作品拥有强大的艺术魅力和票房号召力。除了宫崎骏大师外，新生代东宝导演新海诚凭借《你的名字。》以 5.77 亿元人民币成为中国票房最高的日本电影，《天气之子》也收获了 2.81 亿元人民币的票房收入。这些东宝原创作品获得市场认可后，各路片商纷纷引进原创 IP 电影，丰富荧幕，这也在某种程度上刺激了中国国产动画电影的发展。

三、东宝电影公司成功扩展海外市场的路径

（一）守住传统优势产业，为出海提供资金支持

电影制作、戏剧以及房地产租赁等事业是东宝电影公司的传统优势，它们创造的财富是东宝开拓新领域的底气。近年来，东宝仍将它们作为投资的重点领域。

1. 推出全新作品

虽然顾客真正追求的潮流随着时代的发展每天都在变化，但是无论如何变化，商业利益的源泉都在于作品本身。为了进一步强化企业的制作开发能力、创造新的作品，东宝致力于"加强与优秀创作者的合作伙伴关系"和"强化公司内制作人的创作能力"，与《未来的未来》《企鹅高速公路》等优秀作品的创作者建立了伙伴关系，并推出了《我的英雄学院》等作品，使之成为全球范围内广为流传的人气新作。

2. 建立高端影院

对于东宝来说，与客户沟通最重要的平台是"电影院"和"剧场"这些真实的空间。然而随着以智能手机为代表的数字媒体时代的到来，体验型、参与型的娱乐项目开始展现价值提高的倾向。东宝顺势建立了"日比谷"（2018 年）、"熊本"（2019 年）、"池袋"（2020 年）等高端电影院，

2018 年又对帝国剧场重新装修。在提供舒适的欣赏环境和服务的同时，充实了演出阵容，使观众们享受到其他地方体验不到的大画面、高画质、大音响、高音质的娱乐，创造了演员与观众融为一体的娱乐高涨感。

3. 合理处置不动产

东宝对其拥有的 120 多个不动产的收益性、前景、开发可能性等进行总检查，重新审视投资组合。为了巩固中长期持续收益基础，稳步开展了以下措施：（1）对于有再开发余地的不动产或者与电影、戏剧事业有协同作用的项目，积极计划开发；（2）考虑出售前景不好区域的地产，推进战略区域的资产置换；（3）持续关注"日比谷""有乐町"的街道建设，与邻近地权者、租户合作，将创业之地"日比谷"活化为"娱乐之街"。

（二）活用国内培养的原创 IP，开发国际市场

1. 以 "Godzilla" 为主轴的商业角色的强化

自哥斯拉这个 IP 创立以来，以它为主题的电影便不断创作，围绕它展开的电影多达三十几部。它并不只是 20 世纪 50 年代的"典型怪兽"，现在也是流行文化符号。比如，2019 年传奇社电影 "GODZILLA2" 在全球上映，2020 年传奇社电影 "GODZILLA VS. KONG" 在全球公映，东宝集团不放过电影公映持续的时机，使"哥斯拉"在全球范围内被广泛认知，作为"角色商业"不断收益化。

2. "Global" JAPAN IP 计划在海外正式展开

东宝的热门 IP 已经走进好莱坞。东宝成立"国际部"，与海外公司合作开发已有 IP，开拓海外市场。对于日本电影人来说，在好莱坞的成功是个很大的梦想。松冈也说，"因为在电影商务和制作中，好莱坞是顶点，所有电影人都会考虑到电影在全球上映时用到好莱坞的招牌。"日本电影的好莱坞电影化是近几年东宝的尝试，也结出了几项成果：东宝分别与好莱坞的华纳兄弟、环球影业以及派拉蒙进行了顽强的交涉，通过斡旋双方最终达成了《哥斯拉 2》的合作企划；《名侦探皮卡丘》2019 年 5 月 10 日在全球上映，皮卡丘在好莱坞正式出道；大热动画电影《你的名字。》的好莱坞真人电影化；好莱坞版"哥斯拉"第三弹，《哥斯拉 VS 金刚》2020

年 3 月 13 日在全球公映。此外，东宝出品将更加"IMAX"大片化。2020年东宝作品又将加上 IMAX 标识，它一次性地与 IMAX 合作了五部作品，除了好莱坞电影制片厂有这种待遇外，业界难觅其二。东宝通过国际合作，不断地努力为观众提供沉浸式的观影体验，亦是为走向美国等西方市场助力。

（三）与时俱进，发展新业务

东宝长达 89 年的经营历程让它意识到不论是大企业还是风险企业，都要广泛构筑不同领域的外部联系，积极推进资本业务合作，以散风险。特别是在疫情之下，经营环境瞬息万变，谁都无法预测电影行业的后续发展，通过拓宽经营范围，多尝试些不同领域的"新事物"，或许不致陷入闭目塞听的窘境。东宝积极培育新的事业领域：

1. 知识产权领域

东宝集团积极进行新 IP 的开发、创作者的培养。以"哥斯拉"为主题实施"GEMSTONE"创作者试镜，收到超过 1000 件创作者的投稿，为旧 IP 注入新的创作灵感。

2. 娱乐消费领域

东宝集团在电影、戏剧、房地产等具有传统优势的领域的将近 90 年经历，把它淬炼成了行业"老手"。东宝集团在这些领域游刃有余，不仅如此，最近它同时将目光投注到了包括音乐、游戏在内的"娱乐领域"，在维持自身优势的情况下还实现了创新。

3. 数字技术领域

东宝也关注数字领域的尖端技术，继续发挥其在特摄方面的优势，将计算机技术与"特摄"这种传统技艺结合起来，形成了电脑特效，并最终发展形成了成熟的"CG"和数字合成、胶片开发技术。

4. 其他领域

东宝致力于形成一条完整的产业链。它积极发展周边业务，在保证自给自足的同时，还不知不觉地使东宝融入日本国民的生活之中。在餐饮和娱乐业务方面，东宝投身建造彩虹村娱乐大厦，投身筹备

TOHO 餐饮集团，投身创建日比谷尚特文化街等。不仅如此，东宝还通过建立东京调布主题公园、东京梦之岛码头来传播自身文化，扩展自身的影响力。

(四) 政策+平台，推广电影作品

1. 套牢 "蓝海" 市场

东宝赶上了政策优惠。日本实行 "文化立国" 战略，推出日本电影的海外输出计划，给东宝在泰国、中国和其他东南亚国家拓展市场助力。政府可以利用每年 "政府开发援助" 中的 "文化无偿援助资金"，从东宝集团手中购买动漫播放版权，如此一来，低价优质的东宝电影在这些电影制作尚不成熟的国家分了一杯羹。

2. 网络和电影节宣传

东宝同时在线上线下积极地宣传新作。在线上，它利用门户网站进行网络宣传。在线下，东宝积极推动东宝电影作品《你的名字。》《鬼灭之刃——无限列车篇》参加国际展览会。此外，东宝还积极参与公益财团法人组织的东京电影节，通过这些活动来提高国际知名度。

3. 东宝 "灰姑娘" 选秀

曾选出泽口靖子、长泽雅美等国民人气演员的东宝 "灰姑娘" 选秀，承诺甄选出的冠军将凭借东宝电影出道，获得一笔百万日元的奖励。这引发了日本动漫的主要受众青年一代学生的广泛热议，达到了理想的宣传效果。

这些政策、活动和赛事为东宝吸引了无数的粉丝群，给它拓展海外市场带来了底气。东宝发行的《哆啦 A 梦》《名侦探柯南》等国民动画系列为代表的剧场版能够在海外市场票房大卖，也就不足为奇。

(五) 风格鲜明，创造差异化的电影作品

在被迪士尼动画、好莱坞制作占领的全球电影市场中，东宝能够另辟蹊径，形成独特风格，与本国特有的东方美学文化不无关系。这种文化美学的关联主要表现在 "形体" "精神" "手法" 三个层面上。

1. 形体

"形体"是文化的"载体"，它将无形文化表现为各种各样有形的文化实体元素，这些正是电影创作的内容素材、艺术形式和视听效果的"本"和"源"。首先，东宝出品的电影中隐含日本烙印。电影中往往会有馥郁的樱花、脚踩木屐穿着和服的歌舞伎、树木葱郁青翠的神社、皑皑白雪覆盖的富士山，以及阳光明媚、清风拂面的海滩等景象。其中最让人心旷神怡的是情景交融的神级电影配乐，往往对情节起到推波助澜的作用，这些音乐离不开东宝与动漫配乐大师久石让和菅野洋子的无间合作。其次，东宝电影广纳受众国传统文化。东宝动漫电影能够在别国传播，离不开这个产业的强大和包容。其动漫作品中有很多地方都利用了别国的传统文化元素，而传统文化的魅力是无法抗拒的。例如，东宝出品的《孙悟空》《犬夜叉》《少林小子》系列作品中，运用了很多中国传统文化元素，无论是"悟空"，还是佛家道士的外形和衣着、法师的权杖以及少林功夫，都与中国古典小说中的描绘极相似。

2. 精神

"精神"层面的文化创造使东宝电影与好莱坞电影作品相比时多了一份独属于东方的地域色彩。岛国的地理环境使得日本民族对自然有着特殊的感情，"物哀"作为日本独特的审美观也在时时刻刻影响着动漫的叙事氛围。禅宗和武士道对死亡的坦然不能说没有"悲戚、哀伤、幽雅"之感。就像中华文化为"中国学派"孕育了意境美的审美倾向，"物哀"也为东宝电影注入了幽玄、闲寂与淡雅的艺术风格。"物哀"是无形的精神感受，现实中无法通过实物具体表达，但各种"形体"层面的元素可助它传达。例如，《风之谷》和《幽灵公主》中的人与自然的对立是哀，《哈尔的移动城堡》里残酷的战场是哀，《秒速5厘米》中少男少女之间美好感情的消逝也是哀……物哀美学使东宝电影别具风格，给人思考更深、情感更细之感，兼具娱乐属性的同时，映射社会，展现人间百态，赋予电影以新的审美格调。

3. 手法

以宫崎骏、新海诚为代表的东宝导演的创作手法是以小见大，镜头语言比较细腻。他们的作品极度在乎角色的感受，极细微的小事也会用心刻画。比如龙猫为小女孩撑伞，自己的背被淋得湿漉漉，再如角色在海边喜欢吃什么食物。日本电影注重"私我"的感受。即使是一些格局较大的动漫，也把"私人的事物"看成影响整个世界的东西。很多人喜欢电影，是因为这些很小的细节，在导演的精雕细琢下，触及内心深处的柔软，让人找到自己的影子，并治愈自己。

四、东宝电影公司国际化过程中遇到的问题

（一）人才枯竭

由于"制作委员会"的资本属性，为了多发行作品，不断压缩影片的制作成本，这导致动画电影的创作稿费很低，即使是行业老手，每 500 张画稿可能也只有 10 万日元的稿费收入。漫画新手还可能被动漫社冠以"研修"的名义，作为非正式员工，待遇奇低。整个社会的动漫从业者整体收入低且无社会保障的境况，直接导致从业者很少，优秀的制作大师鲜见，更别说是像宫崎骏、手冢治虫这种级别的动漫大师，这对东宝造成了不小的打击。多年来，东宝以电影制作见长，动漫电影票房更是占其主营业务收入的百分之六十以上。动漫电影创作人才匮乏，导致东宝一直难以突破旧 IP 的瓶颈。

（二）原创 IP 不多

处于市场经济中的东宝为自身生存采取了一些短视的、功利主义的措施，形成后果严重的恶性循环——新 IP 匮乏。东宝除了少部分作品还在创造新 IP，"哥斯拉"以及经典 IP 的剧场版差不多就可以概括发行的 90%的作品了。总的来说，东宝动漫相关作品大多变得没有新意。东宝为"哥斯拉"专门成立一个部门来运营；《你的名字。》成为爆款后又被好莱坞拍成真人电影；包括《哆啦 A 梦》《犬夜叉》《名侦探柯南》……老朋友们在一个个回归。电影形象陈旧单一的现状，与日本的电影制作环境紧密相关。首先，日本电影制作公司"三足鼎立"。日本政治呈现财阀当权的现

象，在文化企业中也同样如此。大财团兼并异己、垄断行业后，形成了东宝、松竹、东映三足鼎立的局面，电影的多样性和主观性遭到了极大破坏。其次，东宝拥有一批"风险规避型"资本家。东宝集团的股东们认为老 IP 自带以下优势：（1）受众方面，不必刻意培养。已有 IP 自身带有稳定的观众基础。（2）营销方面，无须大肆宣传。由于与版权持有方的垂直合作，持有日剧版权的电视台与持有动画、漫画版权的发行公司共同合作宣发。（3）选材方面，不必大费周章。大制片厂只需要收编经历过市场自然筛选的优胜作品。这一改编体系一经形成就被一直使用至今，造成了每年日本票房前十的电影多数都是剧场版系列的现象。最后，电影 IP "孵化"的时间长。东宝拥有完善的艺术作品垂直生态，一个 IP 的孵化需要经由轻小说、漫画再到动画片和真人电影的漫长考验。资本的逐利本性使得东宝集团忽视了对基层创作者"施肥"，导致今天日本重量级 IP 的青黄不接。大部分顶级 IP 仍是 20 世纪 80 年代甚至更久的成果，能够突围且站稳脚跟的新作品少之又少。

（三）国外动漫电影市场"遇冷"

1. 中国本土动漫开始发展

自 2015 年开始，在中国国家产业政策的支持下，中国动画电影行业渐渐苏醒，并呈现出快速发展趋势。2019 年开始进入平稳增长期，这年生产了 51 部动画电影，其中《哪吒·魔童降世》以 50 亿元人民币的票房成绩刷新了动画电影票房的最高纪录。此外，数字技术更新发展下，中国国内的 3D 动漫逐渐成熟。例如，腾讯开发了《斗罗大陆》《狐妖小红娘》等优秀的 3D 动漫作品，并在国内收获了一批忠实影迷，这无疑压缩了日本动漫市场。

2. 北美市场始终"无感"

东西方的文化差异导致民众们的心理距离较远，在对文化的理解上存在很大差异。一方认为是经典的、幽默的东西，另一方却未必如此认为。尽管东宝在拓展广阔的北美市场方面不遗余力，积极争取与好莱坞、IMAX 进行合作，但这些尝试收效甚微。东宝出品的大部分作品具有鲜明的东方色彩，但要迎合大部分欧美观众的审美，还需再努力。

五、对电影行业的启示

（一）完善产业链，开发电影衍生品市场

东宝以电影为"火车头"，带动了戏剧、房地产相关产品和产业的综合开发。此外，东宝拥有一套创作、制片、宣传、衍生品制作以及产权保护的完整产业链，在与同行竞争时往往会具有低成本的优势。东宝常常是在影片制作的同时，衍生品市场也开始紧锣密鼓地设计创作了。绘本、写真集、宣传片、玩偶，甚至电影中出现的食品都会包办生产。它在电影衍生品方面的收益占到东宝总收益的四成以上。正是因为这样完善的产业链系统，东宝可以多向投资，以分散风险，才能在两次电影行业衰落的宏观环境中屹立不倒，实现电影经济的良性循环。

（二）培育品牌特色，形成电影风格

东宝在电影产业的全球化进程中，首先是稳定地培养特摄优势，积极与好莱坞进行合作，开发"哥斯拉"等一系列特摄作品，将"东宝特摄"做成品牌，在提高企业形象的同时也能够不断地创造收益。其次，东宝把国家本身的文化特性与动画电影结合并做到极致，成为能够与好莱坞抗衡并取胜的本土类型电影。最后，东宝电影创作者的整体艺术创作能力较高。可以说，东宝出品大获成功，与创作者的责任感离不开。在这些作品中，看不到浮躁，但可以看到创作者及团队的精雕细琢和良苦用心，这也许就是匠人精神。

（三）政府扶持，培养专门人才

东宝目前电影人才的匮乏需要政府的积极配合并做出努力。正如前文所说，真正能够吸引到读者的，往往是作品本身。优秀作品的创作离不开创作者的高超技术和和内涵素养。目前，东宝在积极培养导演、专业演员、美术指导、音乐制作等电影所需的专业人才。它在电脑合成技术的应

用人才与美国相比都不处于劣势，但仅凭个别公司努力便想让整个日本电影行业走出人才缺乏的困境难免有点过于理想化。应汇注政府之力，制定行之有效的政策。日本政府的工作重点是在工业科学人才培养，同时兼顾文化产业人才的培养。这样才能提高电影产业从业人员综合素质，实现技术与审美的双重结合，为电影事业的长远发展提供人力支持。

（四）作品本土化，博采受众国文化

绝不囿于自身民族文化的"形体"，广泛利用世界各个国家的文化"形体"元素，是东宝电影产业的高明之处。东宝电影将日本文化的精神内核隐匿于作品之中。即使故事的背景设定与日本毫无关系，观众也能在电影表达的主题中寻到"日本创作"的信息。这使东宝电影作品在泛西方文化中，能够引领人们思想观念、审美趣味的改变，并且同化电影受众的思想，认可日本民族文化。此外，东宝输出日本电影文化的艺术创作方式是我们最应该汲取的。它在电影创作中主动地运用别国传统元素：一是表现在民族化故事情节，将各国的古典故事当作主要框架来迎合当地观众的审美趣味与民族追求；二是本土化"形体"元素，东宝勇于利用国际文化元素，用心雕琢符合全球大众审美的电影作品，注入全球普遍认同的价值观。

国际经贸学院　施红娣

第二部分

文化创意产品

WENHUA CHUANGYI CHANPIN

品牌+衍生品：
"哈利·波特"的国际化之路

一、"哈利·波特"国际化的基本概况

1997年6月，英国布鲁姆斯伯里出版社出版了作家J. K. 罗琳的"哈利·波特"系列小说第一部《哈利·波特与魔法石》，"哈利·波特"角色自此在英国文学界崭露头角，并逐渐在世界文化产业中书写了传奇。继第一部作品问世之后，罗琳以每年近一本书的速度，先后写作了"哈利·波特"系列的后六部作品。到2007年6月，随着最后一本小说《哈利·波特与死亡圣器》的出版，主人公"哈利·波特"的旅程已经到达了终点，但小说所产生的影响还远远没有结束。迄今为止，该系列小说已被翻译成70多种语言，在世界两百多个国家发行，销量累计达五亿多册，前六册发行量达800万册，最后一部作品在美国开售后24小时内售出了830万册。

继"哈利·波特"系列小说获得成功之后，其电影、玩具、服饰、网络游戏、旅游等衍生产品均取得了良好的销售记录，并传播到世界各地。哈利·波特系列电影全球票房累计约78亿美元。2020年8月《哈利·波特与魔法石》全新4K修复3D版在中国内地重新上映，仅四天时间国内票房超过1. 17亿元，全球累计票房迈入了10亿美元乐部。维基百科资料显示，"哈利·波特"玩具服饰等衍生品全球销售收入达73. 08亿美元，家庭娱乐收入达39. 66亿美元，网络游戏收入达15. 55亿美元，电视收入达10

亿美元。正如《福布斯》杂志所说，"哈利·波特"已成为全球最著名的品牌之一。"哈利·波特"从最初的文学作品，一步步渗透到我们的生活当中，最终形成了一条庞大的产业链，创造出了上千亿的商业价值和文化价值。2019年，"哈利·波特"以309亿美元（约合2144亿元人民币）的总收入，位列全球IP营收排行榜第十位。2020年罗琳凭借6000万美元的收入位列福布斯全球收入最高作家排行榜第二名。"哈利·波特"早已从文学作品变成世界级文化现象。

二、"哈利·波特"国际化的路径探索

（一）图书发行：文化贸易的前提条件

1. 精彩的文学创意为作品发展奠基

作者罗琳在创作"哈利·波特"系列小说时，借用了大量欧洲历史背景、文化传统、神话传说及圣经中的典故，使得作品中的人物形象、语言运用、环境设置等方面具有欧洲浓厚鲜明的历史文化印记。例如，作品中很多人物的命名颇具巧思，作者采用拉丁文、法文等使名字具有讽刺、双关、隐喻等意义。叶舒宪先生在评价《哈利·波特》时曾说，作者罗琳的"文学想象显然是对凯尔特巫术魔幻传统的大发扬"。罗琳通过在世界多元的文化宝库中寻找素材和原料，使其作品最终体现出丰富的文化内涵，为"哈利·波特"系列小说多样化的发展奠定了基础，也为后续作品走向全球提供了内容和资本。

"哈利·波特"系列小说中灵动精彩的内容、惊奇新颖的创意是其吸引读者、名声大噪、畅销海内外的重要原因。"哈利·波特"系列小说讲述了少年哈利·波特从受难到成长再到战胜邪恶的故事。英雄主义题材的作品无论在哪一个国家都极易引起人们心中的共鸣，不管何时看来都极为经典。此外，"哈利·波特"系列小说中最打动读者的不只是主人公曲折复杂的命运和使命，还有作者打造的宏大壮观的巫师世界。小说中精彩奇妙的情节设计比比皆是，为读者带来一份充满想象力的盛宴：在九又四分之三站台乘坐深红色蒸汽机车前往霍格沃茨，将飞路粉洒在火炉里去到对

角巷,用时光转换器返回三小时前拯救小天狼星,三强争霸赛上火焰杯中意外飞出的第四张纸条,在陡峭悬崖下的岩洞里寻找伏地魔隐藏的第三个魂器。可以说,作品中扣人心弦的历险故事、令人拍案叫绝的惊奇想象,使得"哈利·波特"系列小说具备了畅销全球的潜质。

罗琳是一个驾驭文字、编织故事的天才,她在作品创作过程中注意迎合青少年儿童的心理,让他们在阅读过程中产生认同和共鸣。她描绘的形象、塑造的情节总是生动鲜活的,让人觉得仿佛身临其境、如见其面、如闻其声,历久弥新,甚至经过时间的打磨更加立体丰满。"哈利·波特"系列小说的"妙",极大程度来自作者看似天马行空的想象,却又以现实世界为土壤,深深根植于我们的日常生活当中。美国曾出版过一本书名为《写给哈利·波特的信》,书中收集了来自世界十几个国家的小朋友写给哈利·波特的信,从这些信中可以看出来小说中最吸引孩子的不仅是光怪陆离的魔法世界,更是魔法世界与现实世界的巧妙杂糅,使孩子们产生了亲切感与真实感。当孩子们对书中新奇大胆的想象拍案称奇时,又总有现实生活的影子透过神奇的魔法世界传达到他们的心中,卷起万般旖旎。现实与想象交错,罗琳所建立的庞大世界不再虚无缥缈,反而更加真诚立体。迎合读者心理、充满亲切感的作品内容给了"哈利·波特"在之后的道路中行走更远的底气。

2. 重新包装定位扩大受众群体

美国学者出版社是"哈利·波特"系列小说走向美国乃至世界的重要推手。该出版社在高价拍得"哈利·波特"系列第一部作品之后,为了在美国市场上成功地推广此书,先是将小说的名字进行了修改,从最初的《哈利·波特与智慧石》改为《哈利·波特与魔法石》,使得书名更能调动人们的好奇心,吸引客户的兴趣。同时,为了不让美国对名不见经传的女作家产生排斥和歧视,出版社以 J. K. Rowling 替代作者原本偏女性化的名字 Joanne Kathleen Rowling,并对作者进行了从头到尾的包装。此外,学者出版社还邀请《环球时报》和《纽约时报》撰稿人为小说写书评,不仅使该书成功位列畅销书排行榜,还通过评论改变了《哈利·波特》原来的儿童文学的定位。

3. 体验式营销增进客户参与感

在情感消费时代，顾客在购买商品时不仅重视产品本身，更重视情感满足和心理认同。"哈利·波特"的市场营销很好地把握了广大书迷的心理需求，并通过创造情感体验来吸引读者。"哈利·波特"系列小说发行时全球各大书店特意准备了众多具有仪式感的小活动，以营造愉快氛围并唤起消费者对书籍的期待，激发潜在读者的购买欲望从而促进销售。在最初的发行阶段，美国的出版公司制订了以下营销计划：每一家书店都点燃蜡烛，让销售人员戴上黑色圆框眼镜，穿着黑色斗篷，于午夜十二点出售书籍，目的是在安静的夜晚中营造出节日的气氛，吸引美国顾客。在中国，作为最初的发行社，人民文学出版社邀请了电影主演来进行现场促销，并聘请小演员打扮成哈利·波特的样子吸引群众的注意。在出售书籍的同时分发杯子、圆珠笔、衬衫等小礼物，从而增进了购买过程中的乐趣和感官享受。通过各国出版社和全球各大书店的引导，"哈利·波特"系列图书的销售逐渐演变成一场"哈迷"们的盛大狂欢聚会。通过开展各式各样的活动增加了书迷的参与感，提高了他们对书籍的忠诚度，还能对身边的人产生影响，形成口碑营销，有效扩大潜在读者的规模。

4. 多渠道宣传为作品造势

"哈利·波特"的营销有效利用了电视、电影、报纸、网络等大众媒介资源，为将出版的作品宣传预热以制造声势以为已出版的作品进行新闻报道以增加关注度，进一步刺激消费。为扩大"哈利·波特"的全球影响力，美国媒体竭尽全力地为"哈利·波特"制造新闻：图书稳居畅销榜、高价版权、女作家罗琳暴富、伊丽莎白接见罗琳、电影选角、电影拍摄等。无孔不入的新闻资讯使得"哈利·波特"迅速成为风暴潮并席卷全球。在各大新闻媒体的推动下，买"哈利·波特"、看"哈利·波特"已经成为一种时尚和潮流。在中国，当 2002 年《哈利·波特与密室》电影上映时，人民文学出版社抓住这个机会首次与电影公司合作，他们在电影海报上增加"哈利·波特"系列书籍的相关图片以扩大图书宣传，吸引观众在观影结束后购买小说。因此在电影票房斩获佳绩的同时，也拉动了"哈利·波特"系列图书的销售。据统计，在电影上映期间，人民文学出版社发行了 25 万套，总计 100 万册的"哈利·波特"系列图书，成为当时中国图书市场一个典型促销案例。

5. 品牌神秘感增加客户期望

"哈利·波特"通过增加品牌神秘感极大地提高了市场期望值。各国出版社在"哈利·波特"新书发布之前，会对新书的内容进行严格的控制和封锁，事先没有任何书评或故事情节的透露。有的国家还会选择在午夜进行发行，以增加神秘感。2007 年，在"哈利·波特"系列的最后一部作品《哈利·波特与死亡圣器》出版前夕，出版商为了书籍的保密工作，耗费 1000 万英镑，配备大量安保人员和警犬 24 小时监控，甚至采用卫星定位系统跟踪车辆运送。严密的安全措施确保了没有任何内容的泄露，为作品营造了神秘的氛围，调动了人们的兴趣，并为后续销售形成了良好的预热效果。最终该书发行当日在英美两地就达到了 1100 万册的极高销量，这一惊人的数字彰显了"哈利·波特"极高的品牌声誉和客户期望。在中国，负责引进该书的中国图书进出口公司选择与世界最大的国际物流公司美国 UPS 快递合作，从英国向北京运送 38000 册《哈利·波特与死亡圣器》。为了在北京及全球同步发行新书，并做好新书的保密工作和神秘感维护，这些图书在整个运输过程都受到了异常严格的监督。最终在 7 月 21 日上午 7：00 举行的图书发布会上，该书英文版取得了空前火爆的销售成绩，在业界引起轩然大波。

（二）影视制作：文化贸易的延伸

1. 国际一流公司高投资保障电影制作精良

早在"哈利·波特"系列小说发行前中期，美国各大电影公司就敏锐地察觉到该作品将在世界上创造出巨大的效益。在各大电影制片商抢夺电影版权的战争中，时代华纳公司最终拔得头筹，于 1998 年以 50 万美元的价格从作者手中将《哈利·波特》的专利使用权、电影改编权、商品经营权买断，成为后来"哈利·波特"系列电影在全球取得成功的关键幕后推手。时代华纳公司由华纳通讯、美国在线、时代公司合并而成，集电影娱乐、出版、网络和音乐等多项业务于一身，财力雄厚。他们以每部电影过亿美元的投资，邀请曾经拍摄过电影《指环王》的好莱坞顶级制作团队，形成世界一流的电影制作拍摄班组，有效保障了影片特技的震撼效果和高品质。电影制作团队在英国海选饰演哈利、罗恩、赫敏等角色的小演员，最大限度地保证了角色贴合原著人物形象。同时，大半个英国演艺圈的明星都被邀请参与了"哈利·波特"系列电影的出演，形成了超豪华明星阵容，他们在全球的知名度保障了"哈利·波特"系列电影在国际电影市场的号召力。影片尽最大努力还原了小说内容，赢得了原著粉丝们的热情追捧，反过来小说的全球畅销也成了电影票房的促销剂和有力保障。从时代华纳将"哈利·波特"第一部作品推向大荧幕起，之后几乎该系列每一部电影的上映都会在全球掀起一阵魔法狂潮。"哈利·波特"前五部电影都登上了"美国历史上最受欢迎的 50 部电影"榜单。

2. 强大的市场宣传吸引客户

时代华纳公司为了宣传每部"哈利·波特"电影，都要投入高达 5000 万美元的费用。当"哈利·波特"电影上映时，相关信息就会登上多家知名杂志报纸的头版头条，诸如美国在线网络咨询、时代华纳的电影公告板等媒体都会大量报道相关信息。从文学作品到电影改编，从作者罗琳到各位演员，从电影台前到电影幕后，从观众热评到专家影评，从电影票房到各类大奖的斩获，铺天盖地的宣传席卷而来，时代华纳的"哈利·波特"相关论坛上更是遍布了网上电影订票服务，人们不知不觉地就会被消费洪流卷入其中。当电影《哈利·波特与魔法石》发行时，可口可乐公司便用 1.5 亿美元的高价将该影片的全球独家联合营销权买断。作为全球顶级营销机构，可口可乐公司的助力使"哈利·波特"迅速风靡世界。

3. 银幕与非银幕营销为产品创收

好莱坞的电影主要采用银幕与非银幕营销并驾齐驱的连锁营销方式，具体表现形式为电影院、家庭影院、网络营销、电视播放和相关产品开发这样既独立又相辅相成的营销架构。制片机构、发行单位和放映机构通过"分账发行"紧密相连。票房不仅反映电影从制片、发行、放映、营销等各个环节的质量，更决定了这三个部门的利益，从而有效调动了市场各个环节的积极性。有关数据显示，美国电影总收入中只有 20% 是从票房中获得，剩余的80%是从有线电视、录像等其他渠道中获得。电影《哈利·波特与魔法石》上映时，华纳公司曾以6000万~7000万美元的价格向美国广播公司出售了该电影在其电视频道的播映权，创下了购买电影播映权的天价纪录。此外，录像也是电影获利的一个重要渠道。"哈利·波特"第一部电影的录像仅在美国就获得3.23亿美元的收益，其第二部、第三部电影的录像也分别获得了2.27亿美元和2.77亿美元的高收益，第四部电影在首映日销售的录像就突破了500万张。

4. 整合营销扩大产业规模

好莱坞的电影产业重视整合营销的理念。不同于以产品为中心的传统营销理念，整合营销强调"以客户为中心"，充分考虑客户需求和欲望、便利性、成本、沟通这四个要素。时代华纳作为"哈利·波特"由文学产业向电影产业进行形态转换的最大投资公司，掌握了文学作品和电影的市场走向。时代华纳以消费者为中心，对"哈利·波特"系列电影采用了一体化、立体式的营销模式：电影的制作、拷贝、首映权和电视播映权出售由华纳兄弟影业负责；电影的宣传报道、广告策划、市场调研、炒作以及订票服务由华纳旗下杂志和美国在线网站负责；音乐原声带和电影原声带由华纳唱片集团负责；DVD等录像产品由华纳家庭影院公司负责；玩具、服饰、纪念品等电影衍生产品由华纳消费品公司负责；主题公园由华纳影城负责。通过有序统一的经营运作，以及各种营销策略的整合应用，"哈利·波特"最终取得了显著的营销效果，自此成为一台巨大的印钞机，为产业链中的各环节源源不断地带来巨额回报。

（三）文化衍生产品：文化贸易的拓展

1. 玩具、文具、服饰创造巨大收益

玩具、文具、服装等是"哈利·波特"目前获利最大的衍生产品，占电影产业利润的70%~80%。早在"哈利·波特"第一部电影决定投拍时，全球最大的三家玩具生产商——丹麦的乐高、美国的孩之宝和美泰便分别用5000万~8000万美元的价格购买了"哈利·波特"玩具、文具的特许经营权。当电影上映时，市场上已有超过500种玩具和文具。2002

年，在加利福尼亚州的一家特许经营展览中，有 80 家公司从时代华纳手中购买了"哈利·波特"特许经营权，涉及约 2000 种商品。每当"哈利·波特"新书出版或者新电影上映时，与"哈利·波特"相关的玩具、文具。服饰等便会掀起新的热销狂潮。小说电影中精彩迷人的魔法品如飞天扫帚、金色飞贼、分院帽、海德薇、活点地图、魔杖等被制作成了有趣的玩具、文具。霍格沃茨魔法学校四个学院的元素特点如：格兰芬多的红色、金色和狮子、斯莱特林的绿色、银色和蛇、拉文克劳的蓝色、铜色和鹰、赫奇帕奇的黄色、黑色和獾被大量的用于服装、饰品的设计当中。目前，全球有众多品牌与"哈利·波特"进行联动，例如美国顶级艺术家居品牌 Pottery Barn、美国运动潮牌 VANS、韩国快时尚品牌 SPAO、中国潮流玩具品牌泡泡玛特、中国服装品牌太平鸟等，还设计出不计其数的联名款产品。据有关分析，目前"哈利·波特"在全世界已有超过 10000 种相关衍生品。

2. 网络游戏维持品牌热度

2001 年，全球最大的互动娱乐软件公司美国艺电公司 Electronic Arts（简称"EA 公司"）推出了"哈利·波特"相关游戏，它以电影剧情作为游戏的情节内容和故事蓝本，采用电影中的角色形象、道具、场景等作为游戏的设计元素，每上映一部电影便会发行一款同名游戏，先后有 8 款游戏被制作出来，每一部游戏的推出都意味着 EA 公司将卖掉 900 万个拷贝，而在这个数字背后所代表的则是数亿美元的营业额。"哈利·波特"游戏以图书内容为基础，采用电影中的视听元素并与电影同步推出，最终实现三者的共赢。

在 2020 年 9 月 17 日举办的 PS5 发布会上，华纳公布了"哈利·波特"游戏新作《霍格沃兹：遗产》，并预计将于 2021 年登陆 PS5 平台。该游戏将充分发挥 DualSense 手柄触觉反馈、3D 音频和 PS5 的高清画质等功能，努力给玩家和"哈迷"带来巫师世界的真实体验。尽管游戏仍在开发阶段，全世界的"哈迷"们已经纷纷响应支持，而华纳公司打造出的更高端的游戏体验必然也会在"哈迷"之外，吸引一大批新的游戏玩家，在带来预期的高收益的同时也会对"哈利·波特"的其他产业形成反哺。

3. 文化旅游增加客户体验

"哈利·波特"系列电影的许多经典镜头的拍摄地点位于英格兰赫特福德郡的利维斯登摄影棚,华纳兄弟将此工作室买下,斥巨资约 1.61 亿美元对其进行扩建,之后华纳兄弟将霍格沃茨会议厅、格兰芬多公共休息室和主人公居住的宿舍等众多剧情场景向"哈迷"们开放。此外,参观者还可以亲眼看到电影中的魔法生物如鹰头马身有翼兽"巴克比克"、巨型蜘蛛"阿拉戈克"和邓布利多教授的凤凰"福克斯"是如何通过动画制作技术形成的。华纳兄弟表示欢迎所有粉丝体验"哈利·波特"的艺术魅力,拍摄地点内的道具、服装将为"哈迷"们全面开放。"哈利·波特"系列电影的其他拍摄地如牛津大学的基督教会学院和博德利图书馆、杜伦大教堂、圣保罗大教堂、利德贺市场、大苏格兰场路、千禧桥、维多利亚街、莫赫悬崖等都已成为全球"哈迷"们的重要旅游打卡地,这些旅游地点在世界上掀起了一股魔幻狂潮,极大地推动了"哈利·波特"主题旅游业的发展。作为电影中著名的九又四分之三站台拍摄地的英国国王十字车站,由于前来合影的游客太多了,原本设立在车站内的站台被迫移到了车站外,现在每天都有世界各地的游客前来打卡,平均排队时间就要 1~2 小时。

2007 年 5 月 31 日,华纳兄弟娱乐公司与环球电影制片公司在美国佛罗里达州发表联合声明,提出在该州的奥兰多环球影城度假胜地建造一个"哈利·波特"主题公园,并命名为"哈利·波特的魔法世界"。该主题公园已于 2010 年 6 月正式对游客开放。公园一比一地还原了电影中的众多场所,耗资 2 亿美元,历时三年建成,占地 20 英亩,由霍格沃茨城堡、霍格莫德村和禁林三个部分组成,包括"哈利·波特禁忌之旅""鹰头马身有翼兽的飞行"和"龙的挑战"三项游乐项目。游客可以在其中体验与电影相关的众多情节,模仿角色在故事中的奇幻冒险,品尝黄油啤酒、比比多味豆、巧克力蛙等魔法食品,购买魔杖、斗篷、魔法书等众多玩具。目前,除奥兰多环球影城度假胜地外,全球还有 3 所"哈利·波特"主题公园,分别位于日本环球影城、好莱坞环球影城,以及北京环球度假村。前二者已分别于 2012 年 5 月和 2016 年 4 月建成营业,后者预计 2021 年建成营业。"哈利·波特"主题公园以宏大的规模和精心设计的细节，真实地再现了"哈利·波特"的神奇世界。这种给予游客在现实世界中体验魔法生活的旅游模式吸引了全球大量的客户群体，成为"哈利·波特"产业中一个利润丰厚的环节。

三、哈利·波特产业模式对文化产品国际化的启示

（一）高品质内容，迎合顾客心理

文化产品的质量是其生存之本，同时文化产品只有抓住受众群体的心才能够在国际市场中站稳脚跟并不断扩大份额。随着消费者欣赏水平的逐渐提高，没有精彩内容和精心制作很难满足消费者的需求。"哈利·波特"故事内容从英雄获难、成长，到征战、胜利，这种故事模式尽管老套但是无论在世界各地都极为经典，胜利终将战胜邪恶的英雄主义是每个人心目中都难以割舍的情怀，且作者构造的光怪陆离的庞大魔法世界令全球读者惊叹不已、深深折服。在当下想象力匮乏的时代里，"哈利·波特"作品中天马行空的艺术描写无疑能够迅速地抓住国际市场的眼球。"哈利·波特"系列小说还隐去了各国儿童文学作品"说教"的通病，但又不乏启示性内容，更容易取得儿童的亲近感与信赖感。文化产品在制作之前应当尽可能多地对客户需求进行了解，只有迎合顾客需要的高品质的文化产品，才能在波谲云诡的国际市场中寻找到立足之地并经久不衰。

（二）因地制宜，明确市场定位

文化产品的发展应针对受众，结合不同的文化市场背景因地制宜，重新对产品进行定位和包装。"哈利·波特"系列小说在英国出版的前两年里销量一般，直到美国资本注入并以其成熟的营销策略推动，才使得"哈利·波特"一步步受人关注，最终成为世界级文化符号。"哈利·波特"这一文化产品虽然是英国的产物，但却经美国之手发扬光大。当美国打造出的大众文化产品畅销世界时，美国也在从其他的不同文化中广泛吸收各色各样的成分融入自己的文化之中，然后再因地制宜地将它们出口向全世

界。美国学者出版社在将《哈利·波特》引入后，并没有将其局限为儿童文学作品，而是结合市场行情，重新进行定位包装，通过各类活动的引导，将其打造为适宜各个年龄段的时尚品，最终成功地使其成为超级畅销书。时代华纳顺应时代潮流，结合市场环境，整合各方文化资源，通过科技汇集创意，顺势打造出受人喜爱的魔幻现实主义题材电影。可以说，美国不仅是"哈利·波特"的中转站，更是它的发动机。

（三）发展品牌战略

品牌营销是美国影视产业生产的模式和手段，其最终目的是打造出无可匹敌的世界品牌。单纯的文化资源价值有限，只有将其充分整合利用，打造成一流的文化品牌，才能带来高额的回报和利润。

建立品牌的一种方法是对现有资源进行整合。鲁迅先生曾说："只有民族的，才是世界的。"品牌越是民族化，就越杰出和独特，越有可能在国际营销中取得成功，因此应该通过探索历史和民族的文化资源来发现极具潜力的品牌。在发掘文化资源的过程中，不能脱离历史背景条件下的文化本质，也不能忽视文化资源的地域特征。同时，必须认真区分不同文化资源之间的差异，准确把握不同文化的个性，在文化内涵本身的基础上适当发展，以创造出成功的文化品牌。值得注意的是，在开发民族文化资源的同时，也需要拓宽视野，不能仅将目光局限在眼前的一亩三分地，而要积极学习了解他国的优秀文化传统，广泛吸收先进的文化元素，丰富自身的文化内涵，为文化产品增添多元的世界文化色彩。只有这样，文化产品在向世界舞台推销的过程中才能更具亲和力和竞争力，才能在国际市场中走得更远。

建立品牌的另一种方法是基于创造力打造一个全新的品牌。这种方法已广泛应用于动画、游戏、服装设计、音乐和软件等行业。创意品牌的成功在于顾客驱动而不是供应方供给。换句话说，创意产品的生产和价值取决于客户的需求，以目标客户的文化价值需求为指导。尽管这种品牌是全新的，但它也应该植根于某种文化之中，以便与深受这种文化影响的目标受众建立联系。因此对于全新的文化品牌而言，其内涵仍然至关重要。"哈利·波特"系列小说就可以归为这一类别。罗琳在创作过程中以欧洲传统文化为背景，精确地分析读者心理，凭借自身的想象力和创造力，为"哈利·波特"文化品牌的诞生奠定了基础。

一个成功的文化品牌需要长期的品牌维护，以保持其在国际市场中的地位。文化品牌不仅代表该文化产业形象，也是维护客户忠诚度的关键因素。拥有优秀的文化品牌意味着拥有忠实的受众群体，放弃品牌个性将很快失去市场。不断维护品牌个性和质量是在国际市场和全球消费者心目中立于不败之地的重要途径。同时，品牌维护的另一个关键用途是培养品牌"情怀"。正如在 2011 年，哈利·波特系列最后一部电影《哈利·波特与死亡圣器（下）》上映时，无论其质量如何，全世界每一位"哈迷"都会继续关注它，因为对于他们而言这已经不只是单纯的花费时间和金钱来消费产品，更是在寻找一种"情怀"。品牌"情怀"的培养是最聪明的营销策略，它可以将商业活动转变为消费者自我实现的冒险，为产品带来更长远的效益。

（四）构建文化产业链

产业发展是一个动态的过程。随着科学技术的进步，传统的第一产业、第二产业和第三产业之间的界线逐渐模糊，产业融合已成为世界经济发展的新趋势。文化产业的发展改变了传统产业价值链，促进了产业结构升级。一方面，有形产品的出现将刺激文化资源的开发，创造新的商机，促进传统文化的资源再利用，深化文化产业的发展；另一方面，它也推动了其他传统行业的生产优化。例如，在文化产业中进行产业设计、品牌规划、市场推广等可以增加制造业的附加值，形成更有效的产业结构。书籍的市场价值有限，但"哈利·波特"图书推出后，其相关衍生产品如影视、主题公园、游戏、纪念品等先是在美国市场遍地开花，形成一条完整的产业链，丰富了原始作品的意义。而随着市场营销，这些产品又在世界各国开发新的潜在市场，一系列衍生产品的诞生重新激发了消费者对书籍的认识。"哈利·波特"通过对文学产品的资源开发，实现了质的飞跃和转化，赢得了利润创收和价值增值，最大限度地实现了产业价值。所以，在国际市场上对文化产业价值链进行合理的建设和管理就显得尤为重要。产业链需要与品牌紧密合作，不断寻找新的市场主题和价值创造者，通过深化分工和扩大合作伙伴，加强和提高每个环节的价值创造能力，逐步在更大范围内形成一个更加紧密、相互依存的价值网络，使产业值获得最大限度的扩展。

在构建产业链时，我们必须着眼于长期发展，不能仅仅为了眼前的利益进行行业间或跨行业的产业拓展。成功的产业链延伸可以扩大品牌影响力，充分利用并增加其价值。但产业链延伸也存在很多潜在风险。当文化品牌扩展到有形产品领域时，我们要权衡利弊，采取科学合理有效的措施规避风险，重视授权企业的资格审查和衍生产品的质量管理，以加强和维护文化品牌的核心价值。

（五）建立创新型营销模式

文化产品要想在国际市场运作中取得成功，离不开优秀的营销策划。以市场营销学的理论和工具作为文化产品生产和推广的指导，既可以满足市场需求，又可以为产业盈利提供保障。"哈利·波特"系列小说在全球制定统一的发售时间，各大书店举办多种活动打造体验式营销；在小说、电影发行前，先找全球各大杂志、报纸、网络媒体进行大篇幅的宣传报道。正是由于出色的营销策划技巧，"哈利·波特"才能从普通的文学作品演变为世界商业传奇。在市场经济的条件下，文化产品在保障自身内容内涵高品质的基础上，应重视通过营销策划来包装自己，充分运用全球各类新闻媒体为自己造势。好的内容固然是吸引客户的根本，但优秀的市场营销运作可以让更多的人了解认识该文化产品。二者相互结合，可以实现共赢，巩固老顾客并吸引新的受众群体，拓展市场，实现产品更高的价值。

（六）与合作伙伴密切配合

文化产品要想运作成功，就需要多方资源的支持。对于技术、资金有较高要求的文化产品更应该加强国际市场合作，整合各类相关资源来共同进行开发。对世界资源的有效整合，可以实现优势互补并完善产品质量，增加国际市场竞争力，提高项目成功运作的概率，减少企业单独运作项目造成失败的风险。"哈利·波特"将罗琳的剧情资源同各国被授权出版社的图书发行资源、时代华纳的电影制作和影视衍生品运作资源、乐高等玩具商的玩具推广资源、美国电艺公司的游戏开发资源等相互整合，才最终形成了一个庞大的文化产业。如果仅靠一家或几家企业的资源，很难使产品获得长足的发展。只有在国际市场中积极寻找合适的合作伙伴，使各种市场资源得到有效利用，才能充分挖掘产业价值，创造出更大的利润。

国际经贸学院　李舒纯

越是民族的，越是世界的：
央视纪录频道的国际化传播之路

一、纪录片简介

（一）央视记录频道介绍

"越是民族的，就越是世界的"，与全人类共享文化经验是美好的愿景，但本土文化出海从来都不是一件容易的事。

纪录片既是文化的高地，也是文化的使者，在国际传播中具有天然的优势，是讲好中国故事、弘扬中国文化的重要载体。随着全球化的不断发展，纪录片在世界各国交融的浪潮中也承担着越来越重要的责任。在此大背景下，纪录片作为最具备国际化语言特征的节目样式，具有跨语言、跨民族、跨文明传播的优势，以上优势对于有效树立良好的国家形象，传播民族文化具有独特的传播效果。事实证明，要让世界更好地了解中国，在尊重文化差异、遵循国际传播普遍规律前提下，运用纪录片这一国际通行的文化载体，讲述中国故事、完善中国表达、树立中国形象，已经成为积极打造中国国际形象的有效方式之一，也是推动中华文化走出去、提升中国文化软实力的重要举措。

纪录片的国际传播，从 20 世纪末开始，就一直都是中国纪录片领域内不断探讨的话题。进入新世纪，特别是 2010 年之后，纪录片的国际传播被纳入提升中国形象与文化软实力、加强中国在国际社会的话语权和舆论影响力的大格局中，因而更加受到广泛关注。作为一个正在日益崛起的大国，中国已渐渐成为国际关系格局中引人瞩目的焦点。

2011年元旦，中央电视台为响应国家全面推动纪录片"走出去"、提高国产纪录片国际影响力，加强中国纪录片国际传播大趋势的号召，中央电视台纪录片频道正式开播，成立中国国内首个双语版的纪录片频道。同步开播的有"CCTV-9纪录"中文国内版和"CCTV-9 Documentary"英文国际版。央视纪录频道定位于"传播中国形象的主流平台"和"加强中国与西方双向文化交流的重要窗口"，将"全球视野、世界眼光、中国价值、国际表达"作为核心价值理念；在内容传播上以"中国故事、国际表达、人类情怀"为诉求。近年来，在国家的全面扶持和对国际化的不断探索与努力下，央视纪录片频道先后推出了《舌尖上的中国》《超级工程》《风味人间》《长城》等系列纪录片品牌，打造了《航拍中国》《中国，我们的故事》等"标杆式"节目，全面立体地向中西方受众呈现真实的中国，赢得了国内外观众广泛的好评。

（二）案例背景

目前央视纪录片频道已经在全球60多个国家和地区拥有超过5000万国际用户，有效推动了中国精神、中国文化、中国价值观的广泛传播。与此同时，中国纪录片的国际化传播也发生了质的转变，拉开了纪录片国际化传播的大幕，并由此整体推进了中国纪录片行业走向国际的进程，使得"国际化"目标终于从过去的理想层面转变成为今天触手可及的现实。

分析央视纪录频道最近几年的国际化策略的实施路径，总结其成功经验和示范意义，对于进一步整体提高中国纪录片国际化程度，探索中国影视作品的有效国际传播，以及提升中国媒体的国际影响力，都有重要的现实意义。

二、纪录频道国际化战略的现实路径分析

纪录频道从筹建到搭建平台到跻身国际纪录片强势阵营，只用了短短三年的时间。纪录频道致力于扩大海外覆盖范围，利用各种国际平台全球

性推广纪录频道品牌形象，不断推出符合国际标准和表述方式的高品质作品，开展实质性国际化合作项目，跨国制作"魅力系列"等。通过这些具体方法和路径，迅速而有效地出现在国际纪录片领域，让纪录片创作者感受到中国与世界之间的距离正在缩短。分析其在国际化道路上的有效实现路径，对于中国其他 10 多个专业纪录片频道以及中国纪录片整体产业具有切实的借鉴和参照意义。总结央视纪录频道开播三年期间在国际化方面的举措，其有效路径大致可以归纳为四个方面：

（一）提升品牌影响力

国际影视节展是资源与信息高度密集、影响和辐射力强大的平台，能够最大范围、最短时间、最有效地在国际纪录片专业领域快速树立起中国纪录频道的独有品牌。纪录频道开播三年来，积极参加包括法国戛纳电视节、荷兰阿姆斯特丹纪录片节、国际艾美奖、美国 NATPE 电视节、加拿大 Hot Docs 国际纪录片节等 20 多个国际知名的主流影视节展，并通过节目推介、频道推介、合作论坛、中国题材论坛等活动，获得了高度关注，快速有效地提升了中国纪录频道的国际知名度和影响力，并与国际电视媒体和纪录片机构沟通接洽，建立了合作关系。

（二）提高作品传播力

品牌的影响最终要靠高品质内容的支撑。纪录频道在开播的三年里，不断推出原创纪录片精品，如《舌尖上的中国》《春晚》《超级工程》《南海 I 号》《故宫 100》《China 瓷》，随后又播出《京剧》《丝路》《茶——一片树叶的故事》《丹顶鹤》《发现肯尼亚》《对照记》，此外还在制作《园林》《牡丹》《舌尖上的中国》（第二部）等。其中大部分作品以集群方式进入国际主流传播渠道播出，赢得了纪录片国际领域的普遍赞誉。这些展示中华文化、传递中国发展轨迹的优秀纪录片，已经成为向世界讲述中国故事、完善中国表达、树立中国形象的一种有效方式，提高了中国纪录片作品的国际影响力。同样，高品质的原创作品也获得了中国纪录片在国际市场上的商业地位。央视纪录频道开播以来，其作品的市场收益在央视纪录片海外发行总量中贡献了巨大份额。数据显示，截至 2012 年 11 月，对比纪录频道开播前，增长幅度超过 248%，创造了中国纪录片海外发行的历史最好成绩，形成央视原创纪录片在国际电视市场的品牌集群效应。值得注意的是，"2012 年中国纪录片在亚洲地区的商业定价首次与 BBC、Discovery 相同，进入第一梯队，有效形成了纪录频道在国际市场的品牌效应。"

（三）开展多层级合作

纪录频道开播以来与国际纪录片市场充分对接，搭建起国际合作网络，开展了多层级、多形式的切实的国际合作。其一，在战略决策层面的合作。纪录频道与美国国家地理频道、英国独立电视台、英国广播公司、法国国家电视台、意大利国家电视台等国际知名电视机构确立了战略合作关系。其二，在节目内容层面的交流与合作。为加强节目引进与合作，已经与全球 30 多个国家的 100 多家国际电视制作机构建立了纪录片引进合作关系，引进纪录片的主题涵盖自然、历史、科技、文化、社会等方面。由此纪录频道的专业人员熟悉了国际纪录片市场的销售运营规范，实现了快速与国际纪录片媒体市场的对接。其三，在拍摄项目层面的具体合作。目前，纪录频道分别以参与投资、共同拍摄、邀请团队等模式陆续启动了近 20 个国际纪录片项目，不仅有效开发了中国题材，也加大了中国内容和价值观在国际主流市场的有效传播。

（四）注重跨文化传播

跨文化传播是一种伴随人类成长的历史文化现象，也是现代人的一种生活方式，它强调在"我"与他者之间形成主体间性的理想状态，站在他者的角度上思考，克服陌生、焦虑和不确定性，在不同文化间生成融合的"我们"。在新媒体时代，文化传播可延伸至更广的领域，实践方式呈现更加多元的态势。数字新技术的发展、应用和制度化建构重构了人类社会实践的方式，这些社会实践成为催生复杂多变的跨文化传播模式及理论创新的内生动力。

不同国家文化的差异性是跨文化传播必须迈过的门槛，而其中的关键之处便是将人类文化的共通性作为铺垫。纪录片就是要利用这种铺垫通过国际文化传播使本民族的文化融入世界主导文化结构，成为其整个意义系统的有机组成部分，或者直接扩散为世界主流文化，由此促使本国获得国际社会的积极认同，营造良好的国际舆论环境。

纪录片文化上的"共通性"是指由于人类共同的本质特征及共同面临的生存环境等因素使作品在文化上具有相似性与共通性，它使纪录片有了在世界范围内进行交流和获得认同的可能。随着今天跨文化交流的日益频繁，巧妙利用这种"共通性"正变得越来越重要。比如历史文化类纪录片，其涉及的内容不一定是整个世界的历史和人类文明的全过程，而可能是不同的国家（地区）、不同的种族、不同的历史和文明进程，但都将带给文化层次较高的观众各种不同的思考、启迪、知识、信息等思想活动。此类题材的纪录片，不仅电视台会购买，以满足部分观众追求知识性、趣味性、探秘性的观赏需求，而且一些海外的教育机构和研究机构也可能购买，作为可参考借鉴的生动鲜活、可视性强的历史资料节目收藏。综观国际上成功的历史文化类纪录片，其叙事视角无一不具有国际化特征，可以说，叙事视角国际化是历史文化纪录片走向世界的重要前提。

近年来，许多走向世界的中国纪录片都强化了国际化的叙事策略。比如历时 5 年完成的《圆明园》，以一名外国传教士的眼光来看圆明园的历史，这个主线人物就是来自意大利的宫廷画家郎世宁，他参与了圆明园最初的设计和建设。导演认为，由这样一个视角切入，更容易让西方观众理解。而后来海外版权的成功销售也证明了导演的叙事设计是成功的。近年来，其他同类题材的纪录片如《复活的军团》《1405：郑和下西洋》以及《故宫》也都表明创作者的国际化叙事技巧逐渐臻于成熟。

三、当前中国纪录片国际传播的成功经验

21 世纪以来，以央视纪录片频道为代表的国家媒体及国有机构，一直都是国际合作的重要平台，并发挥着带头作用。当前，随着中国国际化程度的不断加深，以"中国"为主题的纪录片也因此引起了海外观众的强烈兴趣，成为全球各大传播平台的主打资源。但是，伴随着中国经济实力的

日渐强盛，中国进一步加强与之相适应的国际传播力诉求的提出，"国际化"的观念也被赋予时代性的新意，它不仅在国际舞台争得了荣誉，也让世界更加了解开放的中国。

（一）传播内容多样化

1. 题材内容多样，主旋律国际化表达成为亮点

当前，中国进入国际传播渠道的纪录片题材多以反映中国文化、讲述中国故事为主，"节日""文物""科技""饮食"等成了纪录片题材讲述的关键词。21 世纪以来，无论是中国自己制作的或是与其他国家联合创作的、最后能够进入国际传播行列并取得不错成绩的中国题材纪录片往往都有一个相同的特点，那就是它们都在强调中国文化因素。具有浓郁的中国文化色彩和情感传达的纪录片往往更容易受到国际平台的青睐。

2017 年 4 月在英国广播公司第四频道（Channel 4）播出的《建造古代皇城》，以"故宫"为中国文化符号载体，借助科学实验将典型性和可比较性的数据用影像呈现给观众，展示中国古代建筑智慧，该片在该频道当天播出的所有节目中居收视率首位。2019 年，《佳节》《中国的宝藏》等人文历史类纪录片在内容上继续深掘中国文化。《佳节》以清明节、端午节等中国传统节日为题材，在节日文化与情感诉求相交织的同时，将中国文化中的家国概念融入其中。该片通过美国国家地理频道向全球 4 亿受众群体播出。《中国的宝藏》则借助近年来"国家宝藏 IP"，在"微 9"短视频《如果国宝会说话》、综艺节目《国家宝藏》（国内版、国际版）的共同作用下，形成"国宝"系列的内容矩阵。《中国的宝藏》自 2019 年 10 月 5日起，在英国 BBC 世界新闻频道以每周一集的频次，向亚洲、美洲、欧洲的 220 多个国家、全球 4 亿多观众首播，同时在 BBC.com 上线。这是西方主流媒体 BBC 世界新闻频道 2019 年播出的唯一一部中英合拍的纪录片。此外，《中华文化之旅》《伟大的工程巡礼》《指尖上的传承》等中国纪录片在国际合作栏目中播出。从整体上看，中外合制的纪录片品质更胜一筹。历史人文纪录片是中国纪录片创作的一贯优势，而自然地理纪录片是近些年中国追赶的纪录片类型。从《蓝色星球》（第 2 季）到《大太平洋》，都

对地球生态的持续深度关注。

2. 联合知名媒体，拓展合作模式

目前，中国纪录片已经初步形成以专业纪录频道、卫视综合频道为主力，以产业公司为先锋，以新媒体为新一轮主攻方向的基本格局。随着中国在全球地位的提升，国际媒体对中国题材纪录片的需求有所提高，联合制作成为了重要的合作模式，东方文化成为题材表达的突破口。当前，中国纪录片加强与国际平台的品牌内容合作，包括擅长自然地理题材的英国BBC 和美国 NGC、擅长社会题材的日本 NHK、擅长科技考古题材的美国Discovery 等。基于不同媒介平台的特质，中国媒体分别选择了联合出品、委托制作等不同合作方式。

2017 年，中央电视台纪录频道与美国史密森尼频道、新西兰自然历史公司等媒体合拍了《大太平洋》《极速猎杀》等作品。联合制作成为中国主流媒体在近 10 年借助投资换取话语权的重要方式，例如《蓝色星球》（第 2 季）、《王朝》等纪录片，借助投资获得了相应内容的版权，也通过国际品牌提升了中国的影响力。随后，联合制作逐步增多。2019 年，BBC美国台、企鹅影视、德国电视二台、法国电视台、中央广播电视总台央视纪录频道等机构联合出品了《七个世界一个星球》，中央广播电视总台央视纪录国际传媒与 BBC 世界新闻频道、英国野马制作公司以国际合拍的方式制作了《中国宝藏》，在 BBC 世界新闻频道面向全球 200 多个国家和地区首播。与国际知名媒体平台合作，将重要的议题蕴含在国际表达中，将中国视角、中国叙事和中国核心价值观推向国际，有助于提升中国题材纪录片的国际传播力。

从联合出品的类型来看，有两类题材内容受到国内外观众的普遍青睐：第一，工程技术类，即对工程"最大、最快、最高"的展示描述。工程类的题材能够直观地观照中国的发展现状，有助于国际社会对中国经济建设层面的认知了解。2017 年，中央电视台纪录频道出品的《超级工程Ⅱ》在中国国际电视总公司国际销售中排名第一。第二，自然动物类。这一类纪录片是国际销售的硬通货，陌生化的表达、奇观化的影像、人文理念的输送，使影片具有较长生命力。然而，自然动物题材仍是中国纪录片创作的弱项。虽然推出了《自然的力量》《中国金丝猴》《盲猴岁月》等作品，但与《蓝色星球》《地球脉动》等品牌系列纪录片相比仍有差距。通过合作缩短差距、通过实践汲取创作经验仍是当下创作的重要路径。

（二）人才资源国际化

人才的国际化是指对全球纪录片创作人才的整合利用。对全球人才资源的优化整合利用一方面可以极大程度地节约纪录片的创作成本，并丰富、拓宽纪录片产品的内容；另一方面，对中国纪录片行业而言，也能解决人才短缺、加快与国际接轨、迅速转换理念、提升中国纪录片专业队伍的创作与管理水平。

在经济、资源、信息全球化程度日渐增强的时代大背景下，传媒产业的发展早已呈现出全球化的趋势。有影响的国际传媒集团在纷纷建立以 24 小时不间断报道全球信息的国际新闻专业频道的同时，也利用互联网把全球的人才资源和信息资源纳入自己的信息网络。

就纪录片行业而言，国家地理、历史频道、探索频道以及英国 BBC 等，服务于他们旗下的节目制作团队遍布世界各地。大的传媒集团一定是将信息与人才资源库建立在全球范围之上，善于利用全球的纪录片创作人才为其不间断地提供纪录片优质作品。同样，纪录频道创建之初，就开创性地组建国际顾问团队。央视纪录频道成立之初，仅仅三年的时间，纪录频道的国际顾问就已扩展为 15 名。包括法国著名纪录片大师雅克·贝汉、法国"纪录片之光"纪录片节主席伊夫·让诺登，这些世界知名的纪录片制作人、导演和电视机构管理者，在短时间内有效地推进了纪录频道与国际纪录片领域的接轨。

（三）靠国际平台传递

借船出海，与品牌机构合作一直是中国纪录片国际传播的重要路径。从某种意义上来说，《神奇的中国》《华彩中国》《丝路时间》这三档栏目已经成为中国自制节目国际传播的重要输出通道。面对当下的传播现状，中方通过不断地强化传播内容的建设，确立了建设"以我为主"的国际传播平台。其具体表现如下：

第一，覆盖地域、合作机构、受众不断增多。从纵向来看，《神奇的中国》截至 2019 年第三季度，观众规模已经达到了 6.2 亿，覆盖地区增长到目前 40 余个；《华彩中国》目前收视订户数量已达到 4 亿；《丝路时间》覆盖的国际地域已逐步增长到 6 亿多。从 2019 年横向增量来看，《神奇的中国》有稳定受众 1.7 亿，有效受众 6500 万；《华彩中国》宣传片滚动播出 32500 次。

第二，从合作话语权层面来看，在《神奇的中国》和《华彩中国》的合作中，中方主导性日益突出，在节目策划调研、制作播出、版权分享、节目内容方面更有发言权。2019 年，栏目以"主题展映""融媒传播"等播出方式积极配合国家重大外交外事活动、国家重大战略，升级栏目的效用层级，推出《畅想中国》《佳节》《功夫学徒》等节目，在重要宣传节点主动发声。丝路联盟借助纪录片国际联合制作这一成熟的合作模式打造"丝路上的美食""体验中国"节目，合作从直接传播推进到打造"共同话题"的层面。

第三，从内容传播层面来看，中外合制纪录片与自制纪录片改编相互助力，讲述中国故事，传递中国文化。中外合制纪录片借助海内外通行版提升影响力成为一大趋势。2019 年，《鸟瞰中国》（第 1 季）和《黑森中国历险记》成功进入《华彩中国》栏目覆盖范围之外的国家地理美国本土频道，实现全球排播，获得国际广泛关注。《神奇的中国》《华彩中国》两个平台播出了包括《记住乡愁》《传家本事》《缪斯之旅》《过年》等中华优秀传统文化纪录片国际改编版 20 小时。此外，中国国际电视台（CGTV）作为中国打造的国际传播平台，通过自制节目打造中国形象。CGTN 纪录频道自主策划《中国探月》和《野性四季》节目，以内容创作为发端，撬动吸引国际市场主动参与，打通生产、资金、平台、市场多层面，打造有国际影响力纪录片为目标的开拓性项目。与此同时，CGTN 通过改编等形式，输出本土优质纪录片，如东方良友制作的《汽车百年》《广府春秋》《茶界中国》。

(四) 发挥节展的作用

影视节展也是中国纪录片国际传播的重要渠道，以中国联合展台为路径的"走出去"与以国内节展为主的"引进来"交互作用，推动中国纪录片走向世界。2019 年，中国联合展台参加了法国国际阳光纪录片节、墨西哥电视节、非洲电视节、国际广播电视博览会等国际节展。其中，央视总台纪录频道、CGTN、哔哩哔哩等 19 家机构在第 30 届法国国际阳光纪录片节进驻"中国联合展台"，《港珠澳大桥》《做客中国——遇见美好生活》《佳节》《如果国宝会说话》等作品参会，吸引了海外投资。相较于"走出去"，中国纪录片利用国内节展自身的影响力逐步拓展招商引资等环节，打造"中国特色、国际视野"的节展平台。2019 年，广州纪录片节围绕"金红棉"国际纪录片评优单元、纪录片商店、专业培训三大板块，来推动中国纪录片的国际传播。总体来看，中国纪录片在国际节展的影响力逐步提升，但尚未形成核心品牌。

四、中国纪录片国际化传播的现存问题

(一) 纪录片平台待建设

当下中国纪录片的国际传播仍在积极探索，跨文化是重要特征，品牌生成是核心问题。媒体在国家本体和国家想象的素材提供方面有着重要的作用，每个国家都能够通过控制国内媒体构造本国的本体意识，而要影响本国的国家形象，则要有全球媒介优势。相较于 Discovery、BBC、NHK 等国际知名媒体公司全球播出网络的建立与传播，中国亟待建设具有全球视野、被国际深度认可的品牌纪录片平台。

2017 年，中国纪录片进一步深化传播平台的概念，从最初单纯的节目销售，到目前合办栏目、频道，中国纪录片走出了一条有中国特色的国际传播道路，着力打造西方视野下中国话语阐释平台。虽然纪录片产业依然有诸多问题尚待解决，但国家的崛起让国际社会期望了解当下中国的社会发展、文化传承和中国人的精神风貌。从 2011 年开始，以 CCTV9 Documentary 为代表的专业频道开始搭建国际传播平台，成为中国纪录片和文化海外传播的先行者。2016 年 12 月 31 日，中国国际电视台（CGTN）在这个背景下筹建开播，开拓新媒体平台与传统电视平台合力国际传播的格局。2017 年金砖峰会期间，CGTN 推出纪录片《金砖：触摸未来》，讲述近十年来这个组织给参与国带来的变化。该片获得全球阅读量 145.4 万，独立用户访问量 121.6 万，互动量 2842 次。此外，CGTN 打造多平台内容矩阵，推进国际传播能力建设。2017 年"两会"期间，CGTN 新媒体全平台首次推出多期网络原创动画微视频《你所不知道的中国民主》，表现最好的单期节目获得 210 万全球阅读量。

（二）纪录片市场待开拓

当下国际纪录片市场的通行证掌握在少数实力强大的媒体公司手中，它们铺设了密集的传播网络，将印有自己品牌标志的产品在全球自由流通。21 世纪以来，中国纪录片不断尝试进入国际市场，也取得了不少成绩。例如，《故宫》借助美国国家地理频道网络销往海外。然而，相较于国外纪录片品牌全产业链的运营，中国纪录片国际销售渠道大多还局限于节展推介、电视联盟体的对外辐射等路径。从相关数据反馈来看，2017 年，国际电视总公司在纪录片海外发行方面显示出品牌纪录片的"长尾效应"。《舌尖上的中国》从 2012 年上线后，连续多年位列海外销售前十榜单，可见通过食物承载中国人生活的态度是有效的传播策略。然而由于其他影视作品挤压、制作水准低、版权限制等因素，在整体市场份额中，纪录片的市场空间仍有待提升。例如《航拍中国》，虽然在技术和画面呈现上达到了国际标准，但是由于在叙述语态、地域化等原因导致海外发行并不理想。

从海外推介来看，过去单纯的赠予播出，如今国际传播要强调经济效益与文化价值并存。市场作为重要的创作风向标，为增加国际创作表达话语权、传递具有东方色彩的价值观提供了参照坐标系。而在纪录片国际发行过程中应注意以下几点：第一，文化背景冲突、创作语态应符合国际受众接收习惯。目前，我国纪录片创作采用搬演、采访等叙事手段，缺少纪实语言对现实生活的关照。第二，宣传语态应到位。在国际传播时要注重"因时而异、因地制宜"。借用多元形态影视产品培养受众收视习惯，注重不同地域推介策略的使用。第三，与国际制作传播标准接轨。要强化语言翻译的语态问题，做到"信、达、雅"，与传播区域文化的契合。第四，深入了解国际制片管理经验和不同平台对纪录片的需求。

（三）国家形象待重塑

国家形象塑造是一个暗含多方塑造主体不断互动的公共空间，其塑造的过程也是国家变迁发展的过程。不同视角、立场的切入将造成形象塑造的"异化"。美国学者乔舒亚·库珀·雷默在《中国形象：外国学者眼里的中国》中指出，国家形象与现实国情之间存在认知鸿沟，这种现象在纪录片对外传播领域有着明显的指征。伴随着中国崛起，国家形象一直深陷于各种权力体系争斗的泥淖之中，"中国威胁论"此起彼伏。西方纪录片里的中国形象在某些方面展示了中国社会发展，但也无意或有意歪曲了中国社会现实，《资本主义人民共和国》《中国人来了》等作品就显示了这样的倾向。

21世纪以来，中国纪录片通过政策支持、国际合作、平台建设等多层级手段，让中国故事走向世界，让世界了解真正的中国，建构跨文化语境下立体多元的中国形象。《舌尖上的中国》用食物嫁接中国人生活态度，将"天人合一"等中国传统文化元素蕴含在国际叙事表达中；《自然的力量》呈现中国广袤土地上生物的多样命运，孕育东方哲学智慧与价值观于其中；《极地》将观众视角带入世界屋脊，将陌生地域与人生观交织，表达纯粹、宁静的心灵体会；《生门》和《人间世》将生死观以生命孕育与终结的视角带给世人；《超级工程》《港珠澳大桥》用崛起的建筑见证中国经济发展，表达中国人克服困难的不屈与坚韧……影片通过国际平台的传播，展示历史中国、文化中国、创造中国等不同的形象侧面，潜移默化地传递人与人之间互爱的人本精神、对社会肌体维护和责任的担当、"和谐共生"的世界观和价值观等东方美学现象。更为重要的是，今天中国要打造的形象不再只是"东方文明古国"，更是有创新活力的正在转型的负责任国家。2017 年，由五洲、Discovery 探索频道、Meridian Line Films 联合制作的《习近平治国方略：中国这五年》是中国纪录片国际传播的里程碑事件。该片解构惯常解说词主观化的自塑，强调符号化的叙事表征，通过国家领导人在世界格局中的知名度，打造传播的新视点；用全球视野下专家的观察和案例的分析解读，将政策、环境、变革蕴含在案例深入浅出的讲述中，为展示新时代背景下负责任大国形象提供了更加国际化的视野和路径。但需注意的是该片只是个例，而非全局。中国纪录片需要借助全球媒介塑造形象，用平台力量赢得国际话语权，通过冷静的视角、多元的思考，还原发展中的中国。

五、借鉴启示

对于中国纪录片来说，这是一个机遇与挑战共存的时代。中国媒体亟待打造兼具东方文化气质和国际影响力的纪录片作品，培育具有中国属性和国际化制作、运营的品牌传播平台。央视纪录频道打开了中国纪录片走向国际的一扇门，作为中国纪录片的旗舰，切实带动了中国纪录片驶向国际纪录片这片辽阔蔚蓝的海域，并以鲜明独有的特色，跻身于这片疆域中驰骋的重量级品牌之列。然而，就中国纪录片整体而言，其国际化水平还参差不齐，当下中国纪录片创作在一定程度上仍受控于国家形态，外宣效应浓重，导致传播效果并不理想。要想稳步迈入国际纪录片的一流行列，还需要很长时间的积累和努力。

走向国际、走向融合对当下纪录片发展而言是大势所趋。对于中国纪录片而言，立足国际舞台，重点在于讲好中国故事、传播中国文化，向世界各国的观众朋友展示中国文化软实力；前提在于突破传统思维、寻找创新路径，主动适应媒体融合发展的新态势和新环境。未来，只有坚守国家战略、国际发展的总体目标，坚持内容为本、品质优先的根本原则，坚定行业理念、实施路径的创新发展，才能推动中国纪录片国际传播走向新时代，承担新使命，取得新成果。总之，在探索纪录片国际化过程中，中国的纪录片要在国际化的理念和思维框架下，整合国内国际的纪录片领域的题材、队伍、产品资源，形成自己有竞争力的品牌，加强与国外纪录片人员和媒体的多层次合作，选择国际市场喜欢的纪录片题材，创作出既具有独特气质和风格又符合国际表达方式的纪录片作品，传播被世界观众乐于接受的价值观。由此，中国才能走出一条纪录片国际化的有效发展之路。

国际经贸学院　牛玉娇

加强国际文化交流
促进音乐剧国际合作和发展

一、音乐剧全球发展现状

音乐剧（Musical）是一种综合性的现代舞台艺术，它是以叙事为主线的戏剧表演，配合歌唱及舞蹈，加之绚丽多彩的灯光、层次多样的布景等舞台设计，全方位地营造出视听享受。区别于传统端正庄严的正歌剧，音乐剧这一新兴形式最早起源于英国，而后随移民传播至美国，迅速推广，而逐渐形成了以百老汇及伦敦西区为世界两大音乐剧中心的格局。随着音乐剧的不断发展，先后诞生了一大批优秀的音乐剧经典剧目，例如，20 世纪 40 年代罗杰斯与小哈默斯坦的《俄克拉荷马》《音乐之声》，20 世纪 50 年代的《西区故事》，经久不衰的四大经典音乐剧《猫》《剧院魅影》《悲惨世界》《西贡小姐》，以及近年来尤为火热的《汉密尔顿》。

在 20 世纪 80 年代后期，百老汇与伦敦西区的合作就已展开。深谋远虑的制作人并非局限于国内的戏剧素材，而是在全球范围内进行选择。由于英美文化之间具有高度的相似性，百老汇和伦敦西区的长期交流互通合作就此开始，既巩固了两地音乐剧的核心地位，也实现了双方对于主流剧目的共同开发和演出。音乐剧大师安德鲁·劳埃德·韦伯（Andrew Lloyd Webber）的作品《剧院魅影》自 1986 年首次登台伦敦女王陛下剧院，至今仍在上演，另一作品《猫》于 1981 年在伦敦西区首演，一年后也顺利登上百老汇。

在两大剧院固定演出的音乐剧除了吸引观众前往纽约和伦敦以外，也开始逐步"向外走"，即从英美走向世界，在全球范围内进行巡演，使得各国观众都有机会在本国观赏到经典原版音乐剧演出。音乐剧以其新颖的模式、多元化的表现形式收获了一大批观众的喜爱，在法国、澳大利亚、日本、韩国等地也蓬勃发展起来。这样的文化贸易活动，使得输出国的文化、精神、价值观得以在世界范围内传播，同时也获得了巨大的经济收益。如《剧院魅影》英文版 2015 年在北京、广州两地巡演，仅两月票房就已经过亿，上座率达到95%。相比之下，《妈妈咪呀!》中文版在国内的巡演用时 3 年才使得票房突破 1 亿关卡。

音乐剧跨国演出所建立起的地方市场需求同时也促进了经典剧目的本土化和原创的踊跃出品，为各国之间的文化交流开辟了新的渠道。一方面，各国能够充分利用本土化的优势来推动本国音乐剧的发展；另一方面，还能够促使拥有版权的音乐剧制作公司在全球范围内扩张。

《悲惨世界》除了最初 1982 年在伦敦西区上演的英国版以外，1987 年就登上百老汇的舞台并制作了百老汇的版本，随后维也纳、瑞典、法国、荷兰、捷克、加拿大、日本、韩国等都跟原制作公司达成版权合作，制作了不同语言的版本。2010 年上海东方传媒集团有限公司、中国对外文化集团公司、韩国 CJ 集团联合投资成立亚洲联创（上海）文化发展有限公司。亚洲联创文化发展有限公司作为国内首家以音乐剧和大型演唱会为主营业务、以现场演出为核心、以华语地区为目标市场的娱乐公司，首部作品《妈妈咪呀!》中文版受到了国内外的广泛关注，正式开启了中国音乐剧产业化的道路。2017 年上海文广演艺集团与安德鲁·劳埃德·韦伯创立的英国真正好集团（The Really Useful Group）在上海宣布将就音乐剧产业各方面达成全方位的战略合作，包括内容开发、剧目引进、人才培养、影视制作等。

百老汇和伦敦西区两大地标性区域由于其历史原因，在当今音乐剧市场上仍具有难以撼动的影响力，但在全球化的趋势下，各国的文化沟通与交流也伴随着经济往来越发频繁和深入。通过国际范围内的合作，越来越多的优秀音乐剧作品涌现并在国际舞台上传播本国的文化价值观，成为一国精神文明建设以及一国文化软实力的体现。

二、音乐剧国际传播的经验

(一) 世界两大音乐剧中心：百老汇和伦敦西区

百老汇（Broadway）与伦敦西区（West end）分别位于美国纽约市及英国伦敦威斯敏斯特市，二者共同拥有以下本土优势：其一，历史悠久。英国作为音乐剧的起源地，加之上百年莎士比亚戏剧的影响力，在剧院演出方面有着悠久的历史以及稳定的需求。百老汇则在 19 世纪初步形成，并随着美国对于娱乐文化的消费激增得以飞速发展。其二，地理位置优越、集聚程度高。纽约作为全球大都会、世界的金融中心，对于全美及全世界的游客、消费者和企业家都有着巨大的吸引力，而伦敦也是世界著名的文化之都，具有深厚的戏剧艺术底蕴。二者都汇聚了大量剧院，各自形成了一个商业和文化娱乐业高度集中、高度发达的剧院区。其三，成熟的音乐剧产业。在音乐剧的发展过程中，从剧目雏形投资、演出制作，到后期宣传营销等都形成了系统的产业链，在追求艺术性的同时也能保证商业性盈利，支持整个产业的良性发展。

基于上述本土优势的存在，百老汇和伦敦西区在国际市场上也拥有强大的影响力。一方面，驻场演出能够吸引世界各地的游客，除了带动音乐剧本身的发展，对于其他行业尤其是旅游业的带动效应也是有目共睹的。据伦敦旅游局的统计，早在 1997 年，观众在伦敦西区的消费就达到 6.79 亿英镑，其中海外游客消费占了近三分之一，近 2.26 亿英镑。据百老汇联盟的统计研究报告，2018 年 6 月至 2019 年 5 月，百老汇为纽约市经济贡献了 147 亿美元产值，吸引了 1480 万名观众，创历史新高。其中，约 35% 是纽约市的观众，其余 65% 均来自其他地区（46% 来自美国除纽约以外地区，19% 来自其他国家）。另一方面，经典剧目能够实现在世界范围内流传。例如，《剧院魅影》自 1986 年诞生以来，在世界上百个城市演出近八万场，不同语言的不同版本层出不穷。又如，中文版《妈妈咪呀!》是原剧作的第 13 个非英语版本，中文版《猫》是原剧作的第 15 个非英语版本。

纵观欧美音乐剧在全球制作及传播的历程，可得出以下的几方面的经验总结：

1. 普世价值的艺术性

文化产业是透过艺术形式的本质来传播文化精神。要想在世界范围内得到广泛传播，具有普世价值的艺术内涵是非常重要的。

对于美国而言，作为一个多民族的移民国家，其文化的多元性和相互交融发展本身就给它的文化艺术创作提供了良好的包容性条件。多元交融、具有开拓精神的美国文化因此在海外也能受到不同种族和不同文化背景的人们的推崇。音乐剧《妈妈咪呀!》讲述的浪漫故事包含着亲情、友情、爱情等人类最朴实的情感，是每个人能够切身体会、产生共鸣的情感互动体验。《魔法坏女巫》是基于《绿野仙踪》的重构，在当今时代背景下传达了现代女性关于自我意识、成长与独立、友情与爱情的思考和追求。

在伦敦西区，最普遍的观众审美情趣与传统又曲折的经典哲理交相辉映，可以充分利用欧洲丰富的戏剧及文学基础。这里的不少音乐剧是基于名家的文学作品改编而成，例如《悲惨世界》和《巴黎圣母院》。搬上舞台的故事，通过歌舞这一具有视觉冲击力的艺术表现形式，能够更加深刻地表达原著想表达的内容，更好地实现与观众的共鸣。

2. 融入当地文化元素

在国际贸易往来过程中，文化差异是同政治经济法律等因素一样的关键因素。但对文化产业而言，文化差异既可能吸引他国观众的注意，又可能成为文化传播的绊脚石。如何掌控这个差异化的程度是各制作公司需要考虑的问题。

经典原版音乐剧在进入别国市场时，已拥有一定的知名度基础。因此在宣传和营销时，能够更好地配合当地习惯和条件进行展开。例如，2009年音乐剧《猫》来华宣传时，澳大利亚演员献唱中文版《回忆》，很大程度地吸引了观众的注意力，这也为日后中文版的推出进行了预热。

然而，进一步的本土语言版本的制作是各制作公司所要面对的更大的难题。欧美各公司在这一方面保留了其本质上的普世价值等文化内涵，在形式上实现了入乡随俗，尊重并融入当地的文化因素，进行本土化处理。以《猫》为例，在舞美造型方面，中文版《猫》在北京演出时，主场景垃圾山里就出现了"糖葫芦"和"鸟笼"等包含北京特色的元素，台词方面也做了本土化处理，加入了时下流行用语和本地方言。在上海演出时，演员也巧妙地加入了一些上海话，为表演增添了亲和力，拉近了舞台与观众的距离。

3. 国际整合的运营模式和可复制的工业化生产

百老汇与伦敦西区常以剧院集团的整合模式来运营。以澳大利亚 ATG 公司为例，作为一家成立于 1992 年的澳大利亚公司，其最初的两家剧院都位于伦敦西区，而现今已成为庞大的剧院集团，在德国及欧洲其他国家都有自己的剧院。ATG 的整合运营模式是指不仅仅作为剧院方，负责剧场运营和票务管理，同时也作为内容制作方，关注票房和音乐剧创作。剧场、票务和内容制作三大业务部门互相合作，在全球范围内选取最适合的平台、最佳的剧目和最恰当的制作。整合运营的优势在于集团内部信息的共享和工作上的支持，在国际市场环境中竞争。

欧美制作公司的分工细化并且全面，比如，国际巡演工作有专门的团队负责，既和当地进行合作又掌握着关键的质量控制，做到了有的放矢。以猫为例：首先，《猫》除了驻场演出的版本以外，还有世界巡演版本（Touring Productions）。其次，真正好集团共有三支负责《猫》国际巡演的团队，分别负责美洲、欧洲和亚太地区的演出，来华演出的正是亚太地区国际巡演团队。英方与上海大剧院对于《猫》按照国际演出投资模式，实行共担风险、共同受益。由英国版权方负责演出制作及演员事务，由剧院提供场地和进行广告宣传。通过利益和风险捆绑，充分调动了当地剧院的能动性，降低了宣传成本，同时有利于本土化的实现。

百老汇与伦敦西区制作的工业化促使音乐剧能够在世界各地按照相同模板进行展演，驻演场地的演出要求与原版保持一致，而对于授权改编的版本也会进行质量控制。如此高要求，极大地避免原版成功打造的品牌受到损害，同时强化了剧目形象。中文版《猫》的主办方曾投入百万元在北京天桥剧场搭建"猫窝",进行舞台改造和重新设计,演员的服饰和"猫毛"的造型都有详细的管理标准,整体制作严格按照国际音乐剧产业化标准进行,从事前商业调研、演员的选拔和排练、舞美的设计和服装的制作,到剧目正式演出和宣传推广,都有一体化的流程。虽是与中方进行合作,但外方仍有团队参与全程并且进行质量监控。《妈妈咪呀!》中文版预演场次多达9场,中英制作人员会在观众席中观察观众反应并对舞台表演的状况进行及时的优化调整。

4. 国际化多元营销和推广模式

第一,利用世界级的品牌效应。百老汇和伦敦西区以其多年的发展经验和经典优秀剧目的成功早已在全球树立起品牌。它们以世界两大音乐剧中心的品牌标签为基础,以优秀剧目的光辉演出与获奖历史为辅助,并使其成为在世界范围内宣传的有力武器。2002年,音乐剧《悲惨世界》第一次引入上海时,以"百老汇之王"为广告词。无独有偶,2004年在《剧院魅影》的宣传中,"百老汇传奇之作"和"百老汇最长演的音乐剧"等推广词也被运用其中。《泰晤士报》则称《魔法坏女巫》为"《剧院魅影》后最宏大的作品"。

第二,与其他产业进行互动合作。美国除了百老汇戏剧,另一大文化支柱就是好莱坞电影,电影与戏剧二者似乎有利益交叉和冲突,但百老汇充分利用了好莱坞在全球的影响力。首先,在剧目制作方面通力合作,通过将音乐剧"电影化",面向全球发行,拓宽了市场,使得作品能够借助新的媒介走向世界。其次,百老汇将电影"音乐剧化",吸引了音乐剧迷和电影迷的双重关注,极大地降低了宣传成本以及制作新剧的风险。获得奥斯卡五项大奖的《音乐之声》就是很好的一个例子,电影的成功也给它改编成音乐剧开通了发展之路。此外,百老汇还凭借着衍生品渠道走向世界,将音乐剧主题元素融入日常生活用品,例如文具、马克杯、帆布包、T恤等各种联名产品,这在潜移默化中增加了宣传力度。还有十分关键的一点在于与旅游业的相互关联。在纽约时代广场的巨型广告牌,周边酒店的前台宣传手册,纽约的地标性建筑如自由女神像的邮轮码头,都可见到百老汇音乐剧的宣传,使得到达伦敦的游客都能感受到浓烈的戏剧气氛。

在此基础上，百老汇联合旅游公司开发了各式各样的剧院游览路线，如"安德鲁·劳埃德·韦伯的音乐剧之旅""《音乐之声》之旅""音乐剧时光"等主题游。戏剧与旅游的联动，开拓了"伦敦戏剧旅行"的概念，进而吸引了更多游客消费。并且两地都有设立 TKTS 售票厅，即半价售票厅，分别由剧场发展基金会和伦敦西区戏剧协会负责管理，会以半价或更低的折扣价出售演出票，这对于游客来讲是非常经济的选择，对于演出方来讲也能够填补空座位，同时对于城市旅游的拉动作用也很显著，是一举多得的票务服务。

第三，广泛利用多样化媒体途径。除了传统的地铁和公交站广告牌、电视、纸媒之外，互联网媒体的介入大大增强了国际宣传力度和推广的覆盖面。根据百老汇联盟的统计研究报告，2018—2019 年度有 59% 的受访者是通过线上进行购票。《狮子王》在上海首演之前，上海大剧院便注册了一个域名，以便观众更好地从中了解剧目。百老汇官网上发布的剧目场次、票价、票房信息、剧照片段等，使世界各地的人们更容易了解百老汇音乐剧并直通购票链接。

当地市场的重视态度也能从国际营销方式中传递出来。例如，原版音乐剧《玛蒂尔达》在引入中国市场时，巡演启动仪式选择在英国驻华大使馆官邸举行。英国驻华使馆公使、中国保利文化集团和音乐剧品牌"七幕人生"负责人、音乐剧《玛蒂尔达》制作人及巡演代表和嘉宾都出席了现场，表示希望巡演能给中国观众带来与伦敦西区驻演一致的观赏体验。并且团队开通了官方微博，以大众习惯的方式来进行宣传和巡演安排的通知。

（二）后起之秀：日韩音乐剧

相较于百老汇和伦敦西区成熟的演出经纪体系、悠久的剧作历史，日韩两国在音乐剧全球市场方面的探索，以引进欧美经典剧目为先，待国内市场逐步稳固、逐渐产业化后，再开始对外输出。

1. 本土化的经验

韩国以流行音乐加话剧的方式对音乐剧这一艺术形式开始试水，先后引进了《剧院魅影》《妈妈咪呀!》，逐步扩大了音乐剧市场并引起了观众对于音乐剧的喜爱。经过一段时间的过渡，韩国开始对音乐剧进行韩文版本的改编。由于东西方文化的差异，难免会产生冲突与分歧。例如剧情设定，西方一些基于特定历史背景下的故事叙事可能会给亚洲观众带来理解上的困难。又如翻译问题，英文唱词是在其本身的音节和语法习惯上写成，甚至有一些谚语俗语，而在翻译成当地语言时，如何才能在避免词不达意的情况下，结合当地语言特点保证韵律的延续，这是需要反复推敲和修改的。在韩国，本土化的《剧院魅影》并未得到想象中的热度，观众更愿意去观看原版，但这不影响它成为在韩国音乐剧发展中的一次重要尝试。

韩国对于音乐剧的引进除了借鉴国外团队的模板外，也有更甚者，仅仅保留剧本与音乐不变，其余都尽可能地实现创新。例如，韩国 EMK 公司大多制作的是欧洲音乐剧（如奥地利），而不是大众熟知的英美音乐剧。小众的选择使得本国公司拥有更大的发挥空间，得到外方改编舞美的许可，将大大地减少完全与原版一致的版权费，更节省成本。另外，亚洲人与西方人的舞台审美不一致，由本国自行重新设计将更受本地人的欢迎。

与韩国情况相反，《剧院魅影》在日本的本土化获得了成功。不仅仅是《剧院魅影》，20 世纪七八十年代，日本四季剧团就已成功上演日语版《贝隆夫人》，日语版《猫》更是长达 22 年公演。日本人对于所从事行业的忠诚和精细使其能够最大可能地还原原作，在保留原作精髓的同时进行本土化，严谨细致的态度保证了剧作的质量。同时，与国外成熟团队的合作交流，也使得四季剧团不断完善自身的运营管理模式，从剧院管理、演员培养、票务服务等方面，都进一步学习西方体系，再结合日本本土市场情况，找到属于自己的管理模式，在本土化中进行再创造。例如，四季剧团自 1993 年起开拓自己的固定专用剧场，除巡回演出以外，其他剧目都将放在专用剧场中。比如，针对《猫》搭建了外形特别的猫剧场。《剧院魅影》则放在符合剧中歌剧院庄重条件的专用剧场中。JR 东日本艺术中心的"春"剧场专门演出国外音乐剧，"秋"剧场则用来上演原创音乐剧。

2. 对外输出的经验

第一，政府的大力扶持。1998 年韩国确立了"文化立国"的发展方针，韩国文化观光部下设文化产业局并设立"文化产业基金会"。2000年颁布的《文化产业振兴基本法》针对韩文对外翻译制作产品几乎给予了全额补助。2012年，韩国文化观光部发布"支援原创音乐剧事业计划"，专门资助原创及输出于海外的音乐剧。由于韩国本国的市场有限，为寻求更广阔的市场，韩国政府从具有相似文化背景的亚洲市场入手，以中国和日本作为主要目标市场，先致力于获得较好的收益和口碑后，再向世界其他国家进军。日本文化厅也早在1996年提出了《21世纪文化立国方案》，出台了一系列促进文化产业发展的政策措施，大力推行"文化外交"，有意图地向海外输出日本文化。可以说，日韩两国都早已将振兴文化产业提升到战略地位，政府格外重视文化产业发展与本国文化在海外的影响力。

第二，日韩在文娱方面有丰厚的素材积累。韩国电视剧、日本动漫在世界范围内都有类似"品牌化"的效应，可以优秀剧集、动漫为基础进行二次创作与改编。首先，在剧本方面拥有充分的故事基础，降低了选题失败的风险。其次，可借电视剧、动漫等已先开辟出的国际市场来进行音乐剧形式的投入。韩国明星在音乐剧舞台上跨界出演，可吸引以粉丝为主体的年轻观众进入剧院，由此构成稳定的观众群体，促使音乐剧能够实现更为广泛的传播。

第三，有效的成本控制。以韩国功夫喜剧 JUMP 为例，该喜剧充分了解百老汇的剧院设置特点，选择在外百老汇进行表演，并定位于48~65美元的中等票价。在剧场分布上，分为内外百老汇、甚至进一步延伸出外外百老汇。从外至内，剧目的热门度、商业化程度逐渐递增，尚在成长期的剧目可选择在外百老汇进行试演，再通过一层一层的竞争缓冲、在不断的市场选择的实践和改良中逐步进入百老汇。JUMP 既考虑了成本因素，也考虑到百老汇观众对外来文化产品的接受程度，同时也避免了与《剧院魅影》《狮子王》《妈妈咪呀!》等主流热门音乐剧的直接竞争。

第四，积极与当地制作人展开国际合作。JUMP 的成功进驻得益于选择了经验丰富的百老汇制作人 William Meade。面对高风险、高竞争环境的百老汇市场，选择当地一流的制作公司组成专业的制作团队，对于迅速进入当地市场、把控舞台搭建、媒体公关、相关法务等一系列事务有着极大的优势。当地的优秀制作人对于观众偏好、宣传渠道等东道国情况有很好的把握，通过积极开展合作工作，有助于协调外国文化产品进入东道国后的不适应表现，减少冲突的发生。

三、对于音乐剧行业国际化发展的启示

（一）在学习经典中探索发展道路

尽管近年来通过努力，中国音乐剧开始在文化产业中崭露头角并逐步展现在大众视野，但在世界范围内，我国音乐剧仍处于发展的起步阶段。正如韩国著名音乐制作人裴成赫所言：在没有成熟的演员和制作团队的情况下，不能一味地寻求原创。

因此要继续进行先"引进来"再"走出去"的策略。积极引进海外经典作品，进而培养出适当的国内音乐剧市场，然后才能再进一步进行对外输出。以经久不衰的剧目来引起观众对于音乐剧的兴趣，让大众体会到音乐剧的魅力，同时逐步扩大巡演范围。近年来随着城市的均衡发展，不同地区的观众对于音乐剧都有了一定的观赏需求，因此除了集中在北上广等演出的热门城市以外，也应开始规划一个系统的演出市场，将巡演城市辐射到各个二三线城市。

不仅如此，在本土化合作中还应广泛向国外团队学习，并结合国内因素进行调整。既要避免"闭门造车"，又要避免一味地生搬硬套国外模式。在硬件上打造符合国际标准的剧院环境，在制作管理宣传等软实力方面还应结合当下的市场条件、观众需求和收入情况、国内文化产业的发展状况以及演职人员的数量及专业素质等因素。

（二）内容立足民族和时代、本土和国际并重

作为文化产业，要有普世认可的价值表达才能被大众所接受和传扬。作为一个历史悠久的文化大国，在原创音乐剧的尝试方面，可以从经典故事中"旧事新说"，提炼经典故事的精神内涵，或通过融入本国特色和文化来改编国外的经典剧目。丰厚的历史底蕴和文化内涵使得我国对于不同

文化具有极大的兼容性。在中国，不同形式、不同内容的音乐剧作品，都能找到喜爱它的观众。因而，中国也能将别国的文化特征融入自己的艺术作品中，针对不同国家的特性，产出不同的作品。比如法国的浪漫主义与我国写意的抽象美，德奥的哲学思考与我国古代思想家的理论观点，英国莎翁戏剧的古典美与我国文学诗歌的追求，均能在融会贯通中产生全新的作品。

（三）寻找国际制作人

从上世纪至今，经历了电影电视行业蓬勃发展的冲击，仍能屹立不倒的百老汇及伦敦西区音乐剧在商业运作上已经十分成熟。不仅仅在于音乐的演出、宣传等显而易见的工作上，其实在许多辅助性、基础性的后台工作上（例如剧作的版权保护、原创作品的激励和培育、演员权益的维护、投资人制度等）也有完善的一套管理和运作机制。因此，想要进驻百老汇及伦敦西区剧院，聘请拥有丰富经验的国际制作人、组建专业的国际团队是十分重要的。

中国的演出经纪公司及制作团队可以通过与国际协会、国际大制作公司不断接触，实现与国际优秀制作人的合作。对外，我国可以参与国外剧目投资与联合制作，并引进海外的成功项目，串联起海内外作品交流。通过跟国际顶尖音乐剧制作团队的合作共事，吸收和学习世界优秀文化成果及管理经验。对内，我国可以引荐国外投资人、制作人，打造中国原创音乐剧，架起国内外文化产品的桥梁，将中国音乐剧推向国际市场。按照"先投资引进，后制作出口"的战略步伐，不断累积经验，熟悉产业运作规律，最终实现自主性发展与国际运营。

（四）加强政府及行业支持

利用好上海文化产业有利的政策环境、融资渠道。2011 年上汽文化广场复建后，成为国内首屈一指的"音乐剧专业剧场"。在 2017 年，上海出台了《关于加快本市文化创意产业创新发展的若干意见》，首次提出打造"亚洲演艺之都"，可见上海对于文化产业的重视程度。音乐剧产业被视为文化产业中必不可少的一部分，类似百老汇式的剧场群也在规划当中。上海有关文化产业投融资走在国内前列，由政府设立文化专项资金或采用政府牵头、企业注资运作的方式能够更进一步扶持我国音乐剧行业的发展。

音乐剧行业正处于一个蓬勃发展的时期。在一个政策开放、资金充足的地域中，应该利用良好的营商环境，在有保障的情况下大力创作。同时，政府也应当前瞻性地为行业的长远发展提供便利，出台更具针对性的利好政策。人才是推动文化产业发展的根基。由于音乐剧对于专业演员的要求极高，声乐、舞蹈、戏剧三方面的全能型人才在我国是稀缺的。无论是艺术院校音乐剧专业的教学，还是剧团专业演员的职业培训都应当注重全面性的培养。此外，艺术的创作还需要细致的观察力和感悟力，演员应当始终注重自身素质提升，行业内应当注重演员的成长、职业规划以及素质培养等，为行业培育和留住更多的人才，为音乐剧源源不断的注入活力。

（五）拓宽衍生产业链

在剧院上演精彩音乐剧的同时，大量形式各异的衍生纪念品也在不断推出，除了常见的演出手册、海报、原声带以外，还包括笔记本、T 恤、帆布包等一系列印有剧目图案的文创产品。除票房收入以外，衍生产品也带来了巨大经济收益。实体的产品相较于无形的文化输出，能够更为容易地进入国际市场，以此打头阵，迅速进入外国观众的视野。在 IP 概念受到广泛推崇的现今，不可忽视一个优秀 IP 的潜在价值。要打造能够充分被挖掘和开发的 IP，依赖于音乐剧在创作时的底蕴和深度，同时还需要制作方广阔的视野以及和其他产业相关联的可能性。

无论是百老汇、伦敦西区还是日韩，音乐剧产业都或多或少地跟当地的旅游业挂钩。在旅游行程规划和热门景点的设置上，注重文化元素的引入，可吸引外国游客对于音乐剧的关注。

（六）全方位利用互联网+技术

在互联网高速发展的当下，虽然音乐剧是在剧院现场演出，但也离不开互联网的支持。在市场宣传方面，欧美在演出营销上基于百老汇及西区剧院独特的"聚集式"特点来打造出强烈的地标式特征的同时，还充分运用了互联网技术的优势。例如，官网清晰及时的信息，简易操作的购票系统，抓人眼球的剧目宣传，等等。对我国而言，在尚未形成大型剧院区的情况下更要抓住互联网大众传媒的传播优势，利用其成本低、覆盖面广、针对性强的特点将剧目宣传渗透到用户中。在票务管理方面，我国线上支付的成熟度是显而易见的，不仅仅是票务预订，甚至已经无须兑换纸质票据，只凭借二维码就能进场。但在票务的优惠方面，适用优惠的消费群体或优惠时段的审核仍然不够灵活，应该适当扩大优惠票的范围，给予海外观众或是游客提供福利票，或开展一定的票务活动来吸引更多观众。此外，线上高清剧目的播放或许是音乐剧走向海外的另一条途径，经由互联网技术，能在很大程度上降低出口成本。一种是借助视频平台上线过往音乐剧的官方摄像，另一种是通过现场直播的方式。比起身临现场，无论采取哪一种方式，都依赖于摄像、导播、剪辑等后台支持以及互联网技术，这些都需要更多部门的配合。

国际经贸学院　张晟璐

文化融合　创新发展：
百年巨头任天堂长盛不衰

一、游戏行业的全球化背景

近年来，随着互联网时代的到来和持续发展，全球游戏市场规模不断扩大，电子游戏逐渐成为人们释放压力的重要手段。根据游戏载体的不同，游戏可以分为手机游戏、平板电脑游戏、掌机游戏、电视游戏、主机游戏、休闲页游以及 PC 端游戏。截至 2020 年底，全球游戏玩家总人数超过 30 亿。娱乐期间，25 亿游戏玩家使用移动游戏。8.8 亿玩家使用主机游戏，13 亿玩家使用 PC 端游戏。预计未来游戏玩家人数将持续保持增长趋势。面对如此庞大的消费者群体，人们看到了游戏市场的巨大潜力。

游戏不仅仅是人们娱乐的手段，也蕴含着丰富的文化要素。日本的动漫游戏对世界影响深远。"皮卡丘""马力欧""林克"等著名的游戏角色是全球每个 80 后、90 后的回忆。这些经典的 IP 形象让我们不得不想起任天堂发布过的游戏作品。例如，《精灵宝可梦》《超级马力欧兄弟》以及《塞尔达传说》等。这家公司作为全球游戏市场的主机巨头、掌机霸主，始终致力于硬件设计和软件创新，提供健康绿色的游戏内容，保持全球最大的纯电子游戏开发商地位。2020 年更是以 121 亿美元位居全球电子游戏公司收入第三名。

二、任天堂的国际化发展现状与特点

（一）公司概况

任天堂（Nintendo）创立于1889年，以生产花札起家。1970年后期投入电子游戏产业，现已发展成为全球知名娱乐厂商，是电子游戏业三巨头之一，现代电子游戏产业的开创者。任天堂的主营业务是家用主机和掌上游戏机的软硬件开发与发行。公司不仅依靠游戏机和游戏软件从全球赚取了巨额财富，同时也潜移默化地传播了日本文化，促进了日本与全世界文化科技的交流。在全球游戏行业中，任天堂始终秉持反对暴力和色情的游戏开发理念，以"创造独特的娱乐方式"为基本方针，以"为所有和任天堂产生联系的人们带来笑容"为己任，以"设计优秀的全年龄游戏"为目标，保持着弥足珍贵的社会责任和企业操守，发行了众多游戏机和游戏。家用主机包括FC、SFC、N64、NGC、Wii、WiiU以及家用机和掌机一体化的NS；掌上游戏机包括GW、GB、VB、GBC、GBA、GBASP、NDS、3DS和NSL。开发了游戏史上最热销游戏《超级马力欧》《精灵宝可梦》以及全球媒体综合评价最高的《塞尔达传说》等，缔造了多名游戏史上的经典IP，如马力欧（Mario）、大金刚（Donkey Kong）等。

（二）任天堂全球销量成就

截至2020年11月，任天堂主要游戏机（正版）全球总销量约为7亿7933万台，对应的游戏软件销售超50亿套。具体表现为NS（Nintendo Switch）销量6830万台，对应游戏软件销量4亿5649万套；Wii U销量1356万台，对应游戏软件销量1亿327万套；任天堂3DS销量7594万台，对应游戏软件销量3亿8512万套；Wii销量1亿163万台，对应游戏软件销量9亿2185万套；NDS（Nintendo Dual Screen）销量1亿5402万台，对应游戏软件销量9亿4872万套；任天堂Game Cube销量2174万台，对应游戏软件销量2亿857万套；GBA（Game Boy Advance）销量8151万台，对应游戏软件销量3亿7742万套；Game Boy销量1亿1869万台，对应游戏软件销量 5 亿 111 万套；N64（Nintendo64）销量 3293 万台，对应游戏软件销量 2 亿 2497 万套；SFC（Super Family Computer，SNES，超任）销量 4910 万台，对应游戏软件销量 3 亿 7906 万套；FC（NES，红白机）销量 6191 万台，对应游戏软件销量 5 亿 1 万套。

2015 年是任天堂进军游戏界以来最困难的一年，WiiU 主机成为史上销售最差的主机，公司盈利暴跌 60%。这家坚守主机游戏阵地的巨头，也开始动摇做起了手游。自此之后，任天堂每年都会陆续推出经典 IP 的改编手游。目前，任天堂在 APP Store 和 Google Play 上下载量最高的 6 款游戏是《火焰纹章：英雄》《超级马力欧 Run》《马力欧医生》《失落的龙绊》《马力欧赛车巡回赛》《动物之森：口袋营地》，总下载量达到 4.52 亿次，总收入突破 10 亿美元。2017 年发布的《火焰纹章：英雄》是迄今营收最高的游戏，自上线以来累计收入约 6.18 亿美元，占比 61%；《动物之森：口袋营地》和《失落的龙绊》次之，分别占 12% 和 11%。

（三）任天堂全球发展近况

20 世纪初，便携式游戏机正处于潮流前端，当时的任天堂凭借 Wii 和 NDS 的空前成功在全球游戏界风光一时，2009 年全球净销售额达到巅峰，为 18761.45 百万美元。由于 2010 年发布的 3DS 和 2011 年发布的 WiiU 遭遇滑铁卢，直至 2017 年期间，任天堂没有推出任何新产品，使得任天堂全球净销售额逐年降低，并于 2017 年跌入谷底，仅有 4366 百万美元。然而，2017 年任天堂绝处逢生，凭借新开发的 switch 王者回归。截至 2020 年 12 月 31 日，Switch 作为一款配置远落后于同代竞品的产品，以其独特的游戏方式和独家的游戏体验获得了 7987 万台的全球销售量，并成为 2020 年度美国销量最高的游戏主机。在美国游戏市场历史上，硬件单年收入排名第二，仅次于 2008 年的 Wii，强烈拉动了任天堂近几年游戏产业的发展。2017—2020 年任天堂全球净销售额逐年增加至 12115 百万美元。总体来说，经历过大起大落的任天堂在不断开发适合市场需求的新游戏产品，运营情况不断好转。

回顾 2014—2020 年期间，任天堂在世界不同区域的营业收入总体呈

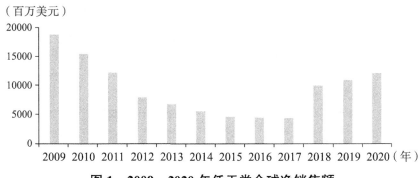

（百万美元）

图1　2009—2020年任天堂全球净销售额

上升趋势。2016—2017年，任天堂营收在欧洲、日本以及美国都有不同程度的降低，主要根源是整体硬件销售低迷，从而导致此前获益率较高的数字版游戏以及其他游戏相关产品销售受到一定程度的影响。根据数据分析得出，历年来任天堂在美国都拥有广大的消费市场，营业收入从2014年的219606百万日元增加至2020年的565023百万日元，增长幅度超过2.5倍，全球市场上营收占比在38%~45%之间，总体呈上升趋势，除个别年份外，消费市场占比不断增加。其次是欧洲和日本本土，营业收入分别从2014年的158562百万日元和176957百万日元增加至2020年的326613百万日元和301187百万日元，增长幅度分别约为106%和70.2%，但营收占比整体却呈下降趋势，分别从2014年的27.73%和30.95%下降至2020年的24.96%和23.02%。任天堂在全球除美国、欧洲和日本以外的市场上虽

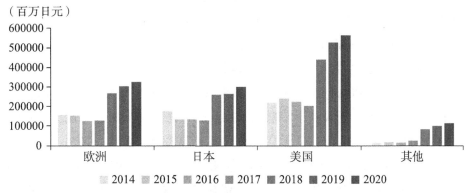

（百万日元）

图2　2014—2020年任天堂在不同地区的营收

然营收微不足道，却也在逐年攀升，市场营收占比不足 10%，但已从 2014 年的 2.9% 上升至 2020 年的 8.84%，预计将继续保持上升趋势，并可能成为任天堂未来发展的潜力地区。

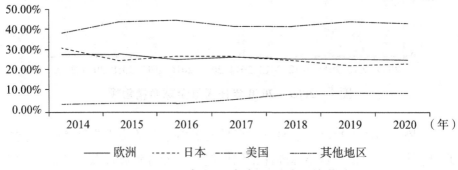

图3　2014—2020 年任天堂在不同地区的营收占比

（四）任天堂全球市场开拓

任天堂最初选择全球化的理由在于美国市场的庞大。1959 年，任天堂与迪士尼建立合作关系，首次生产迪士尼卡通形象的扑克牌展开全球性销售，这一合作促使任天堂一年内至少售出 63 万套纸牌。1970 年代初，任天堂开发的"激光躯体射击系统"及其应用"荒野枪手"成功出口到欧洲和北美。期间任天堂与米罗华（Magnavox，隶属于美国电子厂商飞利浦旗下的子公司）结盟，通过谈判达成协议，任天堂授权允许其出产和销售一种简单的电视游戏机 Magnavox Odyssey。1980 年 4 月，任天堂在美国纽约成立子公司 Nintendo of America，推出每台仅内置一个游戏的掌上游戏机 Game&Watch，从此让电子游戏从电视机前转移到了人们的手上。尽管当时的售价高达 6000 日元，Game&Watch 系列仍然卖出 4000 万台，迅速风靡全球。1982 年，任天堂于华盛顿雷德蒙成立任天堂美国分公司，并将纽约分公司合并。1983 年，任天堂首次尝试卡带式的电视游戏平台，推出了 FC 游戏机，1985 年任天堂将其更名为 NES，打入美国市场，振兴了美国的家用主机市场。1989 年，任天堂花费超过 1000 万美元买下《俄罗斯方块》在游戏主机上的独占版权，成为 GB（Game Boy）游戏机的最佳搭档。

1990 年代中期，任天堂的 Game Boy 系列，由香港万信代理，在内地发售。1995 年，被称为 TV 游戏奠基之作的《超级马力欧兄弟》登陆 FC 主机，成为游戏史上首部真正意义上的超大作游戏，海外累计更是达到了 3342 万份。1996 年，Nintendo 64 在日本和北美以及一年后的欧洲推出。1998 年 11 月 21 日，《塞尔达传说：时之笛》再次上演了大作牵引主机销量的神话，N64 的周销量由上一周的 3000 台以下的冰点急速跃升到 15 万台以上，海外高达 620 万台，N64 自此迎来了整整两年的黄金时光。

2001 年末，任天堂 NGC 投入北美市场。2003 年，任天堂开始发售中国专用的家庭用游戏机"神游机"，成为首家正规进军中国内地游戏产业的游戏厂商。2004 年，NDS 发售四个月后，全球销量突破了 500 万台。同年，任天堂推出小神游 GBA、小神游 SP。2005 年，神游 DS 以"双屏多媒体互动系统"的名称在中国内地上市，神游 DS 系列的销量超 30 万台，销售额逾 4 亿元。2006 年 Wii 进入美国市场，年度 200 万台的销量完败索尼 PS3 游戏机不到 100 万台的销量。2007 年 12 月，Wii 以"神游影音互动播放器"的名称获中国 3C 认证，神游汉化十余款 Wii 游戏配合发售。进入 2010 年初，Wii U、3DS 的全球发布并不乐观。2016 年，任天堂香港开通微信，公布 3DS 游戏《精灵宝可梦：太阳/月亮》，并将发行简体中文版和繁体中文版。同年，拥有繁体中文支持的 My Nintendo 页面正式上线。

2017 年是任天堂进入 2010 年代后的转折点。这年 3 月 3 日，任天堂在日本、北美、欧洲和中国香港等地发行的游戏主机 Switch 获得了强烈反响，仅仅 9 个月就创下了 1400 多万台的销售业绩，超过 WiiU1350 万台的累积总销量。同年 4 月，腾讯与任天堂合作；12 月腾讯代理发售国行 Switch，如今以 100 万的累计销量超过了同期索尼 PS4 和微软 X box One 的总和，成为超过索尼 PlayStation 游戏主机和微软的 X box 游戏主机的中国最大的游戏机设备销售商，稳居国内游戏主机第一宝座。2019 年 11 月，在索尼次世代主机 PS5 发售并迅速成为美国历史上销售速度最快的游戏硬件设备的挑战下，任天堂 Switch 仍是美国地区游戏主机销量第一。截至 2020 年 12 月 31 日，Switch 主机销量 7987 万台。软件销量（不含无实体版游戏）5.32 亿，其中销量最高的游戏产品《马力欧卡丁车 8 豪华版》高达 3341 万份。

目前，任天堂拥有三家海外分社和一家线下直营店。任天堂的全资子公司北美任天堂公司（Nintendo of America Inc.）位于华盛顿州的雷德蒙市，是任天堂在美洲和欧洲的运营中心。任天堂的全资子公司神游科技位于苏州，是全球三维动画及数码电子先驱和全球电子游戏产业先驱。任天堂的台湾子公司是任天堂溥天，后台湾市场的业务转交任天堂（香港）公司负责。2005 年 5 月，第一家任天堂世界（Nintendo World）在纽约洛克菲勒中心盛大开幕；2016 年改名为 Nintendo New York，是美国任天堂所有相关商品在美的直营店。2016 年，任天堂宣布将与环球影城合作，在大阪、奥兰多和好莱坞三个地方开设"超级任天堂世界"主题乐园，总耗资约 5.456 亿元人民币。

三、任天堂的国际化路径选择

任天堂作为全球无数 80 后、90 后游戏玩家的童年回忆，之所以一直能够经久不衰，与它的创新精神和注重细节密切相关。任天堂始终以娱乐放松为核心，注重玩家游戏体验，用心创造快乐，正是凭借游戏的"亲民感"和优质的顾客服务在全球消费者中广受好评。首先，任天堂游戏能够积极汲取国外文化元素，满足国际玩家的需求；其次，任天堂公司生产的并非高端游戏，而是一些操作简单的"养成类"游戏，这类游戏的最终目的就是给玩家带来乐趣；再次，任天堂能够利用其游戏市场的繁荣发展进一步推动周边产品的衍生；最后，不得不提到任天堂的全球化营销手段和价格策略。尤其是"软硬兼施"的营销手段，即通过游戏机在全球市场的热销，带动自身游戏软件的研发和发展，以及其他游戏制作公司的游戏登陆。灵活的定价战略，即基于不同周期根据不同因素制定合理的价格。

（一）创作多元文化游戏，积极拓展海外业务

在 20 世纪 90 年代之前，任天堂的 FC 是家用游戏机市场上不可撼动的霸主，迄今其累计销量已经超过了 6000 万台。但是随着世嘉、索尼、微软等实力雄厚的企业进入游戏市场，任天堂也面临着巨大挑战。尤其是

世嘉 MD 的出现，使任天堂认识到创造多元游戏文化的重要性。

　　虽然在日本本土市场上任天堂相较于世嘉有着较大优势，但在北美市场上这种优势却荡然无存。世嘉（SEGA）作为一家实力雄厚的游戏公司，在街机市场上已经风生水起，同样也希望在家用机领域分得一杯羹。它于 1988 年 10 月发布了世界历史上第一台 16 位家用主机——世嘉 MD。由于 FC 的丰厚利润，任天堂并未在意世嘉的这一举动，直到 1990 年才正式在日本发售其下一代主机 SFC。世嘉 MD 在北美率先上市取得了优异的成绩，1990 年到 1994 年前三个季度，世嘉相较于任天堂取得了优势。在此阶段，任天堂受挫的原因有以下几点：首先，世嘉 MD 在北美率先上市，在市场上抢占了先机；其次，美国和日本的游戏文化素来不同，美国消费者更加偏爱体育运动类、枪战类以及竞速类的游戏，对于日本传统的 RPG 游戏并不感兴趣，像日本国民级 RPG 游戏《勇者斗恶龙》，其海外销量与日本本土相比较为一般，这方面任天堂的游戏相较于世嘉并没有什么的优势；再者，世嘉公司最初就设立在美国，它对于北美市场更加了解，坚定地走本土化路线，加强与美国游戏软件生产商的合作；最后，世嘉采取神作《SONIC》与 MD 捆绑低价倾销策略，取得了良好的效果。

　　任天堂自然不甘在北美的失败，因此一直在寻找机会予以反击。在当时街机盛行的年代，卡普空（capcom）《街霸 2》的横空出世，让任天堂看到了翻盘的希望。《街霸 2》的街机版本在北美一直都非常流行，很契合北美市场对于游戏的口味。由于任天堂和卡普空一直都保持着良好的合作关系，于是《街霸 2》成功移植 SNES（在北美市场 SFC 被称作 SNES），且 SFC 独占一年。SFC 版《街霸 2》大卖，销量达到 600 万套，SNES 本体也销量大涨。这一次经历让任天堂了解到北美市场与日本市场的不同，即在不同游戏文化之下所热爱的游戏类型也不尽相同。与此同时，任天堂吸取教训，采取本土化策略，在 1994 年联合 RARE 推出《超级大金刚》，通过采用美国人非常喜爱的金刚形象来提升 SNES 在北美市场的销量。最终 SFC 以全球累计销量 4910 万台战胜了世嘉 MD 的销量 3075 万台。

　　自此，任天堂吸取教训，开发出了适配性更高的游戏，让全世界所有人都能够接受任天堂的游戏。就好比早期精灵宝可梦游戏的地图主要是以日本为蓝本设计的，关都地区就是日本的关东，神奥地区就是日本的北海道；许多宝可梦的设计也带有浓厚的日本文化元素，比如喵喵就是日本招财猫的形象。随着游戏的不断推广，精灵宝可梦的地图也加入了许多其他国家的元素，比如阿罗拉地区借鉴了美国夏威夷，伽勒尔地区借鉴了英国伦敦。在另一个著名游戏《马力欧奥德赛》中，任天堂也制作了许多国家的民族服饰，如英国的贵族服、墨西哥的民族服饰、美国牛仔服等。这些都是任天堂创作多元文化游戏的重要标志。

（二）打造个性化游戏大作，不断开发周边产品

纵观全球游戏行业，虽然每家游戏厂商都有自己的独特风格，但唯有任天堂的游戏老少皆宜。正如任天堂掌门人岩田聪所说，"现在游戏行业走进了死胡同，所有人都试图花更多的钱，用更炫的技术，开发更复杂的游戏，但却忘记了游戏的目的就是给人带来乐趣。"任天堂做到了既回归游戏好玩的本质，又赋予游戏更多人与人之间的情感传递。《超级马力欧》是任天堂公司 1985 年出品的著名横版过关游戏，最早在红白机上推出，迄今由马力欧担任主角，该游戏累计销量超过了 5 亿份，成功打造出全球经典 IP 形象。在全球市场上，IP 总收入约 360 亿美元，其中电子游戏收入高达 302.5 亿美元。《精灵宝可梦》系列是继《超级马力欧》之后任天堂在 1996 年推出的第二大经典游戏系列，现在已经进入第六世代，全系列游戏销量超过 3 亿份。伴随着我们童年的《宠物小精灵》正是改编自此款游戏。《精灵宝可梦》系列 IP 总收入高达约 950 亿美元，占据全球榜首。其电子游戏收入 171.38 亿美元，占比超过 18%；卡牌游戏 108.53 亿美元。除此之外，任天堂历史上出品的经典游戏还包括《魂斗罗》、《塞尔达传说》系列、《洛克人》系列、《银河战队》等。这些经典游戏不论是全球销量还是国际影响都是名列前茅。2020 年 3 月 20 日任天堂发布的《集合啦！动物森友会》深受玩家喜爱，当年底全球总销量突破了 3118 万份，据估计大约 39% 的 Switch 主机用户都购买了这款游戏。截至 2021 年 3 月 20 日，欧洲总销量高达 700 万（数字版 + 实体版），成为任天堂在欧洲地区首发销量最高的游戏。目前，《集合啦！动物森友会》在英国实体游戏销量排行

中名列榜单头名，在美国创下了自 2010 年 *Wii Fit Plus* 以来，任天堂游戏在一个自然年内的实体版本最高销售额纪录。

此外，任天堂游戏的热销促进了游戏周边产品的开发。任天堂授权的游戏周边产品包罗万象，比如以"超级马力欧"为中心，大量杂志、书籍、音像制品，乃至笔记本、茶杯、拼图玩具、洋娃娃等周边产品都打上了任天堂的旗号，以"超级马力欧"为主人公的电影风靡全美。精灵宝可梦也经常与肯德基、吉野家等连锁快餐进行联动，推出许多相关套餐，用赠送小手办、小玩具等赠品来吸引消费者。在 2016 年巴西里约奥运会闭幕式上播放的东京奥运会宣传片中，皮卡丘和马力欧两大动漫角色也加入其中，日本首相安倍晋三更是扮演成马力欧从水管里"传送"到了闭幕式现场，此举颇具创意。这些游戏之外衍生的周边产品让任天堂的游戏和文化影响在全球范围内有了进一步的提升。目前，以《超级马力欧》授权的衍生产品收入为 43.23 亿美元，漫画杂志收入为 15.49 亿美元，票房为收入 0.21 亿美元。《精灵宝可梦》系列 IP 收入中，其授权衍生产品收入为 641 亿美元，票房收益为 17.56 亿美元，漫画收入为 14 亿美元，家庭娱乐收入为 8.63 亿美元，占据 IP 总收入高达 70%。2017 年，宝可梦和马力欧的周边产品收入分别以 700 亿美元和 269.23 亿美元成为全球最热卖的动漫游戏周边产品。

Amiibo 是任天堂周边产品开发的经典案例，它是通过品质较为精美但价格相对不高的小手办与游戏联动吸引消费者购买。根据美国游戏数据分析网 CONSULEGAMER 分析，Amiibo 手办在模型市场上的占有率高达 36%，超过了迪士尼。这种手办与游戏联动的模式成了游戏市场的新热点，不但带动了游戏销量，同时也促进了其周边产品的售卖，可谓一举两得。

（三）实施全球化营销战略，灵活制定产品价格

"软硬兼施"是任天堂全球市场的主要营销策略，是指任天堂在推出新机型时必定配合优秀的游戏软件，二者相互组合销售。如 FC 主机与《超级马力欧兄弟》、GB 与《俄罗斯方块》、SFC 与《超级马力欧世界》、Wii 与《塞尔达传说》系列、switch 与《塞尔达：荒野之息》及《马力欧

赛车8》等。比如在 GB 时代，很多用户为了"俄罗斯方块"而购买 GB，之后为了更好的体验又会购买其他游戏软件。游戏机与游戏之间互相促进从而达成了双赢。除了组合销售，任天堂在营销手段上还包括联合品牌。早在 1988 年圣诞节期间，任天堂与百事可乐在电视上展开搭配促销活动，共搭配售出价值 100 万美元的任天堂产品和 20 亿罐百事可乐。1989 年为配合"全家人一起娱乐"的宣传，任天堂联合麦当劳，携手推出"超级马力欧享用麦当劳大餐"的活动。除此之外，任天堂还通过赞助商展和大赛等活动来树立企业形象，扩大企业影响，提高企业知名度。

此外，任天堂于 2017 年发布爆款产品 Switch，其定价策略主要取决于客户价值，并会根据竞争对手的产品价格和产品在生命周期中的不同阶段进行调整。在这种情况下，Switch 的价格更多地是由客户的价值体验来决定，而不是完全根据生产成本来定价。如《动物森友会》这款爆红的游戏，因全球市场需求量广大而为消费者制定了较低的价格，不过也正是因为过于热门，与之配套的游戏机产品在部分地区出现供应不足，进而提升了该地区的游戏机产品价格。另外，索尼的 PS4 和微软的 Xbox One 都是 Switch 强大的竞争对手，但 Switch 通过调整价格获得了竞争优势。此外，任天堂会在产品生命周期的不同阶段不断调整其定价策略。根据 Bha sin 的说法，当任天堂的新产品刚推出时，价格制定会相对较高。当这个产品上市一段时间后，任天堂就会降低价格来提高竞争力。随着产品生命周期逐渐结束，它的价格又会上升，因为它可能成为怀旧产品，甚至在未来成为值得收藏的"古董"。

四、任天堂面临的挑战

（一）硬件质量有待提高

任天堂从掌机平台的 NDS 开始到现在的 Nintendo Switch 似乎都存在着一个问题，就是硬件质量不如其竞争对手。游戏的优劣除了其本身的游戏性以外，画质音效都是非常重要的方面。而任天堂由于硬件质量问题，往往在运行一些 3A 大作的时候显得力不从心。比如，《巫师 3：狂猎》这款游戏在任天堂的竞争对手索尼 PS4 pro 上运行时画质非常精美，清晰度达到了 4k，这就增强了玩家在游玩时的代入感。但是 Nintendo Switch 最高支持 1080p，同时功能本身就不如 PS4，因此《巫师 3》在 Switch 平台上的画质与 PS4 差了一大截，画面细节相对模糊，无法给玩家沉浸式的体验。这也是一部分玩家选择索尼和微软旗下的主机而非任天堂的原因。

不仅机能本身较弱，在品控上任天堂的游戏机也存在一定的问题。比如，Nintendo Switch 的用户就经常抱怨 Joy Con 的摇杆会出现漂移的状况，主机模式下容易造成游戏机本体过热进而机器发生弯曲等问题。

因此，游戏机硬件水平以及品控问题制约着任天堂的进一步发展。

（二）移动游戏市场冲击

随着智能手机的普及和 5G 时代的到来，如今的游戏行业正面临前所未有的剧烈变化。2020 年，全球移动游戏市场规模大幅增长，移动游戏整体增量接近 200 亿美元，同比增长 25.6%。同年，作为全球顶级游戏厂商的腾讯，其发行网络游戏营业收入高达 139 亿美元，居全球第二名。伴随着英雄联盟这款手游作为全球最为火爆的端游所衍生出的移动游戏开启预约，一旦登录国服，定会成为移动游戏强劲的增长点。因此，移动游戏将成为未来游戏行业的潜力市场。同时伴随着 5G 的普及，可能会导致游戏机的存在感降低，通过硬件和软件盈利的传统业务模式存在崩溃风险。由于任天堂手游制作经验尚不足以同大多数游戏经典 IP 匹敌，因此其在手游领域仍将面临重大的挑战。

（三）卡带使用限制发展

任天堂对于游戏制作是略显固执的，固执是一柄双刃剑，可以为任天堂创作出优质的游戏，但也为它带来了一些麻烦。任天堂对于游戏的储存媒介一直都执着于卡带。早在任天堂推出 N64 时期，它便做出了与其他生产厂商不同的决定，沿用传统的卡带作为存储媒介，而不是索尼 PS 和世嘉 SS 所使用的光盘。相较于卡带，光盘的成本更低廉，储存空间更大。因此 PS 能够获得更多的第三方厂商青睐，取得不俗的销量，使用光盘作为存储媒介是其中一个重要原因。而任天堂并非不能使用光盘，而是自身的固执使其希望走一条与众不同的道路，但最终 N64 还是被索尼的 PS 击败。时至今日，出于对 Nintendo Switch 便携性的考虑以及其本身的特点，任天堂仍然在使用卡带作为存储媒介。加上，Switch 的游戏卡带价格也高于竞争对手的光盘，这也造成了一部分收入不高的消费者转投索尼和微软阵营。

卡带的缺点并不仅仅在于造价问题，更重要的是第三方厂商制作的作品很难压缩到储存空间有限的卡带中去。因此大量的第三方厂商会优先选择使用光盘的索尼和微软，为它们开发游戏，而非任天堂。这也是任天堂急需解决的问题。

（四）游戏产品供应链不完善

任天堂游戏产品供应链不稳定是其长期之痛。首先，任天堂作为游戏主机和游戏的开发商，却并不完全清楚全球市场需求，不能判断需求与供应之间的关系。就任天堂最新游戏机 Switch 而言，自 2017 年 3 月发售并历经 2 年热销后，任天堂就认为市场已经趋于饱和，因此在供应层面进行缩减。然而预估失误，供应滞后导致 Switch 自全球发售以来多次断货，价格疯涨。因此，任天堂所面临的无法准确评估市场、游戏产品供应滞后等问题是其当前面临的巨大挑战。其次，任天堂在全球产品的营销过程中，都是与全球不同的经销商进行合作，从而分销游戏机和游戏，其线下直营店只有北美一家。但是近些年，随着同行竞争者不断增多，作为原先任天堂最大市场的日本和北美，现在也受到索尼和微软游戏的冲击而变得乏力。因此，任天堂不得不考虑开拓其他国际市场，同更多经销商展开合作，扩大游戏主机和游戏产品的使用人群。最后，作为最终消费的游戏玩家，任天堂的游戏需要与其游戏主机搭配使用，价格相对昂贵。而通过调查显示，任天堂全球热衷玩家的年龄主要集中于 21~25 岁，大多为大学生或应届毕业生。对于他们而言，购买一台动辄好几千元的主机外加好几百元的卡带，价格似乎显得十分不亲民。未来，随着移动游戏和零成本入门的游戏的推出，任天堂产品除了热衷粉会继续消费，大部分玩家迫于经济压力可能会望而止步。此外，部分国家尚未形成主机和掌机的游戏文化氛围。以中国市场为例，中国消费者大多选择手机游戏和电脑游戏作为娱乐的手段，而非主机和掌机。因为相对于主机游戏，手机便携性更强，电脑游戏价格更加便宜。

五、任天堂未来发展路径

（一）提高硬件质量，优化产品整体性能

品质提升是推动企业发展的最好途径，企业发展必须坚持质量为先，品牌先行。只有通过提高品牌附加值，才能迈向全球价值链的中高端，为社会提供更多优质产品。对品质的追求与企业转型升级、持续发展相辅相成。产品质量是一个企业生死存亡的生命线，过硬的产品质量能够维系客户的忠诚度，提升企业的美誉度和品牌形象。任天堂在硬件方面尚有不足，需要刮骨疗伤，不断提升硬件的质量。

如今品质的内涵和外延都大大丰富了，企业不能吃老本，要跟上时代的发展步伐，并力争上游。细节决定品质，人才决定未来，任天堂应该采取更多措施。首先，要注重技术细节，加强管理，提升业务短板，工艺的精度直接影响最终产品的质量和档次。其次，要重视培养高素质的技术人才，完善高技术人才的待遇保障。品质控制环节需要更高水平的技术人才，要让高技术从业者进得来和留得住，让品质控制领域涌现越来越多的企业工匠，传承工匠精神。

（二）创新技术，跟上时代步伐

由于各种学科不断交叉，未来的制造业将向智能、绿色方向发展。产品除了品质好，还需要充满创意，更加人性化、智能化。IT、物联网技术等将成为未来生活不可分割的一部分。任天堂的发展应不断向最新科技调整、靠拢，重视人工智能的研发和应用，利用好相关平台。

随着 5G 技术在世界市场上的发展，新一轮科技革命和产业变革正蓄势待发，云计算、VR 等产业在加速演进。技术赋能、产业升级，正是

2020 年世界游戏产业的重要标志。智能信息技术的发展为移动游戏的开发提供了全新平台和发展机会。过去一年世界移动游戏的发展持续推进，市场销售额逐年增长。与此同时，云游戏、电子竞技、VR 游戏依托 5G 技术的商用机会，聚焦用户娱乐与生活需求，大力推进游戏产业的生态革新和结构调整。任天堂应积极进行科研攻关，研发新产品，提高产品技术含量，探索以 5G、云计算、人工智能为代表的技术创新，不断推动游戏生态变革，创造更多的发展机会，提升任天堂游戏的核心竞争力。

（三）抓住政策红利，开拓市场

当前，互联网在世界各国越来越普及，互联网的发展与一些产业密切相关，各国都有发展相关产业的需求，而互联网能够加快这些产业的发展速度。产业的发展离不开良好的政策环境，而支持产业发展的政策能够帮助企业争取税收优惠，减轻企业负担，获得准入许可。由此，企业才可以专心做好市场，拓宽销售渠道，提升产品销量。

游戏产业作为娱乐行业的一个重要产业，能够为当地的发展带来一定的积极贡献。世界上多个国家的政府出台了比较优惠的产业政策。在中国，各地区依据各自的地缘优势和地方特色，聚焦区域产业发展，游戏开发和制作呈现出新景象。比如北京立足产业全局，大力推动"一都五中心"建设工作，构建网络游戏发展的产业新格局；上海依托经济优势，着力打造中国"电竞之都"的产业标签，在组织电竞联赛、游戏解说方面取得了较快发展，孵化了一批有实力、有技术、有品牌的游戏企业。此外，越来越多的地方都在响应国家有关文化产业的政策号召，向以游戏为代表的数字内容产业发力，制订相关的城市游戏产业发展规划。因此，任天堂应积极抓住发展机会，开拓自己的市场。

国际经贸学院　茹海玲

马克思主义学院　仇智斌 方小军

第三部分

动漫游戏

DONGMAN YOUXI

实施国际合作战略
打造"动漫王国"品牌

一、东映动画的基本情况

(一)东映动画股份有限公司简介

东映动画是现今日本最大历史最悠久的动画制作公司之一,注册资本略高于战前成立的东宝株式会社。东映动画是日本动画的起点,也是多年以来日本动画最主要的制作公司。其前身是成立于 1948 年的老牌动画制作公司,名称是"日本动画有限公司"。1952 年更名为"日动映画股份有限公司"。1956 年被东映株式会社收购后成为其旗下的动画部门,更名为"东映动画股份有限公司"。从 1998 年 10 月开始,东映动画股份有限公司的日语名称改为"东映アニメーション株式会社"(TOEI ANIMATION CO., LTD),中文译名不变,简称东映动画。主要参与动画制作、电影制作、业务销售等,是日本动画协会正式会员,练马动画协会干事。

(二)东映动画的发展历程

东映动画自 1956 年发展至今,已有 60 余年的历史,代表了以日本动画产业为主体的规模最长的历史。纵观东映动画的发展历程,可以将其划分为三个发展阶段:

第一阶段(发展导入期):在 20 世纪 50 年代,全世界的动画均是唯美国迪士尼马首是瞻，其他各国的动画制作都是以模仿迪士尼为主。虽然此时日本有一些短篇的科普和宣传动画，但这些基本上都是以宣传科学或者爱国教育为目的，而具有强烈商业性目的的动画基本没有出现。在这样的背景下，1956 年东映动画在社长"大川博"的带领下，全体社员为日本的动画事业打开了新的一页。

第二阶段（发展迅速期）：进入 20 世纪 70 年代后，东映动画加快发展步伐，开始走进一个战国时代。东映动画加大电视动画的制作数量，并且开始走漫画改编路线，将不少原本就有人气的连载漫画拿来改编。其主要的合作对象就是《周刊少年 JUMP》，从最初的《阿拉蕾》《圣斗士星矢》《北斗神拳》，到后期的《七龙珠》《灌篮高手》《龙之谜》，以及爆火的《海贼王》。在日本动画突飞猛进的 80 年代，恰逢中国内地进入一个启蒙期，大量的日本动画被引进国内，成为家喻户晓的经典动画。在整个 80 年代和 90 年代，在中国的电视上播放的日本动画数量占绝大部分，其中大半是由东映动画制作出品的。在 90 年代后期，一部《灌篮高手》更是掀起了一阵狂潮，影响了世界各地人们对篮球的关注。这部作品是东映动画精心打造的一部作品。

第三阶段（发展鼎盛期）：21 世纪的东映动画已经成为日本动画界的巨无霸，其旗下的动画不仅在日本广为人知，更是出口到世界各地几十个国家，成为日本动画对外的一大窗口。大泉制作室的原创女性动画三部曲的第三部《光之美少女》于 2004 年 2 月 1 日放映。《光之美少女》系列堪称步入 21 世纪后日本动画创造的一个商业奇迹，为东映动画带来了巨额盈利。在特摄方面，东映动画成功击败了圆谷株式会社和东宝株式会社两家特摄巨头，使得东映动画近乎垄断了整个日本特摄市场。尽管东映动画在发展道路上并非一帆风顺，但东映动画总能寻找商机及潜在观众群体，紧跟时代步伐，创造出属于自身的品牌和发展道路。

（三）东映动画的经营特点

东映动画作为日本五大电影公司之一，除了电影的制作与发行外，同时还涉及影院经营、卫星电视、影片租赁等相关业务。与此同时，东映动画作为朝日电视台的发起者和大股东，也涉足了电视台等领域。东映动画公司的经营战略方针定位于儿童市场，这让东映动画在当今宅系称霸、萌片肉片泛滥的日本动画市场中显得与时代有些脱节。但是有失必有得，经营方针的改变令东映动画在儿童市场上获得惊人的大成功，面向儿童的动画佳作不断，占领了日本儿童市场的半壁江山。

东映动画公司的主营业务是：（1）动画的企划、制作和销售；（2）CG映像的企划、制作和销售；（3）游戏机软件的企划、制作和销售；（4）作品版权管理；（5）影音制品的海外发行等。

二、东映动画国际化合作现状与特点

（一）东映动画国际化品牌打造现状

2019 年前三个季度，东映动画累计销售额达到 418.21 亿日元，营业利润达到 126.59 亿日元，实现近年来东映动画三季度业绩的最高值。东映动画的创收动力主要来自三方面：一是《龙珠》《ONE PIECE》《光之美少女》等系列的主力 IP 的收入保持了稳定，二是国内外手游改编授权的版权收入大增，三是面向中国的网络播放授权作品销量以及面向北美的播放权授权市场的增长。在网络播放授权板块中，国内的版权部门主要受惠于"龙珠"IP 的两款手游——《龙珠 Z 爆裂大战》和《七龙珠激战传说》，以及小钢珠游戏机的动画使用授权。而海外版权部门的创收主要来自手游《龙珠 Z 爆裂大战》和以《龙珠战士 Z》为代表的家用游戏机平台游戏。另外，《龙珠》系列在欧美市场上的商品化授权以及手游《七龙珠激战传说》的上线也是营收增长的要点。在商品贩售事业板块中，剧场版《龙珠超：布罗利》合作衍生品畅销，"光之美少女"的周边商店"Pretty Cure Pretty Store"实现了良好的营业情况，业绩不断上升。因而，东映动画的海外品牌在各产品的良好运行下实现了稳步扩张。

（二）东映动画国际合作现状分析

随着东映动画公司国际知名度的提高，东映动画逐步开展了在世界各国的国际化合作战略。东映动画公司的国际化扩张不仅仅局限于动漫动画方面，其在 DVD、玩具、服装等周边产品系列均实现了与世界各国相关公司的合作。在世界各地均能看到东映动画旗下的相关作品。下面我们将通过对东映动画与美国、中国以及欧洲市场的国际化合作现状进行分析，从而了解东映动画的国际合作战略。

1. 东映动画进入美国市场

1978 年，东映动画与美国的 Marvel 公司签署了在三年内能够互相使用双方原创作品的协议，从而达成了良好的合作关系。在此期间，东映动画参与了《Marvel Comics》连载的项目，该杂志上实体连载的《蜘蛛侠》就是出自东映动画。1993 年，东映动画授权 20th Century Fox 拍摄了《超级战队》；截至 2008 年，共拍摄了 17 种美版《超级战队》。2013 年 10 月，迪士尼公司宣布东映动画与万代公司将于 2014 年在日本推出电视版动画《复仇者联盟》。该动画由迪士尼公司首创、东映动画进行动画制作、万代公司进行产品开发，从而实现了国际化分工合作。

2. 东映动画进入中国市场

早在 20 世纪 80 年代初，中日开始友好邦交不久，中国便已开始引进日本动画电影，而首先得到批准引进的就是"东映动画"的动画电影《龙子太郎》《天鹅湖》。自此之后引入的动画电影大多数是出自东映动画，包括《聪明的一休》《拇指姑娘》等经典动画。2010 年 6 月，东映动画公司宣布与上海 SMG 公司（上海文广传媒集团）合作并授权 SMG 及其附属公司参与合作生产炫动漫画作品《聪明的一休》。此外，东映动画还授权中国万代公司，于 2011 年推出《圣斗士》的玩具系列；授权中国美特斯邦威公司，于 2011 年推出《圣斗士》的服装系列；授权中国天翼影视公司，于 2011 年推出《圣斗士》DVD 光盘。我国影视公司爱奇艺购买了东映动画旗下的百余部动画剧场版作品，包括海贼王、龙珠、圣斗士、灌篮高手、光之美少女、数码宝贝等人气动画的剧场版作品，经典动画正式大批量上线中国市场，这为东映动画的海外版权事业增加了丰厚的收入。2014 年 3 月，东映动画子公司在东京举行的新闻发布会上公布了手机游戏业务，其中上海通耀信息科技股份有限公司作为常见的动漫和游戏改编公司与东映动画进行国际合作。该合作目的是为了整合中国市场，通过紧密的合作使得动画游戏与动漫改编实现最大限度的突破。《机器人少女 Z》是双方共同事业的首款产品，该动画改编自"机甲鼻祖"永井豪先生著名的"魔神系列三部曲"。2014 年 7 月，东映动画与百度移动公司进行国际合作，将灌篮高手这个经典 IP 与百度手机游戏平台相结合，实现《灌篮高手》的拓展，将体育与游戏贯穿起来。

3. 东映动画进入北美、欧洲市场

为了开拓北美市场，东映动画与北美动漫发行商 FUNimation 建立了数字内容合作伙伴关系，由 FUNimation 在北美地区发行东映动画的动画电视，其中包括《空霸》《光之美少女》以及《灌篮高手》等七部动画电视。为了开拓欧洲市场，2009 年东映动画与东欧和北欧地区最大的代理公司 Plus Licenses 续签了授权合作协议，使得东映动画的《海贼王》及其动漫衍生品、东映动画的图书出版、DVD 出版以及电视播放等业务能够在东欧和北欧地区拓展。2010 年，东映动画授权日本最大的服装零售商优衣库来提升其动漫形象在法国、英国、俄罗斯等八个国家的知名度和品牌度。

（三）东映动画国际化合作特点分析

东映动画的国际性合作实现巨大成功在很大一部分程度上取决于其采取的市场细分策略。东映动画将其作品针对不同年龄段的人群进行了细分，通过了解各细分人群的特点，针对不同人群的市场需求来打造独特的产品并实施针对性的营销策略，从而实现利润最大化。东映动画根据人群将产品分为从儿童一直到成人适用的动画；同时根据动画类别，将产品划分为电视、动画、电影等产品。

表 1　东映动画公司的主要作品以及市场细分

类别	适用人群	特点	主要作品
儿童漫画	6~10 岁人群	简单易懂，童真、纯真	《光之美少女》《数码宝贝》《聪明的一休》等
少年漫画	6~18 岁人群	一般以悬疑、冒险、科幻、打斗为主	《七龙珠》《海贼王》《灌篮高手》《超级战队》《假面骑士》等

类别	适用人群	特点	主要作品
少女漫画	9~18 岁人群	一般以感情细腻、古典、唯美的漫画为主	《明日的娜嘉》《恋爱情结》《东映机器女孩》等
青年漫画	18~25 岁人群	拥有成人化的元素，展现了大学党或上班族的内容形式	《空中秋千》《怪化猫》等
女性漫画	18~25 岁人群	又称"淑女漫画"，适用于家庭主妇、办公室女郎等人群	《美少女战士》《视与听》等
成人漫画	18 岁以上人群	加入了暴力、血腥恐怖等元素，本着恐怖又不失趣味的宗旨	《怪谈餐馆》《地狱老师》等

三、东映动画国际化路径与经营策略

（一）打造国际化经营平台

1. 东映动画企业有限公司（TAVAC）——东映动画香港分公司

20 世纪 70 年代起，东映动画便开始积极向亚洲地区开拓海外布局，1997 年 3 月，东映动画在香港成立分公司，即视听艺术中心（Toei Audio and Visual Art Genter，TAVAC）。该中心已成为东映动画拓展亚洲事业的一个重要立足点，以及亚洲地区的营销基地，给东映动画带来了巨额利益。TAVAC 还充分利用东南亚地区的制造业发展机会、利用东南亚制造产品的低成本来促进东映动画动漫的衍生品的制造，从而更加迅速地获得市场反应。

2. 东映动画上海办事处

2006 年 7 月，东映动画在上海开设办事处。该办事处主要目标为商务信息的收集，同时致力于获取进入中国内地的许可业务和扩大动画分布。

其上海办事处涵盖了北京到广州等地区的各项业务，在当地建立了重要的商务人际关系，致力于扩大中国潜在的动画观众和消费者人群。

3. 东映动画公司（TAI）

2004 年 3 月，东映动画向美国进行了直接投资，在洛杉矶成立了东映动画公司（TAI），TAI 是东映动画在美国的全资子公司，该子公司主要业务为传统媒体和新兴媒体的授权、动漫衍生品销售以及与当地合拍片等。该子公司的经营目标主要是在北美、拉丁美洲等地追求合作项目，实现东映动画的全球分布。

4. 东映动画欧洲 S. A.

2004 年 12 月，东映动画在法国巴黎成立了东映动画欧洲 S. A.，从而实现与欧洲市场的战略联系。S. A. 的建立能够促进东映动画与欧洲地区电视台的合作，并且能够获得当地销售许可证从而促进动漫周边产品的国际销售。此外，S. A. 进一步扩大了东映动画的全球许可领域，促进东映动画进入东欧、俄罗斯、非洲和中东等地区。

5. 东映欧洲（TAEU）

2009 年 12 月，东映动画在欧洲开设办事处，并任命办事处负责人为东映动画的副总裁。TAEU 主要负责拓展东映动画进军欧洲、非洲以及中东等国际市场。东映动画在欧洲设立办事处是其在全球市场拓展的一个重大举措。

（二）实现国际化规模性经营策略

1. 东映动画公司的多渠道运营流程

东映动画在经历了近一个世纪的发展之后，形成了完整的动漫制作与运营的流程。东映动画现拥有从准备阶段、漫画出版、动画制作、流通环节到海外经营这五个完整的环节。在准备环节，东映动画有着充分的人才储备和资金力量。在漫画出版环节，东映动画与集英社进行合作，由集英社负责漫画的连载以及漫画的发行。在动画制作环节，通常由东映动画为制作主体，其他制作公司进行辅助制作。主体制作主要涉及漫画绘制、制片、导演以及编剧等，此外还涉及配音与音响效果，这些制作由专业音响制作公司和东映公司内部的音响制作部门来完成。在流通环节，东映动画主要以音像制品、电视、电影上映、互联网点映、移动终端等方式呈现给大众，其中涉及的渠道有批发店、零售商、租借店、东映注资的电视台、电影院、PC、IPAD 以及通讯运营商等。随着东映动画公司的日益成熟，东映动画的动画以及衍生品开始输出海外。在海外经营环节，东映动画的主要成果是影像制品、小说、电影、游戏、服饰、饮料、动漫形象模型、主题餐饮、主题公园以及漫画咖啡馆等。

2. 东映动画公司的衍生品经营

作为一个动画公司，仅仅依靠动画播放量来支撑是远远不够的，品牌授权衍生品对公司运营是十分重要的。到目前为止，东映动画除了各种各样的营销渠道以外，其创造的自主版权动画品牌的周边衍生品也在源源不断地为公司创造利润。东映动画的周边衍生品包括玩具手办、饰品、服饰、食物等。在周边衍生品方面，东映动画采取了与综合性娱乐公司万代、BANDAI 以及海外娱乐公司合作，通过合作的方式来共同获取利益。因此，东映动画的收益主要来源于三种形式：一是投资者支付的动画版权；二是收取转播费；三是销售衍生产品的收益。

3. 东映动画公司的合作机制

在长期的经营基础下，东映动画形成了公司内部与外部、国内与国外的清晰的合作机制。在公司内部，无论是从漫画的版权代理、印刷、出版到销售，还是从动画的生产、制作到销售均分工明确，并且各环节紧密相连，形成了部门间权责分明的治理机制。在公司外部，东映动画与集英社、小学馆、讲谈社、富士电视台以及朝日电视台等知名企业紧密联系，并且通过注资、持股等方式加强上下游企业的联系从而实现稳定的合作关系。在国际上，东映动画与跨国企业也实现了良好的合作关系。例如，东映动画与日本最大的服装零售商优衣库签署了许可合作协议。此外，东映动画还与美国、韩国、中国等多个国家的各大公司、电视台、卡通形象制造厂商以及音像制品制造商等达成合作协议，通过版权出售、特许经营等方式实现跨国合作。

（三）东映动画的人才培养策略

1. 创立人才培养学校

东映动画对人才培养极其重视，在拥有大量人才的情况下仍然注重对新生人才培养的高投入。1995 年 4 月，东映动画便创立了东映动画研究所。这个专业学校创立的目的即是培养能够适应迅速变化的动画技术的人才。东映动画研究所拥有先进的教学设备和 100 多名专业的教师团体，此外，学校会定期邀请动漫大师来做讲座。东映动画研究所拥有动画、游戏、CG 设计、TV 电影影像、配音演员以及漫画艺术这些学科。同时，东映动画研究所还设立了奖学金制度来提高学生们的竞争意识，从而打造优质的学习环境。不仅如此，东映动画研究所得到了东映、东映化工、东映CM 等集团的大力支持，并且与朝日电视台、富士电视台等知名企业密切联系，使研究所的教育能与时俱进，从而为日本的动漫产业不断输送优质的人才。

2. 东映的"明星效应"分析

在东映动画成立之初，日本的一位"漫画之神"——手冢治虫便加入了东映动画，任职"原话设定"一岗，他在任职的近 13 年里给东映动画带来了巨大的财富。手冢治虫在东映动画的第一部重量级作品《新宝岛》是采取电影拍摄方式呈现给大众的，这种新颖的制作方式开启了日本动漫的新时代。不仅如此，迪士尼还将手冢治虫的《森林大帝》制作成了红遍世界的《狮子王》，手冢治虫在东映动画期间实现了他多年以来的将漫画改编成为动画的梦想，其梦想的实现不仅影响着日本动漫的发展，同时还影响着其他国家动漫的发展。手冢治虫之后，日本新一代的漫画大师——"假面骑士之父"石森章太郎加入了东映动画，加入不久，石森章太郎就将其代表作《人造人009》改编成动画电影，这部电影使后期的漫画热爱者对石森章太郎有了更加深入的认识。东映动画能取得巨大的成功，还有一位明星成员功不可没，他是动画大师——杉村升。杉村升是东映特摄众所周知的日本脚本家联盟的一员，杉村升创造了《生化危机》系列脚本、《鬼武者》《钟楼3》等优秀作品，这些作品是作家与动画游戏产业相合作的成功典范。除此之外，东映动画还有宫崎骏等大师加入，东映动画给予这些大师以充足的创造空间，而这些大师在成名以后又给东映动画带来了巨大的品牌效应，同时也给后来加入东映动画的人才提供了源源不断的能量。

（四）东映动画的品牌宣传策略

1. 利用国际动漫节进行品牌宣传

东京国际动漫节（TAF）是东京市政府和相关动画企业及团体为了鼓励和发展动画产业而主办的国际性动漫展。该动漫展从 2002 年开始举办，目前已发展成为世界规模最大的动漫主题展会。东京动漫节作为世界上最有影响力的动漫展现如今每年都会举办，这个以国际动画交流与进出口商业洽谈为目的的商业性浓厚的盛会在每年 3 月举办。该展会除了日本动漫公司参展外，还有来自美、英、中、韩、泰等国的动漫公司参展。依照惯例，日本及国际顶尖的动画制作公司、玩具软件开发公司、电影电视公司等相关企业和团体数百家会齐聚东京动漫节来发布动画的最新信息。因而东映动画每年都会积极在 TAF 上进行品牌宣传，在提高公司的知名度的同时促进自身品牌的进出口。

2. 利用国际博览会进行品牌宣传

东映动画积极参与各个国家的重大国际贸易展会，例如在美国举办的北美电视节（NATPE）。东映动画积极利用国际贸易展览会这一平台，在展会上向世界介绍其打造的动画、影视等作品，吸引各大电视台和分销商驻足展会，从而提升其动画和影视作品的知名度。此外，东映动画充分利用国际贸易展览会这个平台，了解与调查各个国家在动画开发、电影制作以及相关周边产品销售等业务的特点，从而寻找潜在的合作伙伴，促进其作品在全球的进一步传播。

3. 利用国际合作方进行品牌宣传

目前东映动画的国际合作方已经散布各个国家，国际动漫加盟店数量也愈来愈多。随着世界经济以及各个行业的多样化快速发展，加盟东映动画的企业类型从影视、动画到周边销售。国际动漫专营权作为东映动画万分重视的一个领域愈发繁荣。东映动画的作品能够在世界范围内远航，离不开国际合作方的大力支持。在国际合作方的宣传下，东映动画的形象越发深入人心，作品传播越发广泛，品牌效应越发壮大。

四、东映动画国际化合作面临的挑战

（一）东映动画面临的国际性竞争对手

东映动画作为老牌的动画公司几乎代表了日本动画产业发展的最高水平，其国际化发展策略使得日本动画蜚声国际。与此同时，东映动画在国际市场上也不可避免地面临着竞争对手。我们主要从美国、韩国以及中国的动漫企业发展情况来分析东映动画所面临的国际竞争。

1. 美国动漫代表企业

美国动漫产业发展成熟，迪士尼、孩之宝、美泰和梦工厂均是国际有名的动漫公司。迪士尼公司是 1923 年成立的，其主要业务为动画电影并同时向衍生物、媒体网络以及主题公园等业务拓展。迪士尼主要通过 ABC 广播网络、有线电视网络、传统渠道以及主题公园进行营销，拥有米奇、唐老鸭、狮子王和冰雪奇缘等闻名世界的代表作。孩之宝公司于 1923 年成立，主要以动漫故事提升衍生品附加值为发展模式，通过 HUB 电视网络、电商和传统零售商进行营销，典型代表作有变形金刚、蜘蛛侠等。美泰公司于 1945 年成立，主要以人物故事提升衍生品附加值为发展模式，以百货公司、超市和专卖店为营销渠道，拥有芭比娃娃、费雪玩具等代表作。梦工厂公司于 1994 年成立，目标是打造优秀的动漫电影，主要联合迪士尼以及福克斯等巨头来发行销售，其代表作有怪物史莱克、疯狂原始人等。相比于日本，美国拥有全球性动漫企业，动漫是美国六大支柱产业之一，其国际地位仅次于日本位居全球第二，许多代表性作品闻名全球，是日本动漫产业最为强劲的竞争对手。

2. 韩国动漫代表企业

韩国动漫的发展模式主要以政府为主导、以海外市场为重心。动漫是韩国六大支柱产业之一，该产业在国际上居领先地位。韩国拥有东宇、汉城等较为有名的动漫企业。近年来，韩国动漫企业的发展不尽如人意。2002 年诞生的"倒霉熊"是继韩国推出流氓兔和 Dinga 猫后又一未来韩国卡通动漫形象的代表，"倒霉熊"自诞生后，获得了全球各地区人群的喜爱。然而，2014 年 5 月，"倒霉熊"被中国汉唐韵公司收购，这对韩国未来动漫产业的发展造成了一定的冲击。不过，韩国具有原创力较高的动漫企业，未来仍将是日本动漫产业强劲的竞争对手。

3. 中国动漫代表企业

近年来，中国动漫企业主要是作为其他国家节约成本和大力加工动漫产品的基体。中国动漫企业缺乏原创力，市场主体大多以中小企业为主，所生产制造的产品主要面向低年龄群体。中国动漫产业处于急需转型的阶段。目前中国动漫产业受到政府的支持和重视，拥有着较大的发展潜力，发展速度也较快。中国的代表性动漫企业主要有深圳华强、杭州玄机以及广东原创动力。深圳华强成立于 1979 年，主要是以自有知识产权的旅游产品为开发背景的模式进行发展，其拥有的代表作品主要有《熊出没》《生肖传奇》等。广东原创动力成立于 2001 年，该公司的发展特点是集影视制作、卡通动漫创作以及衍生品开发销售为一体，该公司拥有的代表作主要有《喜羊羊与灰太狼》《小宋当家》等。杭州玄机成立于 2005 年，公司致力于把艺术风格作为动漫的灵魂为发展宗旨，主要代表作有《秦时明月》《梦幻猫咪屋》等。尽管中国的动漫产业处于起步阶段，尚未确立支柱性地位，但其大国形象以及对动漫产业发展的逐步重视是不容小觑的。中国拥有着巨大的上升空间，在国际上将会是日本动漫产业强劲的竞争对手。

（二）东映动画股份有限公司面临海外政策挑战

随着东映动画的海外传播及其国际化经营战略的扩张，不少国家为了保护本国动漫产业的发展，开始纷纷制定政策来限制他国同类产业的输入。例如，韩国为了促进本国动漫产业的发展，为本国企业提供更加良好的生存环境，对国内播出的国家电视台的时间进行了调整，降低了进口动漫在韩国电视台播出的时间比例，这在一定程度上限制了东映动画的产品进入韩国市场。其他各国也纷纷制定政策来促进本国动漫产业的发展，这无疑也给东映动画带来了国际化的竞争挑战。新加坡政府为支持动漫产业的发展，设立了"研究、创新及创业理事会"，设置了"国家研究基金会"，同时修订了一系列规则来使动漫产业的企业优惠最大化。英国自成立"创意产业特别工作组"后，又接连创立"创业产业局""创意产业""创业企业管理"等来支持动漫产业的发展。韩国政府提出了《文化产业振兴基本法》，正式将漫画列入文化产业的范围。不仅如此，韩国还接连修订了《广播法》《著作权法》等来明确动画产业的权利，促进动画产业的健康良好发展。这一系列政策的制定，在一定程度上给东映动画的海外输出带来了负面影响。

五、东映动画国际化经营的启示

（一）打造完整产业链，创造良好的市场环境

东映动画的成功很大一部分取决于其能够将动漫产业的各个环节组成一个完整且庞大的产业链，从漫画到改编动画再到衍生品的开发，每个环节对应的消费市场不仅不饱和，反而还有不断扩大的趋势，从而使得东映动画的消费群体随着时间的推移反而在多样式增大。对于一个动漫发展弱国而言，大多存在原创作品缺乏、商业规划缺乏等问题。因而，循序渐进的发展方式是一个动漫弱国的最佳发展方式。

首先，动漫弱国应致力于打造完整的产业链。单单发展动漫作品本身是远远不够的，成功的动漫代表着从上游制造到下游销售再到衍生产品开发这个整体的产业链的成功。从动漫动画的研究、人才的培养、动漫动画的设计、制作、衍生产品的开发等每一个环节都需要重视。其次，对于一个动漫弱国而言，从零开始宣传到实现一个完整的产业链的过程需要投入巨大的资金和人力成本，同时也要承担巨大的风险。因此，资金流的顺畅是发展的必要前提条件。传统的动漫制作是通过电影公司、广告代理商、播放机构等来进行资金的筹集，现如今，不少国家出台了用知识产权作为抵押物进行信贷业务的政策，同时降低了从国有银行以及中小银行等的贷

款难度，从而拓宽了资金的筹集渠道。最后，一个国家动漫发展的快慢在很大程度上取决于国家的重视程度，动漫应该在国家的政策保障下进行发展，动漫产业所能创造的财富不仅仅是金钱方面，还包括一个国家的国际影响力和号召力。动漫弱国应当加强对动漫产业的投入，出台相应的政策来支持动漫产业的发展，为动漫产业创造一个良好的市场环境。

（二）重视动漫人才，提升动漫人才教育

东映动画能取得如此大的成功很大一部分原因是其拥有着顶尖的动漫人才。就我国而言，国产动漫存在着商业价值低、产业实力弱、动漫形象国际影响力弱以及动画数量虽多但质量低等一系列问题，而这一系列问题归根结底都归因于高端技术与高端人才的缺乏。此外，尽管近些年来我国逐步重视动漫动画的教育，进入动漫相关行业的人群越来越多，但具备制作、创新、营销的能力的综合型人才还是少之甚少。不只是中国存在着这些问题，在很多动漫落后的国家中，都存在着动漫教育环节落后的问题，对于一个动漫弱国而言，人才问题一直都是发展的瓶颈。因而，重视对人才的教育，实现人才的振兴是实现动漫发展的必要条件。

各国还应当致力于保障源源不断的原创动漫人才，为动漫产业输入活力。各国可以通过成立高校、科研院以及动漫产业基地等专业的培养方式，成立完整的动漫产业培训体系，加快对各类动漫产业人才的培训，从而实现高端科技和高端人才的开发。优先投入与动漫动画相关的研究，开发通用技术来大力发展高端人才。同时可以定期举办专业的动漫大赛来吸引更多的潜在人才加入这个行业，从而实现动漫团体的壮大。

（三）积极开发海外市场，实施国际化营销模式

一个国家的动漫产业能否取得可持续发展在很大程度上在于其品牌能否走出国门，能否打开国外的市场。增强动漫产业在国外市场的占有率和竞争地位对动漫产业的发展具有很大的意义，动漫弱国可以从以下几个方面来推进动漫走出国门，走向世界：

首先，应该注重出口的差异性，出口的差异性包括出口产品的差异性

和出口地区的差异性。自主创新的动漫品牌是根据国家和地区的文化特色来创造的，代表着自身国家的文化品牌。这种具备自身文化特色的差异性产品的出口能够大大提升本国在世界的声誉，并且有益于输出本国的文化。出口产品的差异性能够增强产品在国际市场上的竞争力。例如，"技术主导"一直是美国动漫在世界领先的关键因素，美国动漫正是利用这关键性差异，选取3D动画的方式走出国门，来增强其在动漫市场上的影响力。然而，产品的出口也要注重地区的差异，注意地区文化的碰撞。例如，《哆啦A梦》在亚洲经久不衰，但在北美却没有太流行，很大一部分是由于地区差异。北美市场比较崇尚个人英雄主义，而亚洲市场比较喜欢温馨舒适的动画内容。

其次，应该努力建立动漫品牌的培育机制。各国应当以创新要素作为品牌的核心内容，创建符合自己国情的动漫品牌数据库。通过加强管理、提升品牌价值来全面提高动漫品牌的知名度和客户的忠诚度。此外，各国应对努力创建本国的动漫品牌培育机制，建立科学、公正的动漫品牌管理机制，结合评价体系和激励机制来培养一批具备创新能力和拥有知识产权的动漫企业。

最后，应该注重动漫产品的营销体系，采取国际化的营销模式。动漫产品的营销与推广，需要制定一个完整的策划。一方面，可以充分利用传统媒体、社会化媒体、移动媒体来进行推广，同时加强线上与线下的联合互动，通过各类社会性事件来营销，从而实现品牌推广；另一方面，可以利用各类展会、比赛、专题展示等方式来强化品牌的知名度，提高品牌的关注度。各国应当充分利用本国的各种传媒媒介和渠道来拓展传播范围，同时大力建设海外的宣传阵地，将自身的动漫品牌推向世界，提升动漫的国际影响力与国际竞争力。

国际经贸学院　李越

国际合作　国家战略：
日本动漫产业国际化发展之路

　　动漫不同于一般意义上的动画片，它是集绘画、电影、数字媒体、摄影、音乐、文学等众多艺术门类于一体的艺术表现形式。漫画是用简单而夸张的手法来描绘生活或时事的图画，通过幽默诙谐的画面或画面组来取得讽刺或歌颂的效果。动画和漫画的合称就是当今风靡全球的动漫。"动漫"一词最早在正式场合使用的标志，是 1998 年 11 月中国内地的动漫资讯类月刊《动漫时代》的创刊。此处专指日本动漫，这是因为日本的动画与漫画产业紧密联系，并在全球享有盛誉。动漫产业以"创意"为核心，以动画、漫画为主要表现形式，以版权为核心盈利模式，广泛涉及音像、影视、网络、书籍以及手办模型、玩具、电子游戏、广告形象等产品。它是一个蕴含文化、传递思想和带动经济发展的"新兴朝阳产业"。21 世纪以来，随着物质水平的不断提升，人们开始增加对文化的需求。科学技术水平的快速进步，逐渐完善了影视作品的制作方式和传播路径，日本动漫产业蓬勃发展，并在国际舞台上占有首屈一指的地位。

一、日本动漫产业国际化发展历程与现状

　　日本动漫产业经历了将近一百年的发展，如今日本早已成为全球典型的动漫强国，日本动漫也凭借其鲜明的民族特色和独特的创新性已然成为日本的支柱产业之一。日本动漫产业可以追溯到 20 世纪 20 年代。纵观日本动漫产业的发展历程，大致可以分为以下四个阶段：学习阶段、探索阶

段、成熟阶段和细化阶段。

（一）学习阶段

1917 年，下川凹夫摄制了《芋川掠三玄关·一番之卷》，北山清太郎制作了《猿蟹合战》，幸内纯一创作了《锅凹内名刁》。这三人作为日本动漫的奠基人，为日本动漫的发展做出了启蒙性的贡献。其中，下川凹夫摄制的《芋川掠三玄关·一番之卷》，是日本公认的第一部动画片。随后 1933 年由政冈宪三和其学生懒尾光世共同制作完成的《力和世间女子》是日本第一部有声动画片。这两部动漫电影的发布标志着日本动漫从此诞生。第二次世界大战期间，由于战争和政治的影响，动漫制作受到一定的导向，虽然内容和思想表达上存在不妥，但对日本动漫在战斗等动画画面的技术处理方面起到促进的作用。总体来说，这一时期的日本动漫正处于初步发展阶段。

1945 年日本战败后，反战题材的动画片颇受欢迎。期间出现的代表人物大藤信郎被日本动漫界誉为"怪人"，他将流传在中国数千年的皮影戏和日本独有的千代纸结合起来绘制动画。1927 年他拍摄的黑白版《鲸鱼》成为首部获得国际大奖的日本动画片，为今后日本动画走向国际做了铺垫。

1956 年，东映株式会社后收购日动映画株式会社后成立东映动画株式会社，并以迪士尼作为竞争目标。1958 年东映推出第一部取材于中国神话故事的彩色动画长片《白蛇传》，作为日本历史上第一部彩色动画片，荣获第一届威尼斯儿童电影节特别奖。从此东映一举成名，日本动漫真正崛起。

1963 年，日本漫画之神手冢治虫的作品《铁臂阿童木》作为第一套长篇电视动漫作品，首次打开国际市场，在美国上映后赢得了众多观众的喜爱。1965 年，虫制作公司继续推出日本第一套彩色电视动画作品《森林大帝》。从此开始，日本动漫在探索中逐渐形成了自身独特的美术风格，连环画、录像带、电视剧等多种形式的动漫产品陆续诞生。

（二）成熟阶段

20 世纪 70 年代后半期，日本动漫发展进入黄金时代。1978 年《银河铁道 999》与《高达 0079》两部作品问世，它们对人性与社会问题的深入思考，对长篇叙事的控制能力以及想象力的表现水平都达到了超越以往作品的程度，为日本动画界此后涌现出的鸿篇巨制打下了基础。

1979 年由富野由悠执导的日本动漫机战类三大神作之二《机动战士高达》在法国电视台播出，成功地登陆欧洲市场。自登场之后，该部作品便成为日本动画作品中最著名也是盈利最高的系列。1983 年日本动漫推出了世界上第一部制作成录影带的原创动画《DALLOS》，这是除电视和电影市场之外，日本动漫开辟的新市场——录影带市场，而这一形式现已成为动漫的主要市场。1991 年《机器猫》系列动画片首先进入中国，1992 年又在东南亚各国和南美推出。1994 年《美少女战士》被引进中国市场，此后逐渐走向全球，受到欧洲和亚洲市场的追捧。这时日本动漫已稳步建立了世界动漫领先地位。

（三）细化阶段

1995 年，日本动漫机战类三大神作之三《新世纪福音战士》（EVA）由庵野秀明执导上映，这部作品拯救了受到"宫崎事件"和"日本泡沫经济"影响的动漫界。自 EVA 之后，日本动漫有了更加细腻的人物刻画和心理描写，其种类、形式、内容、题材以及从业人员均在该时期发生了明显的细化。伴随着动画风格的多样性，日本动画进入细化阶段。

严格的等级划分和清晰的市场定位进一步推动了日本动漫走向全球。1998 年，美国引入的电影版《宠物小精灵》，凭借其可爱的卡通形象和丰富奇特的想象力斩获美国票房榜首。作品中有关卡通人物的周边产品在美国市场销售达 150 亿美元。《宠物小精灵》系列被全球 45 个国家和地区引进，总共盈利 380 亿日元，是日本本土收入的两倍。2001 年，由日本吉卜力工作室制作的电影版动画巨片《千与千寻》在美国上映，荣获第 75 界奥斯卡"最佳动画长片"奖和德国第 52 界柏林电影节金熊奖等十多项国际大奖，其海外累计票房超 3.6 亿美元。2004 年宫崎骏执导的《哈尔的移动城堡》荣获第 9 届好莱坞电影奖最佳动画片奖等 8 项大奖，实现了在海外 50 多个国家和地区的发行。这些优秀的成绩为日本动漫产业成功走向全球铺平了道路。

（四）发展现状

深厚的动漫文化、完善的动漫产业链、多样化的传播渠道以及积极的动漫出口政策，为日本动漫国际市场的壮大奠定了良好的基础。目前，日本动漫产业占日本 GDP 的比重超过 10%，已经成为日本文化产业的重心和经济支柱。同时，日本也是全球最大的动漫作品输出大国。随着信息化社会媒体的传播，manga（日本漫画）和 anime（动漫）已经成为一种全球文化，随处可见。在动画方面，日本动画片几乎占据了全球市场的三分之二。尤其在亚洲和美国占据了较大的市场份额，在欧洲和中国市场甚至分别高达 80% 和 76%。据统计，目前全球有 68 个国家播放日本动画电视、40 个国家上映日本动画电影。根据韩国文化体育部统计，世界动画片约3000 亿日元的市场上，日本占据了 65%。

二、日本动漫产业国际化路径探究

（一）融合外来文化元素

日本文化既保守又开放，既在坚持自己的传统民族文化同时又不断吸收外来优秀文化。日本动漫正是对日本这一文化特点的充分体现，一方面它将本土文化发扬光大，另一方面深度挖掘他国文化精髓。这正是日本动漫在全球广受欢迎的原因。日本动漫在发展初期，部分作品取材于中国传统文化。例如日本的第一部动画《白蛇传》取材于中国古典文学体裁作品。迄今为止，以我国《西游记》中的人物与情节为原型的日本动漫作品就多达十几部。还有如《不思议游戏》中借用了中国四方神兽为背景；《十二国记》取自《山海经》，对中国春秋时期文化进行了改编；《中华小当家》运用中国绚丽多彩的美食文化。除此之外，日本动漫在发展过程中也不断汲取其他国家文化。例如，《双星记》充满了浓厚的美国都市文化气息，《魔女宅急便》运用了西方奇幻的表达风格，《英国恋爱物语》讲述了 19 世纪维多利亚时代的英国爱情故事，《天空战记》取材于古印度神话，《吸血鬼骑士》

取材于西方吸血鬼等。这些东西方文化融合的作品给观众带来了更广阔的视野。日本务实的"拿来主义",使得日本动漫可以在全世界取材,题材广泛新颖的日本动漫因此赢得全球观众的喜爱。正如东方主义学者萨伊德在《文化与帝国主义》中指出的,"一切文化的历史都是文化借鉴的历史,文化并非不可渗透的。"

(二)"借船出海"实现共赢

日本动漫出口不仅意味着文化产业的经济利益,同时也代表着民族文化的输出。但不同国家或地区的文化差异以及对本国动漫产业的保护,都会对日本动漫的海外输出产生抑制作用。针对这一难题,日本很多动漫公司都选择了与这些国家合作生产动漫作品。"借船出海",即通过与有着文化壁垒和政策壁垒的国家进行合作,在动漫创作的基础上结合本土文化,通过合作伙伴了解当地消费偏好,针对不同市场对动漫作品进行内容和思想策划,打造多元动漫作品,并通过有效利用合作国的发行渠道,提升动漫的品质和影响力。

从 20 世纪 80 年代初至今,中国通过多种渠道已引进日本动漫作品千余部。日本动漫所传递的价值观、人生观对中国 80 后、90 后甚至 00 后都产生了深远的影响。当代青年对日本文化的深入接触和对其思想内涵的理解严重影响了对中国优秀传统文化的继承。中国政府对日本动漫的引进逐渐减少,迫使日本动漫不断加强网络媒体授权、产业外包以及同中国运营商共同制作动漫作品来解决这一问题。如 2005 年的《藏獒多吉》是由中国电影股份有限公司和日本马多浩斯公司及慈文紫光数字影视有限公司首次联合出品的一部动画冒险电影,凭借中国丰富的题材内容和日本一流的动漫制作技术,最后呈现出一部极具两国特色的动漫作品。这部作品不仅为日本开拓了更广阔的中国市场空间,也让更多人了解了中国的传统文化和价值。《三国演示》《从前有座灵剑山》《一人之下》等都是近年来中日合作的动漫作品。此外,日本动漫相继与华纳旗下的流媒体平台 HBO Max、Netflix 流媒体等合作,授予其流媒体播放权,进一步推动了日本动漫国际化。这些举动都可以看作是日本动漫在规避政策壁垒的前提下实现了共赢。

（三）搭乘全球网络快车

随着科学技术的进步和网络应用的快速发展，日本动漫的播放渠道由早期的电影院、无线、有线、卫星电视、录像带、DVD 光碟发展到现在的手机、互联网、游戏机等。数字网络的发展进一步推动了日本动漫的全球推广。基于日本网络发展始终走在世界前列，早期推出的手机视频、手机动漫等业务离不开智能手机的普及、网络的发达以及低廉的上网费用。2002 年，BANDAI CHANNEL 首次推出包括动漫在内的视频节目。作为日本第一个专门提供视频的互联网网站，用户可以在智能手机、平板电脑、PC 机等电子产品上通过分集付费模式观看动漫。该网站为消费者提供选择套餐，如单集解锁和包月服务。随后，可供手机观看的视频网站陆续出现，如 Front Media，搜索"Marugoto Anime"频道即可观看各种动漫作品。此外，针对全球 iPhone 手机的庞大用户群体，日本还专门开发了针对 iPhone 手机操作系统的动漫应用程序。2004 年 SPE Networks 亚洲有限公司旗下的日本动画频道"ANIMAX 亚洲频道"开始运营，该频道在亚洲共有六个播放市场，全天都有免费动画播放，中国的台湾和香港都可以观看。

日本动漫除了抓住手机观看动漫视频的广大消费群体以外，它还注重对互联网方面的投入，如 Yahoo、Youtube 等国际著名网站都与日本动漫有合作。在动漫的国际化期间，日本网络配信公司、日本动漫公司以及日本电通公司联合推出面向海外的动漫网络配信业务。其面向海外业务的主要活动是将全日本的动漫作品进行层层筛选，挑出受追捧的人气作品，然后将其翻译成英语版。网络配信费和广告费是它们重要的收入来源。建设面向海外的动漫配信网解决了因传播过程而产生的时间差，保证了全球动漫迷能够与日本国内同步观看最新动漫节目。对互联网平台的充分利用，扩大了日本动漫的海外影响力。

（四）举办国际动漫展会

为了扩大日本动漫的海外影响力，日本经常通过举办一系列国际动漫节活动来加强对外宣传。东京国际动漫节是全球最有影响力的动漫展，它是由东京市政府与动漫展组委会主办，朝日新闻社、动画协会、万代公司、日本数码产业协会协办的，为了进一步提高日本动漫的国际影响力、鼓励和发展动漫产业而举办的国际性动漫展。这个以国际动漫交流与进出口商业洽谈为目的的全球最大规模的动漫盛会自 2002 年 3 月开幕，每年的这段时间，全球顶尖的动画、玩具、电玩、软件等领域的数百家企业齐聚东京，角逐世界动画游戏市场，同时也吸引了成千上万来自世界各地的动漫爱好者。如今，东京国际动漫节已经成为世界上规模最大的动漫主题展会，它为日本动漫业带来了丰厚的利润。

（五）精细打理周边产品

目前，在国际动漫市场上，衍生品收入占整个营收的 70%以上。动漫衍生产品是支撑日本动漫产业持续发展的关键。动漫衍生品种类丰富，系列精细，包括手办模型、卡通形象、电子游戏、广告形象、服饰和食品等。日本凭借对动漫衍生品的精细打理，使得这些原本上不了台面的小玩意成了全球很多人疯狂追捧的对象。众所周知，日本动漫衍生产品已在全球形成了巨大的"盈利链"。如 1988 年《龙猫》录像带与后续光盘发售在全球一共获得了 2.77 亿美元的收入。而根据龙猫生产的玩偶、手办等周边产品销量更是在全球盈利超 15 亿美元，相当于 5 部《千与千寻》的总票房。在全球十大著名卡通形象中，日本就能涵盖一半以上，如 Hello Kitty、机器猫、皮卡丘、海贼王和铁壁阿童木等。光是一个皮卡丘的角色形象版权每年就能高达 1000 亿日元。当然，日本动漫游戏产业也是收益惊人。自 1998 年以来日本游戏业的产品销量一直保持上升趋势，在国际市场也占据了重要位置。据统计，日本游戏产业的产值高达 11244 亿日元，每年开发的游戏软件数量大约为 1000 部。电子游戏专卖店销售电视游戏主机、掌上游戏机和游戏软件，同时还销售动漫周边作品。其中《皮卡丘》的游戏软件仅用了一年就售出了 360 万套。日本最有名的动漫游戏《口袋怪兽》系列全球总销售突破了 1.5 亿套，多次创日本和全球年度游戏销量新高。口袋妖怪战斗卡片超过 2000 种，全球发售数量达 200 亿张。此外，主题公园也是日本吸引全球游客前来赏玩并拉动经济的关键。如三鹰之森吉卜力美术馆汇聚了动画大师宫崎骏的画作、影像、手办以及珍贵手稿，吸引了海外无数游客前来观光并进行周边产品消费。全球的很多地方如机场、商店等都会有专售与日本动漫相关的书籍、DVD、原声带和卡通形象等。

三、日本动漫产业国际化成功经验

日本动漫产业能够走向国际的主要原因如下：首先，允许同一部动漫在国际上存在本土化修改，以满足不同区域需求；其次，动漫产业链发展完善，中上游均有展开全球合作；最后，是政府出口政策的大力扶持。

（一）满足国际区域化需求

具体表现有三：第一，在全球市场上，日本动漫题材丰富多元，能够满足不同消费群体的需求。并且根据市场定位，将观众分为儿童、少年（又分为少男、少女）、青年、成年、老年等不同群体，按照年龄、生活背景等特征，选择不同的题材和主题，创作出符合该群体口味的人物角色和故事情节。第二，日本每年出版的《动画产业报告》显示，美国是日本动漫产业出口的主要对象，其次是韩国、中国台湾、加拿大，主要原因在于这些发达市场本身具有很强的消费能力和文化产品需求。日本动漫在国际市场上传播不仅不存在太大的文化障碍，反能基于传统冒险题材，宣扬真善美的普世理念，具有强大的跨文化传播潜力。第三，日本动漫在输出过程中遇到各国文化差异时，也会针对性地做一些本体化修改。比如，在北美地区引进《口袋妖怪》等一系列日本动画时，会基于饮食文化差异，将剧中出现的饭团全部换成面包、三明治、冰激凌等食物。韩国在引进《名侦探柯南》剧场版时，基于语言文化差异，将黑板、标语、旗帜甚至报纸上的文字一律用韩文代替。

（二）全球产业链完善

日本动漫相对其他国家动漫产业而言，其产业链发展相当完善。动漫行业的上游为 IP 提供方、动画外包团队、动画音乐团队和其他创作团队；

中游为出版社、动漫制作商和其他初次运作过程中的参与商；下游为动漫制品零售商、动画播放渠道商、出口商以及二次运作商。目前，国际资本持续涌入日本动漫市场，海外视频网站增加了对日本动漫的采购需求，中国、美国等国家相关行业也加强了与日本动漫制作行业的合作。首先，2017—2018 期间，Netflix 与日本动漫签订了 16 部动画制作权；腾讯、爱奇艺和哔哩哔哩等中国视频企业投入大量资金以获得在日本动画项目制作委员会中的重要地位。其次，在动漫的制作过程中，日本国内动画业主要集中精力于原案、原画、分镜等关键环节，而将背景、上色、动画等需要花费大量重复性人力工作的任务外包给海外公司，如韩国、台湾、越南等地的动画制作公司，这在一定程度上保证了日本动漫的产能。最后，在动漫的输出过程中，2019 年日本动画制作公司与海外签订了 3822 份合同，同比增长 28%。其中，国别合同为 3212 份，同比增长 30.8%；圈域合同为 610 份，同比增长 15.1%。动画片的授权越来越倾向于世界范围，较小区域的单独授权数量在逐渐减少。其中网络播放和商品化的实施率较电视播出的实施率更高。

（三）政府出口政策扶持

日本政府确立了动漫产业在经济、文化等方面的国家战略地位。1996年，日本政府宣布实施《21 世纪"文化立国"方案》，明确提出要转型为文化大国，将动漫产业定位为国家重要产业，并设立多项动漫产业专门投资资金，对相应于动漫产业的信托和税制上实行优惠政策，鼓励个人进行投资，为动漫企业出口提供商业保险。2001 年日本政府审议通过的《文化艺术振兴基本法》指出："文化艺术，除了其本身固有的意义和价值外，作为各个国家和不同时代的国民相互沟通的途径而具有重要意义，在国际化进程中可以成为自我认识的基础。" 2004 年日本正式公布了《内容产业促进法》，并将内容产业划入"创造新产业战略"，推动产业升级。2005年，日本外务省利用"政府开发援助"资金购买动漫播放版权，无偿提供给发展中国家的电视台播放。此外，日本政府负责策划各种国际文化交流项目，主办动漫原创作品交易会，鼓励动漫大师在国外举办动漫展览，并且协助动漫公司开展海外合作。以政策扶持、资金鼓励等多重帮助，助推日本动漫向国际市场输出。

四、日本动漫产业国际化发展的启示

（一）对外开放追求差异

从日本呈现的动漫作品中可以发现，其动漫内容总是能够挖掘其他民族的优秀文化，并通过自己的创作手法进行创新。因此，全球动漫行业发展不仅要注重表达思想内涵，融入民族文化和精神追求，还要在固守自身文化的同时积极汲取外来优秀文化并对其加以改造融合。

若要追求动漫产品差异化，首先要分析全球市场上已有的动漫产品类型。诸如：一直以"技术主导"，采用数字 3D 技术生产动画的美国动漫；以"思想主导"，采用传统 2D 手绘制作动画的日本动漫。这样二者在动漫制作定位上就形成了差异化竞争。其次是产品出口差异化，即根据不同国家或地区的文化特征来出口相应的动漫产品。这种市场定位明确的出口模式能够大大提升动漫作品在他国的影响力和认可度。比如说，由于东西方文化差异，日本动漫《哆啦 A 梦》在亚洲经久不衰，而在北美市场却一直不被看好。

（二）等级划分规范市场

日本动漫行业具有严格的等级划分，从而能够对国内外市场进行精准的定位，满足不同群体的需求，最终拥有全球广泛的消费市场。因此说，建立动漫分级制度能够保证动漫作品的类型和品质。以中国动漫市场为例，从早期知名度较高的《喜羊羊与灰太狼》到近期的《熊出没》，共同问题是作品内容冗长、观念低幼以及缺乏思想内涵。出现这种现象的根本原因在于中国动画市场缺乏等级划分。因此，针对全球动漫行业的发展和完善，一定要制定相应的规章制度，进行严格的等级划分，从而满足不同年龄和文化背景的观众需求。

此外，加强对动漫作品知识产权的保护力度是鼓励动漫创作者的最大动力。目前部分发展中国家在文化产业领域的知识产权保护意识较弱，导致盗版产品销售猖獗，民众缺乏对正版的尊重意识，而正版作品却是保证创作利润收入的重要来源。因此，各国应该在文化服务领域制定严格的规章制度，杜绝盗版，确保原创利益。

（三）国际合作政策扶持

增强国际合作，加强对外交流是未来动漫产业繁荣发展的必然趋势。世界各国均可借鉴日本动漫发展的成功经验：首先，各国高等院校可以开展国际学术交流，开办国际合作办学之路。通过引进国际高端动漫制作技术和信息资源，培养具有国际视野的动漫人才。其次，各国动漫企业可以加强与海外优秀动漫企业的合作交流，学习管理经验和运营模式，打造国际知名卡通形象。最后，创办动漫节、开设动漫论坛等各种促进动漫发展的交流活动。比如日本的国际动漫展会不但加强了各国之间的交流合作，而且还培育了外向型产业结构，推动产品直接出口。

此外，动漫产业的持续发展离不开政府政策的大力支持。政府可以提供的支持包括：增加对动漫项目开展支援的运营费用；购买动漫企业版权后免费提供给海外播放，为其开拓海外市场奠定基础；制定动漫创新奖励机制；向各类专业基金注资；资助举办国际动漫展会；补贴国际动画共同制作等。总之，各国政府对动漫产业的支持会更有利于该产业的发展和走出去。

国际经贸学院　茹海玲

打造暴雪游戏世界
促进游戏产品走向国际

一、动视暴雪公司基本情况

单位（亿美元）

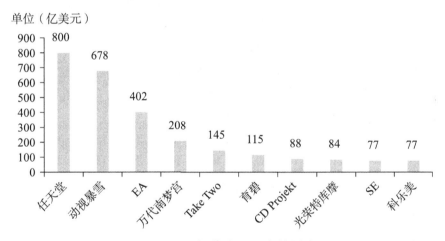

图1　2020年游戏公司市值排名

资料来源：公开资料整理。

（一）公司在全球游戏市场中的地位

动视暴雪（Activision Blizzard，简称 AB）是一家由法国维旺迪集团控股的美国电子游戏开发和发行商，世界第一个第三方游戏发行商。它实力雄厚，专注于强大的特许经营业务和基于软件的视频游戏。它在视频游戏渠道（主要是游戏机、个人电脑、移动和电子竞技）的突出地位使它具有绝对的竞争优势。动视暴雪以 678 亿美元的市值在 2020 年游戏公司市值排行中居第二名。排名前十的分别是日本任天堂、美国动视暴雪、美国 EA、日本万代南梦宫、美国 Take Two、法国育碧、波兰 CD Projekt、日本光荣特库摩、日本 SE 以及日本科乐美。

（二）公司的历史沿革

1991 年，艾伦·阿德汗、迈克·莫怀米和弗兰克·皮尔斯创立 Silicon & Synapse。

1993 年，被《电子游戏》杂志评选为"最佳软件开发商"，公司更名为 Chaos studios。

1994 年，公司更名为暴雪娱乐（Blizzard）。同年，公司发行《魔兽争霸：人类与兽人》和《黑索恩》两部游戏。《魔兽争霸：人类与兽人》是第一款以暴雪娱乐的名义发行的游戏。

1996 年，暴雪被 CUC 国际收购。

1997 年，暴雪母公司 CUC 国际与 HFS 公司合并后成立圣达特集团。

1998 年 12 月，圣达特将暴雪卖给了哈维斯，后者又被维旺迪收购，并成为维旺迪旗下游戏部门的一部分。

2008 年，动视与维旺迪旗下游戏部门正式合并，公司名称改为动视暴雪公司。

2013 年，动视暴雪公司成为第一控股方后独立；维迪旺控股只剩 12%。

（三）主要产品

暴雪的游戏产品开发周期长、质量高，以发行系列游戏为主，能充分挖掘每种游戏的开发价值。游戏产品生命周期长，宏大的世界观和多样化的故事主线是暴雪游戏产品的主要特点。目前主要有 7 款游戏产品：《魔兽争霸系列》《星际争霸系列》《暗黑破坏神系列》《使命召唤系列》《炉石传说》《风暴英雄》《守望先锋》。

表 1　暴雪旗下游戏产品简介

产品系列	产品名称	发行时间	产品类型
魔兽争霸系列	魔兽争霸：人类与兽人	1994 年	即时类、战略类、扮演类、角色类
	魔兽争霸 II：黑潮	1995 年	即时类、战略类、扮演类、角色类
	魔兽争霸 III：混乱之治	2002 年	即时类、战略类、扮演类、角色类
	魔兽世界	2004 年	扮演类、角色类
星际争霸系列	星际争霸	1998 年	单机类、即时类、战略类
	星际争霸 II：自由之翼	2010 年	单机类、即时类、战略类
暗黑破坏神系列	暗黑破坏神	1996 年	角色扮演类
	暗黑破坏神 II	2000 年	角色扮演类
	暗黑破坏神 III	2012 年	角色扮演类
使命召唤系列	《使命召唤》	2003 年	第一人称射击游戏、单机类
	《使命召唤 2》	2005 年	第一人称射击游戏、单机类
	《使命召唤：黑色行动冷战》	2020 年	第一人称射击游戏、单机类、网游类
炉石传说系列	炉石传说	2014 年	卡牌类、策略类
风暴英雄系列	风暴英雄	2014 年	竞技类
守望先锋系列	守望先锋	2016 年	FPS、射击类

（四）公司的研发能力

暴雪的游戏产品研发处于产业链的最前端。卓越的自主研发能力往往能最先抢占市场份额，掌握游戏行业的定价权和主动权，并引领游戏行业发展模式。

暴雪内部的研发体系拥有游戏动画团队、美工设计组、游戏平衡测算师、游戏编辑等科技人员和艺术人员。面对国际化的市场，不同地区对游戏产品偏好的差异性是研发团队所要克服的重大困难。暴雪解决各区域游戏偏好的差异性，是通过考虑暴雪员工喜欢玩的游戏类型及游戏玩法来实现的。暴雪认为如果所有暴雪员工都喜欢玩，那么很可能全球玩家中也会有很多人喜欢。

二、对外出口策略

动视暴雪作为 2020 年全球游戏公司市值排名第二的公司，海外业务是其收入不可或缺的部分，其对外出口战略取得了巨大的成功。公司目前在北美、亚洲、欧洲和拉丁美洲设有多家办事处，全球雇员数以千计。动视暴雪在国外的净收入大部分来自澳大利亚、巴西、加拿大、中国、法国、德国、意大利、日本、荷兰、韩国、西班牙、瑞典和英国的消费者。动视暴雪从产品文化设计、游戏服务、跨国合作、生活消费品、品牌建立、电子竞技六位一体布局对外出口战略。

（一）丰富产品文化内涵，提高游戏玩家文化认同感

动视暴雪的国际战略的一个重要元素是开发专门针对当地文化和习俗的内容。暴雪在进行游戏产品制作时，会研究产品输入国的玩家的文化特点，然后对游戏进行有差异的设置，在游戏产品上求同存异，最大化地使游戏产品满足各游戏产品引入国的玩家的情感共鸣及认同感。如《魔兽世界》设定来自不同文化背景的游戏角色和游戏环境，从而达到融合各地文化的目的，所融合的文化包含了中国文化、欧美文化、希腊神话、克苏鲁神话、北欧神话、埃及文化以及其他文化。

科技和宗教在现实世界中扮演十分重要的角色，暴雪同样把科技文化和宗教文化加入游戏产品中。这样不仅使游戏产品更加贴近现实生活，也能使玩家通过游戏满足自己对未来科技的幻想和体验。如《星际争霸》这款游戏，该游戏以神族、虫族和人族作为科幻故事的角色，故事背景在一个科幻故事中展开。

表2　《魔兽世界》中蕴含的文化元素

游戏元素	基本介绍	归属文化
熊猫人	熊猫人（Pandaren）一直是艾泽拉斯最神秘的种族之一。他们来自潘达利亚（Pandaria）的熊猫人王国，是一支热爱大自然且强而有力的人型生物种族。	中国文化
泰坦	泰坦是一个融合了希腊神话中旧神体系和奥林匹斯新神体系而成的种族，在游戏中的泰坦形象无论外貌还是穿着都酷似希腊神话里的神祇，泰坦高层议会万神殿的名字则来自供奉希腊诸神的古罗马建筑，同样暗指着奥林匹斯山上众神的决议。	希腊神话
奥杜尔	奥杜尔位于诺森德大陆的风暴之巅，由被囚禁的上古之神，名字来自于北欧神话的冬日之神。	北欧神话
奥丹姆	一个地域名称，坐落于塔纳利斯大沙漠的南端，泰坦三处遗迹之一，是泰坦在艾泽拉斯世界的气候研究中心，另外负责看囚禁上古之神克苏恩以及存放净化星球的终极武器。奥丹姆中的埃及元素无处不在，金字塔、方尖塔、取材自埃及神话的诸神的半埋黄沙中的雕像。	埃及文化

　　神族背景设计中的最明显的特征就是宗教文化，神族的古老宗教 Khala 将神族社会分为三个阶层：僧侣、圣堂武士和长老。其中长老阶层组成的元老院是神族的最高统治机构。这种组织结构就是欧洲中世纪神权王国的缩影——元老院实际上跟罗马教会的红衣主教评议会十分类似，游戏中的仲裁官相当于中世纪教会中的宗教裁判官，专门负责整肃信仰上的"异端"。在圣堂武士这一阶层，其命名令人联想到十字军东征时期在撒拉逊人领区成立的"圣堂骑士团"。圣堂骑士团是成立于耶路撒冷圣陵旁所罗门王神殿的骑士团，其特征是白色长袍绘上红色十字，是十字军最具战斗力的一群人，不为世俗事务争斗，只为自身信仰而战，这与游戏中圣堂武士们的特征是一致的。

　　科技文化体现在人族中的人工智能的设定。比如机械副官，其设定为单纯地执行指挥官的命令，并且报告一些战场情报。又如擎天神，其部分人工智能够用于操控寡妇雷这种小型武器。除了人族中的人工智能，游戏中的其他设置也体现了高科技感。如折跃门，其功能是可以把神族的战士传送到战场任何一个被能力场覆盖的地点。游戏中劫掠者的震撼弹，能够改变一个区域内的重力立场，还有收割者的快速恢复药剂，能够快速地使士兵恢复能力，以及护士的纳米机器人等，都是游戏中科技文化的组成部分。

（二）建立跨国合作关系，打通海外市场

动视暴雪通过与海外公司签订代理权，共同开发游戏的方式，积极寻求海外合作伙伴，将其作为打通海外市场的主要力量。以中国为例，2004 年 11 月 23 日，暴雪以"魔兽争霸"背景开发的第一部网络游戏《魔兽世界》正式在北美等地区上线。在中国，第九城市（以下简称九城）拿到了《魔兽世界》的代理权。由于九城的运营能力没有达到暴雪的期望以及大量玩家对九城运营能力的质疑，暴雪终止与九城的合作，2008 年与网易达成合作关系。2019 年，双方续签在中国的游戏营运权直至 2023 年，包括《魔兽世界》系列、《星海争霸》系列、《暗黑破坏神》系列，以及《炉石战记》《暴雪英霸》和《斗阵特攻》等暴雪旗下作品的营运权利。除了与网易达成游戏代理方面的合作，暴雪还与网易进行了游戏电子竞技比赛的合作，由此增加了暴雪旗下的游戏产品在中国的影响力。

在打开中国市场期间，暴雪还与中国国内领先的互联网服务供应商腾讯公司合作，继续扩大其在中国游戏市场的份额。在 2012 年，暴雪与腾讯公司正式展开战略合作，腾讯获得了动视暴雪旗下游戏《Call of Duty Online》（"使命召唤 Online"）的中国独家代理权。使命召唤系列是动视暴雪旗下最为成功的游戏，其中《使命召唤 8：现代战争 3》单款游戏在全球首发时，一天的销售额即达到了 4 亿多美元。

随着移动游戏市场需求量的上升，在合作发行《使命召唤 online》的基础上，动视暴雪将 IP 授权于腾讯，由腾讯游戏旗下的天美工作室群作为游戏的开发商，研发《使命召唤》手游游戏，并于 2020 年 12 月 25 日

在中国正式"开服"。目前,《使命召唤》手游在华为手机应用商店中的下载量排名前十。

在扩展公司国际市场业务上,暴雪在中东市场建立游戏服务工作室,聘用当地的人才,由此打开其在中东潜在的游戏市场,创建自己的特许经营,在全球范围内推广暴雪产品。

(三)全球电子竞技比赛扩大游戏产品影响力

电子竞技的体育赛事有着竞争激烈、比赛结果不确定、传播范围广泛、符合现代生活方式等特征。电子竞技比赛不仅可以增加游戏玩家对游戏的认同感,同时有利于稳定游戏内的玩家存量,还能吸引全世界电视观众的关注,从而扩大游戏产品的影响力。

暴雪通过涉足电子竞技的方式,提高旗下游戏产品在全球的影响力。暴雪作为世界上第一批涉足电子竞技的游戏公司之一,通过参加世界电子竞技大赛WCG,扩大公司游戏产品的影响力。WCG是世界电子竞技大赛,一个全球性质的电子竞技大赛,被称为电子竞技界的奥运会级赛事,每届的赛事都会有大量的网游玩家及粉丝参与或观看赛事的直播。暴雪将WCG作为传播游戏产品的载体,不仅可以让观众直观地看见游戏的规则、画面、特点,还可以让观众认识到暴雪在电子竞技方面的强大实力和地位,以及游戏产品质量的卓越性,从而扩大自己的品牌效应。

同时,暴雪建立了自己的电子竞技比赛体系,以进一步发挥电子竞技比赛的传播效应。该公司旗下的主要游戏产品都拥有各自的竞技比赛模式。暴雪公司对竞技比赛模式进行差异化管理,分为普通玩家模式和职业玩家模式。暴雪在比赛设计上不仅可以让职业玩家在竞技比赛模式下有着良好职业发展,保证职业玩家的稳定性,而且可以让普通玩家体会游戏的乐趣以及竞技比赛的紧张感。职业模式与普通模式相辅相成,成为暴雪进行全球化推广的重要战略方式。

表3　暴雪旗下电子竞技赛事简介

游戏产品	赛事名称	赛事简介
《炉石传说》	炉石传说黄金战队联赛	黄金战队联赛是职业联赛，不仅为普通玩家提供晋级职业体系的机会，也为炉石电竞生态圈提供稳定可持续的职业生涯保障
	炉石传说黄金公开赛	炉石黄金公开赛是网易和暴雪联合主办的一项全民电竞赛事。该赛事旨在发掘中国炉石玩家的竞技潜力，为全体炉石玩家提供公平的参赛机会。比赛设置丰厚奖金，《炉石传说》黄金系列赛年度总决赛的参赛权，以及纯金炉石雕像奖励
《魔兽世界》	魔兽世界怀旧服战歌峡谷邀请赛	由网易和暴雪主办的《魔兽世界》经典怀旧服战歌争霸赛是首个全民线上战歌峡谷官方全民赛事，冠军队将获得3万元人民币的奖励
	史诗钥石地下城全球锦标赛（MDI）	国服总冠军拥有7万元人民币的奖励并获得MDI全球总决赛参赛名额。MDI全球总决赛的总奖金额度达到15万美元
《魔兽争霸》	魔兽争霸3黄金联赛	2019年的《魔兽争霸Ⅲ》黄金联赛由夏季赛及冬季赛两次线下赛构成。夏季赛线下赛涵盖欧洲区、美洲区、韩国区以及中国区
	魔兽争霸3黄金次级联赛	黄金次级联赛旨在为黄金职业联赛挑选参赛名额，2021年3~5月每个月举行一场。每届比赛设有公开组和专业组两个组别
《星际争霸》	星际争霸2世界锦标赛	世界锦标赛是全球顶尖《星际争霸Ⅱ》玩家的最高殿堂。韩国AfreecaTV会举办《星际争霸Ⅱ》全球联赛（GSL）以及周末锦标赛。这些赛季与锦标赛将贯穿整个年度，奖金总额达到50万美元
	星际争霸2黄金职业联赛	《星际争霸Ⅱ》黄金职业联赛（GPL）是网易黄金系列赛的一部分，比赛共设有7.6万元人民币的奖金
《风暴英雄》	HGC黄金风暴联赛	由网易和暴雪举办的2020《风暴英雄》黄金风暴联赛，第1~5赛季奖金总额为12.2万美元

游戏产品	赛事名称	赛事简介
《守望先锋》	守望先锋联赛	《守望先锋联赛》是全球首个以城市战队为单位的大型电竞联赛，成立于 2016 年 11 月 4 日，来自全球各个城市的 20 支战队划分为太平洋赛区以及大西洋赛区，比赛形式为季前赛、常规赛、季后赛。在 2018 季后赛中，冠军的奖金高达 100 万美元
	守望先锋挑战者系列赛	《守望先锋挑战者系列赛》是为职业选手量身打造的高水平赛事。所有地区一年的奖金总额达到 13 万美元
	守望先锋世界杯	2019 年《守望先锋世界杯》是一场全球电子竞技比赛，参赛队伍来自世界各地

（四）专有在线游戏服务增加玩家黏性

暴雪拥有一个专业的在线游戏服务平台，即暴雪战网。在 2016 年 9 月，暴雪战网更名为暴雪游戏平台，该游戏平台聚集了国际上大部分暴雪游戏的玩家。

在 2017 年第四季度，暴雪游戏平台上的活跃游戏玩家人数保持在月均 4700 万人以上。玩家们主要分布在亚太地区、美洲地区以及欧洲和中东等地区。以公司整体收入来源为参照，来自美洲地区和亚太地区的营业收入分别是 48% 和 29%，来自欧洲、中东以及非洲等地区的营业收入为 23%。

暴雪游戏平台是暴雪公司架设的游戏对战平台，仅发行动视暴雪旗下游戏。游戏包括魔兽世界、暗黑破坏神系列、星际争霸系列、炉石传说、风暴英雄、守望先锋六类，玩家可在公司提供的游戏产品范围中选择。暴雪游戏平台还提供暴雪玩家社区，可供位于世界各地的游戏者相互探索游戏产品。诸如浩方游戏平台、VS 游戏平台一类的游戏平台可以和网上的人联机对战。平台提供了多种有助于和其他暴雪玩家维持联系的方式。在暴雪玩家社区中，玩家可以获得各种游戏资讯，更容易融入暴雪游戏中。暴雪游戏平台对稳定玩家存量、推广公司旗下的游戏产品起了十分重要的作用。

（五）打造国际化的品牌知名度

高质量的游戏产品以及对品牌的定位和经营造就了暴雪公司国际化的品牌影响力。暴雪对游戏产品品牌建设的定位是：使暴雪成为有趣、精致、高质量游戏的代名词。暴雪发布游戏时，会先在美国区测试然后推向全球，或者采取全球同步发布等方式。这样不仅可以统一管理国际市场上的玩家，而且还可以增加全球玩家对暴雪公司国际影响力的认可度，从而提升暴雪公司国际化的品牌影响力。除了建立国际化品牌，暴雪公司还十分注重暴雪游戏产品的质量。在暴雪公司总部，"游戏性至上""精益求精"等八大理念雕刻在总部建筑物的铜环上。在中国区的玩家中，暴雪已经形成了"暴雪出品，必属精品"的口碑。暴雪以其高质量的游戏产品、国际化的品牌影响力，在全球积累了大量的忠实粉丝。这部分忠实的玩家同时也是动视暴雪发布新的游戏产品的坚实保障。

为了扩大其游戏产品的国际化影响力，动视暴雪以其网络游戏为 IP，改编成科幻大片。暴雪联合美国传奇影业发布了电影《魔兽》，影片是根据 1994 年暴雪娱乐制作的游戏《魔兽争霸：人类与兽人》改编而来。制片地区涉及美国、加拿大、中国三个国家，全球票房达到 4.32 亿美元。这意味着《魔兽》在全球借助电影进行了二次传播。

（六）游戏角色进入日常生活

动视暴雪消费产品集团是动视暴雪的旗下部门，动视暴雪消费产品集团携强大的特许经营产品线，首次亮相于 2018 年中国授权展。为了巩固在中国市场的地位，通过与优衣库（UNIQLO）、乐高（LEGO）、孩之宝（Hasbro）、王老吉、麦当劳（McDonalds）、上海地铁、浦发银行和 Good Smile Company 等重要合作伙伴的合作，动视暴雪消费产品集团把暴雪的游戏产品《守望先锋》《炉石传说》《魔兽世界》融入人们的衣食住行中，继续推进其全球扩张的步伐。

三、动视暴雪面临的挑战

（一）移动游戏产品开发的滞后

随着网络技术的发展、智能化时代的到来，游戏玩家对游戏市场的需求将进一步增加，游戏的画质、体验感、特效、类型、玩法是否能适应游戏玩家对游戏需求的变动，决定了游戏市场的需求是否能被激发。

特别是在移动游戏市场。在 2020 年，全球移动游戏市场规模已达到 863.24 亿美元。移动游戏将成为各大游戏公司新的竞争领域，游戏市场的竞争强度也将会进一步加剧。

（亿美元）

图 2　全球移动游戏市场规模

资料来源：Newzoo。

但动视暴雪的产品结构仍以 PC 游戏为主。根据 2019 年动视暴雪公布的财务数据，动视暴雪 67% 的收入由其旗下的传统游戏《使命召唤》《糖果粉碎传奇》和《魔兽世界》构成。暴雪对于移动游戏的开发，目前仅有《使命召唤手游》。在移动游戏领域，暴雪面临着产品创新的瓶颈期。

以中国市场为例，在华为应用市场游戏下载量排行榜前十位中，由腾讯公司和暴雪联合开发的《使命召唤》手游版仅排名第九，在苹果应用市场中，游戏下载量排行榜前十位中并没有暴雪旗下的游戏产品。手游产品的创新成为制约暴雪公司国际化发展的重要瓶颈。

表4　中国手机应用商店下载量排行

手机应用商店下载量前十位				
	华为应用市场		苹果应用市场	
排名	游戏名称	开发商	游戏名称	开发商
1	王者荣耀	腾讯公司	王者荣耀	腾讯公司
2	和平精英	腾讯公司	和平精英	腾讯公司
3	三国志·战略版	广州简悦信息科技	原神	上海米哈游天命科技
4	开心消消乐	北京乐元素游戏公司	天地劫·幽城再临	紫龙游戏
5	原始传奇	浙江盛和网络科技	梦幻西游	网易公司
6	梦幻西游	网易公司	三国志·战略版	广州简悦信息科技
7	大话西游	网易公司	玩过觉醒-RoK	成都乐狗科技公司
8	荣耀大天使	安徽尚趣玩网络科技	阴阳师	网易公司
9	使命召唤手游	腾讯公司与暴雪联合	一念逍遥	吉比特
10	阴阳师	网易公司	挑灯与地下城	吉事屋游戏工作室

（二）国内外竞争对手的强势崛起

1. 艺电积极抢占移动游戏市场

暴雪在美国国内的竞争对手艺电（EA）正积极布局移动游戏市场。EA制作了《FIFA》《Madden NFL》《模拟人生》等游戏。2018年EA收购了来自加利福尼亚的手游工作室Industrial Toys，后者开发过两款第一人称科幻类型的射击手游。从EA本身的产品布局上来看，EA正在拓宽自身的手游辐射圈，加速布局移动游戏市场。

EA的手游布局更多依赖自身的IP改编并且偏向体育类型的产品，《FIFA》《模拟人生》等系列的改编手游是EA目前的主力产品。面临日益激烈的市场竞争，重视对移动游戏领域的开发，是暴雪稳定自己在国际市场份额的新的发力点。

2. 中国游戏商在国际市场竞争力日益增强

根据《2020 年中国游戏产业发展状况》报告，2020 年中国游戏产业总收入为 2786.87 亿元，比 2019 年增加了接近 500 亿元，用户数量也在稳定增长。其中自研游戏的收入接近 2401.92 亿元，手机游戏收入 2096.76 亿元，海外收入也达到了 154.50 亿美元（约为 1009 亿元人民币）。这说明，在移动游戏领域，中国国内的手游研发体系已处于国际领先水准。5G 技术、人工智能、大数据、云计算等技术应用将有助于提高中国游戏商的研发能力，带动新一轮的产业研发创新。

在中国移动游戏市场上，2019 年畅销榜前三十款游戏产品中，仅有 6 款游戏为 2019 年新上线的产品，且有多达 12 款上榜游戏的运营时间已超过 3 年以上。高质量、精品化的游戏逐渐变多，中国游戏企业在国际市场上的竞争力日益增强。

与此同时，中国游戏进入国际市场的范围已经从港澳台地区、东南亚地区为主逐步转向全球，在发力美国、日本、韩国以及欧洲等成熟市场的同时，还积极探索中东、印度、俄罗斯、巴西等新兴市场。

3. 日本完整的游戏产业链支撑产品的不断创新

作为全球游戏产业仅次于美国的日本，在 2020 全球游戏公司市值排行前十名中，有 5 家公司来自日本，其中任天堂以 800 亿美元的市值位居榜首。

日本游戏产业从游戏的硬件设备，到游戏的研发、发行、流通都有着完整的产业链条。游戏公司分为以游戏的营销、推广为中心的游戏发行公司和以游戏的企划和研发为主的游戏研发公司。日本的大部分游戏公司是同时拥有游戏的开发和发行两项功能。在游戏 IP 方面，日本有着完整的文化产业链条实现 IP 变现体系，从而提高 IP 的创新活力。日本游戏公司从漫画、小说原作者处获得游戏制作权来进行 IP 的二次利用。原作者可以从中获得一部分的版权收入，从而推动源头 IP 创造市场。游戏公司和原作者会同时把 IP 在玩具市场中进行商品化变现，进一步催动源头 IP 创造市场。完整的 IP 变现体系支撑着日本原创 IP 市场的创新能力，为整个游戏行业提供了不断的创新产品。

四、动视暴雪"走出去"的启示

(一)打造完整产业链

动视暴雪不仅形成了研发运营销售一体化的产业链体系，而且不断延伸至泛娱乐产业，在以游戏产品为核心的体系下，形成了电影、电竞、游戏主题展会、直播等泛娱乐产业，支撑游戏产品的生命周期，并扩大其在全球的影响力。

在暴雪的产业链中，研发投入居核心地位。在 2019 年，动视暴雪的员工人数达到 9000 多人，其中负责游戏设计、质量检测等研发工作的人员，多达 5000 多人，占公司总员工数的 56%。为了增加在游戏开发上的投入，被动视暴雪裁员的人员中不包括游戏开发人员，775 名被裁的员工占 9600 名总员工的 8%，从而保证了新的游戏开发和技术创新不落后于竞争对手。

动视暴雪游戏产品的运营和销售完全依靠自身的力量，通过暴雪嘉年华、国内外知名直播平台、各类电子竞技赛事以及"战网"四个子品牌共同构建了暴雪的品牌体系。

(二)"本土化特色"与"全球化战略"相结合

动视暴雪作为美国的主要游戏商，欧美文化元素是其游戏产品的主要构成，欧美文化也是动视暴雪游戏产品设计的根基。以美国为代表的欧美文化，凭语言、服饰、音乐、影视、游戏、动漫等文化符号在世界传播已有百年之久。在国际市场上，欧美文化早已深入人心。借助欧美文化在世界影响力的基础，动视暴雪旗下植根于美国文化的游戏产品在"出海"时已先有了文化优势。

与此同时，暴雪公司在"全球化"过程中，将游戏角色、游戏背景、游戏环境结合其他国家的文化元素一并融入游戏中，作为其重要的设计风格。在此基础上，当游戏产品进入输入国之后，可以借助输入国的文化元素在其国内争取到更多的玩家。"本土化特色"与"全球化战略"相结合策略，使得动视暴雪不仅占据了国内市场，在国际市场也拥有竞争优势。

中国自改革开放并加入 WTO 以来，在国际上的影响力日益增强，中国的文化产品也逐渐走出了国门，更多的外国人通过中国文化元素对中国有了进一步认识。因此将游戏产品植根于"本土化"特色，借助当地文化优势，是国内游戏产品"全球化"的核心的战略方式。脱离了"本土化"特色的游戏产品，不仅在国际上的传播方式缺少文化符号，更会丢失本国的市场需求。

（三）提升游戏研发人才教育水平

动视暴雪在全球化方面能取得重大成就主要归因于公司本身对游戏产品的研发水平，也就是说，公司的研发水平决定了游戏产品在国际市场上的竞争力。暴雪旗下的游戏产品全是自主研发，其强大的研发能力离不开对研发人才的培养以及研发人员的贡献。

对于中国而言，国内主流的游戏产品目前仍以模仿与代理为主，缺乏自主性和创新性，而缺乏创新的背后是研发人才的紧缺。根据伽马数据（CNG）的相关数据，2018 年，中国游戏产业从业者约为 145 万人，但是创新型人才不足仍是游戏产业面临的主要问题。游戏策划类从业者数量和平均薪资低于游戏开发和运营类的岗位，导致游戏策划类岗位的吸引力较低。不仅如此，国内还缺乏对游戏策划的系统培育方式。国内的教育培训机构虽然专注于学生的专业技能的提升，但更多的是追求实用和速成，在培养学生的综合能力和整体素养方面存在一定的劣势。

在培养游戏人才的方式上，高校和培训机构合作是一个重要的方式。培训机构与高校合作推行产教融合模式，让游戏企业的需求与高校教育对接，不仅能够实现高校人才与企业职位的精准匹配，满足游戏产业对高水平人才的需求，还可以使游戏产业研发人员得到理论与实践相结合的锻炼机会，进一步提升自己的研发水平，进而带动游戏产业研发能力的提升。

国际经贸学院　王鹏

打造日漫品牌
探寻宫崎骏作品走出去道路

一、宫崎骏动漫发展背景与影响力分析

（一）宫崎骏介绍

宫崎骏是日本著名动画大师，1941 年出生在第二次世界大战时期的日本东京，1963 年正式从事动漫事业，在东映动画公司工作了八年。1985年他与高畑勋一起创建了吉卜力工作室。据日本 NIKKEI STYLE 网站对平成年间（1989 至 2019 年）电影票房进行的统计，宫崎骏导演的《千与千寻》排名第一，前三十名中就有五部宫崎骏的电影作品。宫崎骏已经是日本平成年间电影界的人气品牌。

宫崎骏作为日本动漫文化的核心人物和开拓者，为日本动漫走出去做出了重要贡献。他通过文化传播给世界带来了一系列经典动漫作品，如《千与千寻》《龙猫》《天空之城》《幽灵公主》《哈尔的移动城堡》等。他为日本动漫赢得了全球观众的良好声誉，自然而然他也是日本动画电影工业第一人。他的作品既蕴含丰富的日本本土文化，向世人展示了独具一格的民族特色，又响应人类永恒的主题。日本动漫产品所引发的对全世界人性的共情思考是其作品能够走出去的根本原因。各种动漫主题活动给观众带来的沉浸式体验使得宫崎骏品牌效应聚集，共性和个性相结合，形成自己的商业价值，不易被其他国内外竞争者所替代，更难以

被超越。2014 年 11 月 8 日，宫崎骏荣获第 87 届奥斯卡金像奖终身成就奖，这表明了全球观众对于宫崎骏动漫影响力的认可。因此可以说，宫崎骏是日本动漫走出去的领军人物，宫崎骏动漫也是国际文化贸易运营的成功案例。

（二）动漫发展公司：吉卜力工作室

吉卜力工作室是宫崎骏的动漫创作公司，1985 年由高畑勋、宫崎骏、铃木敏夫三人共同成立。吉卜力工作室以市场化的运作机制将宫崎骏经典作品向世界输出。2004 年起，吉卜力工作室积极拓展海外市场，实行与海外国家的动漫伙伴共同制作的方式，对动画进行更好的国际化改编。为了使海外市场的观众达到共鸣，吉卜力工作室一开始在漫画原型设计、背景文化方面就积极迎合海外观众，力求制作出让不同文化环境的观众接受度较高的动漫形象及故事。

吉卜力是日本最成功的商业电影工作室之一，其动漫风格和商业模式极具特点，其动漫电影不断用精美的制作构建新的故事内容，创造了龙猫、千与千寻等全球流传广泛的动画 IP，并持续将 IP 商业化，以提高吉卜力工作室和动画形象的影响力。吉卜力与动漫题材相关的公司进行异业合作，前期投入大量海外宣传费用，打造出一条动漫作品全球化路径，这是吉卜力工作室经营的主要战略。

自上个世纪以来，吉卜力工作室与美国动画产业三大巨头迪士尼、梦工厂和皮克斯便在日本的票房交手中完全不落下风。无论作品创作质量上还是作品口碑以及影响力上面，吉卜力独树一帜。凭借成熟的动漫产业和运用先进技术的美国动画巨头公司在对外文化产品输出时候遇到了一个强劲的日本竞争对手。

（三）巅峰之作《千与千寻》的影响力

2001 年，《千与千寻》讲述一个小女孩误闯入奇特世界，之后经历成长的故事。在日本上映后，其制作成本 19 亿日元，但累计收获票房 308 亿日元，超越了 1997 年美国影片《泰坦尼克号》在日本上映时的 262 亿日元票房成绩，从而成为日本历史上票房最高的电影。

表1 1989—2019 年日本电影票房统计

排名	电影名称	年份	票房（亿日元）
1	《千与千寻》	2001	308
2	《泰坦尼克号》	1997	262
3	《冰雪奇缘》	2014	255
4	《你的名字。》	2016	250.3
5	《哈利·波特与魔法石》	2001	203
6	《哈尔的移动城堡》	2004	196
7	《幽灵公主》	1997	194
8	《跳跃大搜查线2：封锁彩虹桥》	2003	173.5
9	《哈利·波特与密室》	2002	173
10	《侏罗纪公园》	1993	166

资料来源：日媒 NIKKEI STYLE 网站统计。

宫崎骏作品首先在本土电影票房市场中取得了傲人成绩。《千与千寻》开创了日本近几十年的票房纪录，后来也未有电影能够打破。这部作品代表了日本民族的文化，借助电影传播平台出口海外，打通了国内和国外的市场，对世界动漫文化贡献很大。

如果说《千与千寻》之前，宫崎骏的动漫大师地位只是日本范围内，《千与千寻》之后，他是被世界所认可的国际巨匠。三大国际艺术电影节之一柏林国际电影节和商业综合电影评选的最高殿堂奥斯卡以及各大电影评选机构都对该作称赞不绝，动画之神由此加冕。宫崎骏的《千与千寻》作品于 2002 年获得第 52 届柏林国际电影节金熊奖，于 2003 获得第 75 届奥斯卡金像奖最佳动画长片，前后累计获得十多项国内外电影大奖，被称为世界动画的高峰。国际媒体也对此影片给予正面反响：2015 年英国 BBC 评选的"21 世纪百部佳片"榜单中，《千与千寻》位列第四，高居全球所有动画片品类榜首；2017 年 6 月《纽约时报》评选 21 世纪迄今为止 25 部最佳电影，《千与千寻》位列第二名。由此可见，《千与千寻》是宫崎骏乃至日本动漫成功走出去的经典案例。

《千与千寻》在中国的影响力也很大。2019年6月21日,《千与千寻》时隔18年在中国重新上映,在中国各地约9000家电影院公映。上映前3天,虽然《千与千寻》的中国影迷在网络播放平台已看过数次,但还是选择走进影院,贡献自己的票房之力并且刷屏朋友圈,为其积累了3天1.9亿的票房成绩。《千与千寻》豆瓣评分9.4,位列豆瓣动画榜第一,拥有接近200万的评论,足以显示《千与千寻》出海的成功。

二、日本动漫海外发展背景与特点

(一)日本动漫海外发展背景

动漫文化产业构成了文化软实力的重要组成部分,备受各国政府的重视。日本动漫行业是漫画书、动画影片、游戏及一系列衍生品的集合,是日本的国家文化符号,在日本国民经济发展中具有重要作用。经过长时间发展,日本动漫文化产品在行业分工、商业模式、创作内容等方面均建立了成熟体系,促使日本成为全球最大的动漫产品输出国。动漫作品成为改善国际关系的润滑剂,日本政府也一直致力于将动漫文化走出去。日漫海外发展过程中树立的良好口碑大大减少了贸易摩擦,同时也提高了日本的国际地位和国际形象,更利于开拓海外商品贸易市场。

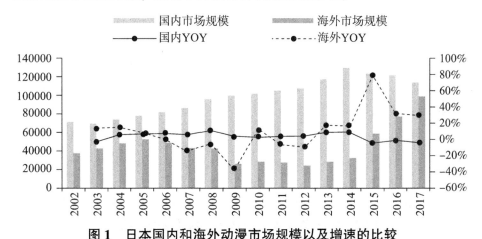

图1　日本国内和海外动漫市场规模以及增速的比较

资料来源:日本动画协会。

据日本动画协会统计，日本动漫的国内市场规模在 2002 年到 2014 年期间保持稳定增长，在 2014 年达到顶峰后开始回落；海外市场规模在 2005 年之后逐年下降，自 2013 年增速转正，其中 2015 年增速高达 78.65%（如图 1 所示）。因此，随着日本本土市场规模不断降低，日本动漫海外发展是近年来产业增长的主要动力。2015 年，受全球视频网站兴起等因素影响，海外视频网站大力购买日本动漫版权，动漫出口收入增加成为日本动漫市场规模增长的最主要推动因素。

（二）日本动漫海外发展特点

近年来，网络视频产业的快速增长和移动互联网在全球主要市场的普及率不断提高，视频网站渐渐成为动漫产品的重要播放平台，推动了日本版权输出市场的快速增长。日本利用海外视频网站对外直接输出作品，并且日本动漫制作行业与中美等国家加强合作，推动商品贸易的海外发展。因此，日本动漫文化产品对外输出规模也会持续扩张。

如图 2 所示，以美国和中国视频网站为代表的海外视频播放平台向日本支付了大量资金，用于购买动画版权。据日本动画协会所统计，2016 年

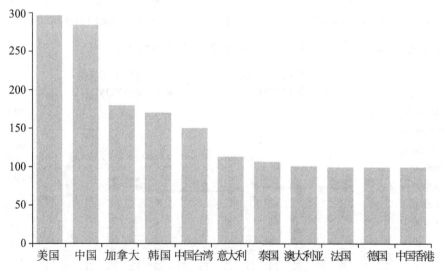

图 2　2016 年世界各个地区日本动漫的签约数

资料来源：日本动画协会。

中国内地的 BiliBili、爱奇艺、腾讯等在线视频网站购买日本动漫版权 286 部。除了中国，美国 Netflix 和亚马逊也加大了采购力度，购买日本动漫版权签约数量位居榜首。这些日漫作品的海外输出为日本动漫行业带来旺盛的下游市场需求和资金支持。由此可见，中国和美国是日本动漫的主要出口市场和合作伙伴。

自 2015 年以来，伴随着网络视频的快速发展，吉卜力工作室把动漫走出去着力点实现了由线下电影院观影到线上全球视频网站转变。网络视频有利于实现动漫传播多元化和大众化的策略，所以吉卜力工作室与各国视频网站进行合作，将动漫播放版权授予海外线上视频网站。吉卜力工作室选择与海外的 Netflix、YouTube 等全球化视频播放平台、中国的腾讯以及爱奇艺等视频平台进行合作，让用户在线也能获得绝佳的观影感受。如此还有一个好处，就是当电影上映时，视频网站会在其 APP 主页为该电影宣传，扩大宫崎骏动漫的海外影响力，实现电影宣传的最大化。

三、宫崎骏动漫海外运作的路径研究

（一）依托海外流媒体平台

配信市场中，占据压倒性市场份额的美国 Netflix 流媒体公司为满足各国观众的需要，积极推行"多语言化"策略，该举措成为其进一步吸纳海外用户最为有效的利器。对于日本动画制作者来说，通过 Netflix 平台，创作者们有更多机会将自己的作品面向全球观众展示。所以吉卜力工作室选择与实力强劲的 Netflix 流媒体平台合作，实现了双赢。Netflix 在其发行伙伴 Wild Bunch International 协助下，从 2020 年起陆续在全球上线共计 21 部吉卜力工作室经典动漫电影。为配合全球发行，Netflix 迎合不同地区的观众，为宫崎骏动漫添加了 28 种字幕以及 20 种本土化配音。无论是亚洲、欧洲、中东，还是非洲、拉丁美洲的影迷们，都可以用自己熟悉的语言，回味这些备受全球观众喜爱的经典之作。吉卜力工作室动画制作人铃木敏夫表示："时至今日，电影能通过不同渠道接触各式各样的观众，在听到影迷们的心声后，我们决定要将这些工作室的作品带到流媒体平台，希望全球各地观众能借此发掘吉卜力的动画世界。"吉卜力工作室与 Netflix 流媒体平台合作,既扩大了宫崎骏动漫在世界的受众群体,同时也增强了 Netflix 流媒体平台的全球影响力。

2020 年 3 月 13 日,中国网易云音乐宣布与吉卜力工作室达成版权合作,获得其旗下包括《龙猫》《千与千寻》《哈尔的移动城堡》《崖上的波妞》等知名动画的热门音乐作品的全面授权。这也是继 2019 年 10 月吉卜力将旗下系列动漫电影的数字版权开放给 HBO Max、Apple TV+、Vudu、Google Play Store 等流媒体之后,在流媒体领域的又一项海外合作。通过海外流媒体能快速让 IP 形象得到全球观众的广泛认知,配合良好的海外本土化渠道的活动,激发全球粉丝的购买欲望。

(二)扩大橡子共和国海外影响力

橡子共和国,也叫"东古里共和国",这是吉卜力工作室授权的特许专卖店。宫崎骏动画电影是能够与迪士尼、梦工厂共分动漫天下的一股重要的东方力量,其周边产品深受全球各地观众的喜爱。世界各地来日本观光的游客,大多都不会错过到橡子共和国圣地,会在这个动漫王国里面进行消费,这也是橡子共和国想拓展海外市场的渠道之一。

橡子共和国在日本陆续开设了约 40 家门店。其首家海外分店于 2013 年 6 月 21 日在香港海港城 LCX 开幕;第二家海外分店于 2015 年 4 月 28 日在香港铜锣湾时代广场 9 楼开幕;在台湾的第一家分店于 2015 年 7 月 2 日在台北信义区"ATT 4 FUN"成立,它也是目前亚洲面积最大的店面。这些店面吸引了大量中国人群前去消费,打卡拍照,同时借助商业地带的位置提升了周边产品的消费力度。宫崎骏动漫 IP 周边产品受到了海外观众的火热追捧。

吉卜力工作室陆续在中国内地市场上开拓。上海成为橡子共和国进军中国内地的第一站。2016 年 5 月 1 日,在上海美罗城开业的第一天就有不少宫崎骏的影迷去消费周边品,为吉卜力工作室创造了大量海外收入。上海美罗城的橡子共和国店内商品种类繁多,按照不同类别的产品做区分,汇集了布偶、手表、T 恤和八音盒等约 900 种商品。消费者可以根据自己兴趣自主选择，店内亲民化与接地气的布局方式降低了动漫周边品跨国贸易中存在的交流壁垒，促进了日本漫画 IP 价值的海外传递，为吉卜力工作室带来了海外现金流。

（三）积极推动海外音乐会演出

音乐会是构建国际文化交流平台的最好方式，也是宫崎骏动漫作品走出去并宣传本国文化的重要道路。人们一提到宫崎骏的动漫就会想起久石让为其作品的配乐，两位大师的艺术创作相互融合，孕育了很多经典音乐作品。宫崎骏动漫创作背后的音乐大师久石让多次前往世界各地，给影迷跨地区传递音乐文化，为宫崎骏动漫走出去做出了很大贡献。

2018 年 11 月，在美国纽约的卡内基音乐厅，久石让进行了宫崎骏作品专场交响音乐会演出。管乐交响的超级阵容受到了美国观众高度赞扬，这种宣传于无形之中的音乐会给美国观众强烈的感官震撼。此外，澳大利亚的 Asia Topa 是墨尔本艺术中心举办的亚太表演艺术展，旨在为当地观众带来更多亚太地区的艺术作品。在 2020 年的活动中，Asia Topa 在音乐、舞蹈、戏剧、当代表演、电影、数字、视觉艺术、公共演讲等领域，与 17 个亚太国家文化团体开展合作，反映整个亚太地区当代艺术家的想象力和生活经验。2020 年 2 月 29 日，Asia Topa 与久石让强强合作，久石让携手墨尔本交响乐团，再次为澳大利亚观众带来了宫崎骏动漫电影系列交响音乐会。它以多元的艺术形式探索当代澳大利亚观众和宫崎骏动漫作品之间的联系，一方面为墨尔本的文化生活增添更多丰富色彩，一方面扩大了宫崎骏作品走出去的影响力。

（四）与海外当红明星合作

在流量为导向的时代，明星效应可以为产品发行造势。宫崎骏动漫在走出去的时候为了提高海外传播力度，会选择明星为作品增强曝光度，实现作品宣传效果最大化。在其作品播出时，明星配音称得上是动画电影宣发的重磅环节。2019 年《千与千寻》在中国上映时，启用周冬雨、井柏然、彭昱畅这些自带流量且可以为电影奔走宣传的年轻演员进行角色配音，同时邀请中国一线明星参加首映，从线上线下两方面最大化明星的宣传效果。2014 年宫崎骏的《起风了》在美国公映时，为《起风了》英语版配音的阵容包括不少好莱坞大牌明星。利用明星名气实现电影的高效宣传，自然也会对明星的配音表演提出了较高要求。配音表演的"二次创作"配上明星宣传可以突破原版效果，更好地融入海外市场。2018 年，在《龙猫》上映时，知名设计师黄海为其设计宣传海报。此外，宫崎骏还选择与《延禧攻略》中的"皇后娘娘"秦岚合作。秦岚应邀担任《龙猫》中国形象推广大使，除了全力在台前为《龙猫》宣传发声外，还参与到电影幕后，为片中的重要角色母亲配音。热门动漫 IP 和爆红明星的强强结合，为动漫海外的本土宣传赋予了更多的话题和流量。

（五）发展养成系粉丝

宫崎骏动漫可以说是一个细水长流型的制作过程，从 20 世纪走出国门时候，就在全球形成了很多养成类的宫崎骏粉丝群体。这些粉丝可以在各个渠道为其新上映的电影营销，同时也为周边品消费，展现出很高的商业价值。吉卜力工作室致力于满足全球粉丝群体的价值需求，实现精神需求变现的消费，一方面扩大海外粉丝数量，另一方面提高海外粉丝黏性。养成系的粉丝为海外票房带来不菲的收入，并且能为其动漫产品进行"自来水"式宣传。宫崎骏的动画风靡全球，很多宫崎骏粉丝都热衷于扮演自己喜欢的动画人物。在线下，宫崎骏动漫迷群体渗透到全球各大动漫展览和动漫 cosplay 大赛。粉丝群体发挥了很强的集聚效应，是宫崎骏动漫形象出海不可缺少的重要力量。

粉丝除了线下为宫崎骏动漫走出去助力，他们在线上的力量也不可低估。在二次元时代，动漫"粉丝经济"中最重要的便是社群模式了。社群指的就是二次元网友们彼此之间互动的一个平台和方式。在新浪微博和百度贴吧，宫崎骏有专门的粉丝站供粉丝们互动，相互之间可以交流动漫电影的海报、照片等物料，并在网上为其作品点赞。吉卜力工作室与中国的腾讯、爱奇艺合作，在其动漫视频下都有评论区，视频播出时候也有弹幕区。这些都是供粉丝直接互动的方式，有助于粉丝及时得到情感的反馈，也能加深他们对动漫与视频平台的好感。

（六）发展全球化旅游景点

为了走出去，宫崎骏动漫借助旅游景点扩大影响力，积极与海外旅游地区政府合作，发展旅游业。宫崎骏作品取景地成了海外旅游爱好者的出行目的地，很多国外观众会受到动漫里面唯美画面的吸引，前往这些景点打卡游览。例如，《魔女宅急便》取景地瑞典哥特兰岛，《哈尔的移动城堡》取景地法国科尔马小镇，《天空之城》取景地意大利白露里治奥古城。这些取景地在播出后吸引了很多海外游客，人流量提升不少。当地政府利用动漫文化产业拉动旅游业的发展并为旅游景点营销，海外游客的消费为当地政府增加了收入。作为消费领域的重点产业，这类旅游业的指标反映了海外人们对于宫崎骏作品的喜爱。

吉卜力工作室将动漫与旅游产业的受众叠加起来，在当地政府的协助下，加强旅游景点与宫崎骏作品的互动，积极创新动漫旅游新模式。在海外利用现有的动漫节、动漫主题游、动漫游乐园等活动，开发出集动漫教育和动漫体验于一体的宫崎骏品牌旅游项目，吸引了众多游客，拓宽了销售渠道。吉卜力工作室打造童话王国，让游客与景区设置的动漫形象之间形成了互动。因此，旅游式体验一方面是当地政府经济增长的稳定器和动力源，另一方面实现了宫崎骏动漫走出去的最佳宣传效果，实现了双赢。

（七）拓宽周边品市场

迪士尼动画走出去时，除了在动漫制作过程中下足工夫，向海外观众发售动漫光盘等一些周边产品时，也铆足了劲儿。吉卜力工作室学习了这种对外输出衍生品的模式，宫崎骏周边产品的成绩一点不逊色于迪士尼。20 世纪 80 年代中期，宫崎骏的第一部动画电影《风之谷》通过精良的制作方式赢得海外观众普遍赞誉，仅在日本就卖出了 102 万张《风之谷》录像带。2005 年向世界发售 DVD 版本之后再次卖出了 75 万张。2010 年昂贵的蓝光收藏版发售时，仅首周就卖出 2 万多张。宫崎骏动漫光盘在全球的热销显然可见周边产品走出去是顺应时代潮流之举，推动日本文化走向了世界。

《龙猫》走出日本不仅仅靠的是票房成绩，更重要的是其形象代表了日本动漫。龙猫在动漫市场拥有超强人气，火爆程度自然也延伸到了其衍生品。截至2019年2月，龙猫的卡通玩偶等周边产品的全球销售金额已达到15亿美元，为吉卜力工作室带来了不菲的经济收入。这些电影中生动形象的元素一方面为动漫主题的表达贡献了力量，另一方面吸引了更多热爱宫崎骏动漫的海外观众去消费含有这些元素的产品。2020年12月，西班牙皮具奢侈品牌LOEWE与吉卜力工作室密切合作，推出了《龙猫》主题联名系列服装、皮革包袋与饰品。宫崎骏作品中的动漫形象将以提花编织、皮革镶嵌和手绘图案等工艺出现在LOEWE的设计中，借助品牌力量扩大衍生品市场，海外观众对其消费需求也将变得多元化。

四、宫崎骏动漫走出去的经验总结

（一）面向世界，注重国外观众需求

世界上每个民族都有其独特的历史文化，要想作品出口国外必须实现从民族到世界的转变。宫崎骏很好地将民族文化与世界文化相互交融而不突兀。就拿对欧美市场的文化出口来说，宫崎骏对东西方的价值观求同存异。比如《千与千寻》中，千寻到了汤屋后被改名为小千，她必须饱受历练和克服许多艰难险阻，才能取回最初的名字，在历练中寻找自我并提升自我正好契合了欧美文化中的冒险精神。普世价值观更有利于拓宽海外市场，让欧美观众更加愿意成为宫崎骏动画电影的宣传者，这是一种无形的文化力量。《千与千寻》从2002至2003年先后在德国柏林国际电影节、美国旧金山国际电影节、俄罗斯莫斯科电影节和英国剑桥电影节上映时取得各国观众认可的口碑，这也是宫崎骏成功搭起东西方文化价值观的桥梁的结果。充满本土元素又包含西方价值取向的动漫才能在感情上打动世界上不同文化背景的观众，带来深刻的思考，提高宫崎骏动漫跨文化传播的效率。

宫崎骏面向世界时候，能很好融入本土文化，他将日本传统文化中的

"万物皆有灵"观点融入于其作品中。在他作品中出现的神明名字也大多充满自然色彩，如《千与千寻》中的河神、萝卜神、春日神，《龙猫》中的黑灰尘、猫巴士、龙猫，《幽灵公主》中的神树、狼神、野猪神、麒麟兽。自然中的精怪都展现了灵性，映衬了日本的"万物皆有灵"观念。不同国家之间的文化壁垒是客观存在的，一些西方观众对日本乃至东方文化如果不甚了解的话，可能导致其接受程度相对较低。但是宫崎骏这些动漫角色创作以大自然为角度命名，塑造符合欧美观众认可的形象，接地气的名字与巧妙的海外本土化翻译配音拉进了与海外观众的距离，让海外观众对影片感兴趣，设置悬念又不单调无聊，增加了海外观众的观影需求。

（二）定位全民，拓宽受众群体

宫崎骏的动漫电影派生出的受众面比较宽广。宫崎骏作品走出国门，面向东亚和欧美市场的时候很大程度上突破了年龄和性别的界限，能在原创动画领域与其他国家加强合作交流，共同开拓国际市场。

从性别方面来看，他关注女性又不拘泥于女性，虽大多以女性为主人公，但也向男性观众传递承担责任的价值取向。宫崎骏的一些作品中，如《风之谷》《幽灵公主》《千与千寻》，以少女为切入点。在观看电影的同时，男女都能接受成长的洗礼。这是一种良性循环，也是宫崎骏作品成功出海很重要的原因。

从年龄方面来看，宫崎骏关注儿童成长，但也呼吁成人传递爱。被喻为"成人的童话"的《千与千寻》这部动画，宫崎骏声称原本是写给"10 岁小朋友们"的故事。2001 年的这一代儿童被称为日本经济泡沫裂开之后"迷失的一代"，对应于主人公千寻那样在不停地寻找自我。在千寻和父母误入神灵世界后，人物之间的谈话也折射出那个时代背景。若是了解影片背后的时代背景，你会发现这的确不只是一部小孩子的动画，而是更属于成年人。随着影片深度的拓展，广泛的观众群体基础也由此建立起来。相对于儿童来说，海外成人市场的消费潜力更大。

（三）创造艺术价值，挖掘商业价值

动漫"走出去"毋庸置疑需要兼具艺术价值和商业价值，才能开拓海

外市场。宫崎骏创作《崖上的波妞》之前，在英国伦敦的泰特美术馆看到了米莱斯名画作品《奥菲丽娅》，瑰丽生动的画面极大触动了他，使得他重新思考作画方式。于是，宫崎骏决定摒弃 CG 技术，通过亲自绘画的方式去向世界观众重现动漫的艺术价值，时长 101 分钟的电影背后是 17 万张画稿。2008—2009 年，这部影片先后在意大利、荷兰、韩国、德国以及中国等地取得了优异的票房成绩。

具有艺术价值的动漫作品不仅能在票房方面创造商业价值，也能在日常娱乐消费领域挖掘出商业价值。吉卜力工作室在日本政府出海政策的推动下，大力挖掘动漫作品商业价值。吉卜力工作室于 2018 年在泰国曼谷成立全球第一家龙猫主题餐厅 May's Garden House。开业没多久，全球社交平台 INS 和 Facebook 上就被该餐厅到处都有的龙猫刷屏了，吸引大量海外消费者。在主题餐厅内的餐饮项目和周边商品设计中也融入了本土元素，所有的菜品都是日式融合了泰式风格，比如青酱咖喱、泰式炒饭等。

此外，以宫崎骏的童话世界为原型打造的主题公园将于 2022 年对外开放。主题公园建在日本名古屋爱知县的世博园内，占地约 500 亩，由五大园区组成：青春之丘、吉卜力大仓库、龙猫森林、幽灵故里、魔女之谷。不管是主题餐厅还是主题乐园，都能使宫崎骏动漫影迷获得作品生活化还原出的艺术价值，这也使吉卜力工作室开创出一条商业化经营模式的道路。

(四) 完善产业链，扩大衍生品市场

日本动漫电影产业链，可以简单描述为：漫画家创作动漫→工作室拍成电影→平台播放→企业挖掘 IP 价值→商家销售周边衍生产品。这条产业链上面的各个环节衔接紧密。完善的产业链有助于日本动漫走出去。宫崎骏作品凭借吉卜力工作室良性循环的产业模式扩大了其动漫的知名度，减少了走出国门的阻碍。

宫崎骏动漫产业链的合理策划和整体布局是其作品走出去的关键原因。宫崎骏动漫在日本文化出口政策支持下，产业链各环节关联性强并且层次分明。产业链中很重要的一环是周边衍生品市场，这方面能有效与海

外消费者建立关系。吉卜力工作室以市场化的运作方式向海外粉丝发售衍生品来进行对外贸易。吉卜力工作室加强与国外品牌合作，通过很多漫画形象来扩大衍生品市场规模。吉卜力工作室对周边衍生产品市场开发有着较强的意识，动漫作品对外输出时可以获得持续性海外资金回报。为了走出去，吉卜力工作室提高产业链上游的动漫的制作技术，向海外观众建立良好口碑，同时也为下游衍生品市场打下坚实基础。周边产品的销售作为产业链最盈利的一部分，宫崎骏动漫借助海外知名品牌商的力量让衍生品市场融入海外消费者的衣食住行之中，并且加强对海外的文化宣传，高效实现了宫崎骏动漫衍生品海外贸易的多元化与大众化。

国际经贸学院　夏祎锴

追求卓越　打造索尼"游戏帝国"

一、背景

（一）电子游戏和主机游戏

"游戏"是人的精神需求之一，是人的自然的精神慰藉。人们从孩童时期开始就在进行着游戏，孩童通过游戏来认识世界和解释世界，孩童教育也是从游戏开始。游戏是人类共有的天性，新颖有趣的游戏内容往往会在世界范围内流行。

电子游戏是指依托电子设备平台运行的交互游戏，是现代人的"游戏"的新形式。电子游戏可根据运行媒介的不同分为五类：主机游戏、掌机游戏、街机游戏、电脑游戏及手机游戏。随着科技的不断发展，各种电子设备进入人们的生活，电子游戏也逐渐成为人们娱乐生活中不可或缺的一部分。

作为电子游戏的重要形式之一，主机游戏是指以游戏主机为运行媒介的交互游戏。在全球的主机游戏市场中，索尼（Sony）、任天堂（Nintendo）和微软（Microsoft）呈三足鼎立的态势。截至 2019 年 12 月 31 日，索尼推出的第四代 PlayStation 游戏主机 PS4 排名第一，总销售量达到 1.1 亿台。2019 年各大游戏厂商的年度营收排行榜中，索尼 PlayStation 以 181.9 亿美元的收入位列排行榜之首。

（二）索尼企业概况

索尼是源自日本的跨国综合企业，经营领域横跨消费电子产品、专业性电子产品、电子游戏、娱乐、电影、半导体等，拥有全世界的品牌知名度，并多次入选美国《财富》杂志评选的世界 500 强企业之列。

索尼的产品设计理念是要"做'前所未有的'、'永远领先的'产品"。索尼于 1955 年开发出日本第一部晶体管收音机"TR-55"并一举成功；1979 年，索尼推出了深受青少年喜爱的随身听 WalkMan，风靡全球并创造了耳机文化；1994 年，索尼推出了旗下第一款电子游戏主机 PlayStation，成为继 WalkMan 之后又一款全球最成功的产品，索尼的电子游戏产业由此发端。

索尼下辖的索尼互动娱乐有限公司（简称"索尼互娱"）是索尼旗下的游戏机和游戏软件的开发、制造和贩售厂商，1993 年 11 月 16 日成立于日本东京，并在美国加州、日本东京和英国伦敦分别拥有三个总部，这三大区域公司在其运营区域内的国家和地区还设立分公司，负责全球不同地区的索尼电子娱乐业务。

索尼十分重视电子游戏产业的发展，游戏产业被索尼列为重点产业。前索尼总裁兼 CEO 平井一夫将影像技术、游戏、移动产品定为索尼电子业务的三大主要发展方向。如今，电子游戏的开发与销售成了为索尼创收的重要产业，是索尼具有世界级影响力的娱乐支柱产业之一。

二、索尼游戏走出去的路径

（一）软硬件双创新

索尼独立开发的 PlayStation 游戏主机和在 PlayStation 系列主机上创作并发售的游戏是索尼"游戏帝国"确立其领先地位的两大功臣。第一代 PlayStation 游戏主机于 1994 年在日本首次推出；2020 年 11 月 12 日，第五代 PlayStation 游戏主机在北美、日本和澳大利亚等地上市。PlayStation 每一代游戏主机都比前者有更加细腻和流畅的外观，有更加强大的游戏性能和图像处理能力。进行游戏控制的游戏手柄也在不断更新换代，游戏操作体验和手柄功能都在不断丰富和完善，不断给消费者带来更加独特的游戏体验。据统计，索尼 PlayStation 每一代游戏主机都有超过 1 亿台的销售量，是全世界最受欢迎的游戏产品。

除了提供性能强大的 PlayStation 游戏主机以外，"创新"思维也被运用于索尼独立开发的电子游戏当中。在快餐式网络游戏成风的时代，索尼游戏不同于频繁更新的以消费竞技为主的网络游戏，而是更加注重游戏质量和游戏内容的沉淀。索尼的每一部游戏作品都经过多年的精细打磨，通过动作捕捉让人的动作和表情更加丰富真实，并在对世界各地走访和考察的基础上建构游戏世界。游戏的展开方式强叙事、重剧情，考验玩家的技巧和眼手的配合，致力于让玩家在游戏中获得丰富的游戏体验。核心剧情紧凑，支线剧情丰富，让玩家在游戏结束后宛如观赏了一部好莱坞电影，回味无穷，能够引发玩家对人、对社会的思考，引发玩家对全新世界的畅想。索尼游戏注重游戏细节的刻画，不论在游戏世界观的建构还是人物性格的描绘上都下足了工夫。也正是因此，索尼创造出了不少让玩家流连忘返的游戏世界，也刻画了很多深受玩家喜爱的游戏形象，在全球范围内收获了大批的"铁杆"游戏粉丝。

（二）游戏内容的本土化创新

本土化创新是索尼游戏在全球畅销的又一大法宝。索尼善于吸纳世界各地的优秀游戏制作团队，抓住世界范围内不同国家和文化的流行元素为其所用，吸引世界范围内各个国家和地区的电子游戏消费者。

《战神》系列是一部以欧洲玩家耳熟能详的希腊神话为背景的动作游戏。主角奎托斯在游戏中是斯巴达军队的统帅和希腊诸神之一，他的形象和故事影射了包括英雄珀尔修斯和忒修斯在内的多位希腊神话中的英雄，玩家在游戏中所面对的强劲对手例如蛇发女妖美杜莎、牛头怪米诺陶诺斯、海怪斯库拉等，也都是以希腊神话中的人物为原型。希腊神话哺育了欧洲文明，对欧洲的文学、艺术和思想等领域有着深远的影响，《战神》对于希腊神话的借鉴和致敬，以及剧情、动画、音乐等方面高水平的制作水准，促使这部游戏大作尤其在欧洲玩家的心目中确立了不可撼动的地位，在主机游戏界树立了游戏制作的标杆。

《最后生还者》是一部极具美国风格和美国特色的末世求生游戏，该系列的游戏背景设定在虚拟的未来美国，一场突如其来的疾病扰乱了人们的正常生活，打破了人类社会的繁荣景象。《最后生还者》的一大特色就是以现实美国为基础的游戏世界的建构，玩家跟随主角二人为了渺茫的医治感染的希望，从波士顿出发，途径匹兹堡、杰克逊镇、翻越科罗拉多山脉，穿过以科罗拉多州立大学为原型的"东科罗拉多大学"，最终到达游戏故事的终点盐湖城。开发该游戏的"顽皮狗"工作室刻意加强了游戏中虚构的灾后美国与现实美国的联系，在游戏中植入了大量美国的真实地名和地标性建筑，并运用强大的特效渲染出一个将自然和城市完美融合的游戏世界。波士顿的"小意大利城"中新西兰风格的建筑、年代久远的老教堂以及马萨诸塞州议会大厦，匹兹堡的威廉佩恩酒店等都在游戏中得到了细致的还原。一路上频繁出现的真实地名、熟悉的建筑轮廓、被自然侵占的没有人的痕迹的城市，都从视觉和心灵上给玩家以强烈的对比和震撼；不同城市的独特风景、四季变化，场景的多样以及人物感情和心态的变化令人赞叹不绝。《最后生还者》的游戏内容既紧张刺激又发人深省，玩家在游戏过程中常常会面临人性的抉择，思考"在生命得不到保障的动荡时期，人们是否还应该保持人性，捍卫文明"这类问题，这也是西方通过文化娱乐产品输出价值观的惯用手法。《最后生还者》于 2013 年正式发售之前就已经征服了各大游戏媒体，获得了 30 个游戏媒体的满分。截至 2018 年 4 月，《最后生还者》销量突破了 1700 万份，在主机游戏界广受赞誉。

为了更迅速有效地进入中国市场，促进索尼与中国游戏市场的深度融合，索尼在 2016 年 7 月的索尼 PlayStation 中国发布会上正式公布了"中国之星计划"，致力于"创造出全球范围内成功的游戏作品"和"培育和发展中国的游戏产业"，此项目得到了多个看好中国主机游戏市场的娱乐、科技和投资企业的支持。2019 年 10 月 16 日发售的《西游记之大圣归来》就是"中国之星计划"项目诞生的一款游戏。《西游记之大圣归来》以"齐天大圣孙悟空"为游戏主角，游戏中的"齐天大圣"基本还原了孙悟空在《西游记》中的形象：满面金毛、尖嘴缩腮，手持金箍棒，脚踏筋斗云，拥有七十二变的本事。《西游记之大圣归来》的游戏背景的设定和游戏世界的搭建也多取材于中国经典神话文学《西游记》。游戏剧情改编并延续了 2015 年上映的中国同名动画电影，游戏中诸多其他形象的塑造也都完美融合了中国元素和中国神话传说，游戏中的观音像、土地神等元素都在向《西游记》致敬。《西游记之大圣归来》出色而又富有挑战性的战斗系统让每一个玩家都能在游戏中化身为骁勇善战的"斗战胜佛"，捍卫正义，降妖除魔。游戏中支持自由探索的广阔的游戏地图也满足了玩家对神话世界的好奇。游戏预告一经发出就深受中国玩家的期待和关注。在 2020 年 3 月 22 日索尼在北京召开的"中国之星计划"的阶段性成果发布会上，索尼还公布了 10 款由中国开发者研发的游戏产品，充分证明了"中国之星计划"强大的生命力和潜力。

（三）行之有效的产品宣传和推广

强大的推广能力是企业能够迅速打响并保持其知名度的关键能力。索尼在 Twitter、Facebook、Instagram 等国际通用的社交平台上都有官方账号，同步发布索尼官方权威的最新资讯，世界各国的索尼游戏玩家和粉丝都能在这些网络平台上同索尼官方进行互动交流。为了增进同中国玩家和消费者的关系，索尼在中国新浪微博上有官方认证的账号，拥有接近 170 万粉丝。账号发布的微博内容包括索尼推出的最新产品、游戏和电影预告、索尼名人语录等，还有中国当红明星为索尼产品的代言。索尼的官方微信服务号可为玩家提供产品咨询、会员活动和用户反馈等服务。玩家可以通过微信平台全方位了解索尼的所有在售商品，查看索尼的最新优惠活动，或是联系索尼客服进行一对一的产品售后服务和疑难解答。索尼在天猫、京东等中国各大电商平台都设有索尼官方旗舰店，店内提供产品的咨询、销售和售后等服务，让消费者可以放心便捷地进行产品购买。索尼从产品宣传到产品销售再到售后服务都形成了一套高质量高效率的体系。据统计，索尼仅在 2018 年 10 月这一个月的广告费用就高达 2800 万美元，产品广告仅在体育赛事活动和电视网络的 20 个平台上高频次播放。就是在这样全方位多渠道的产品推广下，Play Station 第五代游戏主机的全球首日销售量达到了 210 万台。

索尼为游戏主机和索尼游戏制作的宣传、预告片充满了细腻的创意和新意。在索尼为推广 PS3 所做的广告 *Long Live Play*（游戏万岁）中，索尼让玩家喜爱的 PlayStation 经典游戏作品中的游戏形象齐聚一堂，举杯致意，答谢让索尼游戏取得辉煌成就的游戏玩家，紧紧抓住了索尼游戏玩家的内心。宣传片 *It's time to play*（游戏时间到）和 *Play has no limits*（游玩无边界）也都紧紧围绕着 Play，即"玩"，用拟真的动画特效将游戏与现实世界完美结合，让游戏中的人物与现实生活中的人物亲密互动，体现索尼游戏让游戏照进现实，让玩家放下包袱，放手去玩的观念。索尼 2021 年宣传片 *Create the Beyond*（创造超越）的独白说到，"将天马行空投入故事，将目之所及变为创造，用创造推动世界前行，用创造团结每个个体"，这应该是对索尼的求新求变的价值观和设计理念的最好阐释。

（四）实力雄厚的游戏开发团队

索尼在全球范围内招募优秀的游戏开发人才，索尼互娱旗下拥有顽皮狗（Naughty Dog）、圣莫妮卡（Santa Monica）、出其不意（Sucker Punch）等多个工作室。顽皮狗是一家设在美国的电子游戏开发工作室，以其轻松愉快的游戏内容和擅长刻画游戏人物形象被索尼看重。在为索尼 Play Station 平台开发的《古惑狼》系列大卖后，顽皮狗和索尼于 2001 年签订了收购意向，开始正式合作。如今顽皮狗工作室已有 400 多名员工，还拥有能胜任图像、系统运行和开发工具相关的技术研发工作以及 PS 主机引擎制作的索尼最强技术团队 Ice Team，堪称整个游戏圈中技术王牌中的王牌。顽皮狗虽然作品不多，但个个都是广受媒体和玩家赞誉的游戏精品，获奖无数，顽皮狗工作室的发展也见证着 Play Station 游戏主机的成长，从初代到第五代，Play Station 游戏主机的发售都有顽皮狗游戏的身影。

出其不意游戏工作室（Sucker Punch）成立于 1997 年，总部设在美国华盛顿贝尔维尤。在成立初期，出其不意游戏工作室很有天赋，充满了灵感，但在游戏产品经营和宣传方面缺乏必要的条件和经验，虽然作品质量高但销量一直不好。就在这个名不见经传的小工作室处于低谷期的时候，索尼高层却一致相中了这个工作室的新作品《狡狐大冒险》，帮他们解决了一直困扰他们的发行问题。在 12 年的紧密合作之后，出其不意工作室于 2011 年决定正式加盟索尼互娱，成为索尼旗下的第二方工作室，得以专心投入到作品开发中去。2020 年 6 月 26 日《对马岛之魂》的发售是出其不意工作室对自己最好的证明。《对马岛之魂》首发三天内售出了 240 万张，成为 PS4 时期三天内销量最高的新 IP，在世界范围内收获了大量玩家的广泛好评。

（五）主动承担社会责任

主动承担目标市场的社会责任是索尼在各国打响品牌知名度、赢得良好社会声誉的重要原因之一。索尼不仅树立了优质的产品形象，还通过积累社会资源树立了一个负责任的社会形象，而这种社会形象带来的社会资本是可以转化为企业收益的。索尼尤其善于通过举办大型公益活动来积累社会资本。

在中国，"志愿者公益周"项目就是索尼在华公司全新推出的公益项目。索尼在华的子公司、工厂以及千名以上的员工都参与其中。上海索广电子有限公司还携手新闵居委会开展了多次社区学雷锋活动，做传统小点心、自行动手种植物等活动都深受当地居民欢迎。索尼还在教育、环保和文化交流等领域向中国的公益事业投入超过数千万美元。索尼（中国）曾联合四川省成都市 KOOV 未来赋能中心向凉山州冕宁县大桥镇中心小学捐赠了十五套 KOOV 可编程教育机器人套件，援助中国欠发达地区的教育发展和课程建设，为推动地区间的教育资源水平均衡创造条件。

在美国，索尼计划利用"索尼新型冠状病毒（COVID-19）全球援助基金"推动医疗保健领域的开放创新。包括开发 AI 图像诊断技术应用于诊断新型冠状病毒感染疑似病例，举办网络讲座向医生和医务人员传授各种对应的知识，以及使用 AR 和 VR 技术为住院患者提供虚拟郊游服务等。这些计划能够为新冠病毒的治疗防控和其他医疗保健领域创造新的价值，拓展索尼的软硬件在医疗和保健领域的价值和发展能力，为医疗服务创造新的情感体验、安全和保障。

三、索尼游戏面临的困境

（一）多种游戏形式发展的冲击

主机游戏虽然是电子游戏的重要形式之一，但近年来电脑游戏和手机游戏的兴起不断挤压着主机游戏的发展空间。以手机游戏为例，随着智能手机的逐渐成熟与质量水平的不断提升，各大手机生产厂商不断推出性能优异、价格低廉的智能手机，不同类型的手机游戏如潮水般涌入人们的生活。手机游戏内容丰富、操作简单、竞技性强，对硬件设备要求不高，可以突破时间、地点、设备的限制，尤其在"碎片化"和"快餐化"的时代潮流下更加受到人们的青睐，并逐渐成为人们主要的游戏娱乐形式。

数据显示，2019 年全球主机游戏市场份额仅为 32%，而且更多集中于北美和欧洲国家，移动游戏和电脑游戏分别占 45% 和 23%。尤其中国手机游戏的蓬勃发展，使得手机游戏在中国游戏市场中占据了大半江山，甚至出口国外。2020 年，中国的移动游戏市场实际营销收入为 2096.76 亿元，同比增长 32.61%，成为拉动游戏市场整体增长的主要因素。移动游戏用户规模达到 6.54 亿人，同比增长 4.84%。随着手机游戏的持续火爆，中国各大游戏产业公司也在不断推出各种丰富类型的手机游戏来满足仍在持续扩大的手机游戏市场，很多客户端游戏厂家也转向开发手机游戏试图进入手机游戏市场。预计到 2024 年底，中国的移动游戏市场营销收入规模将超过 3000 亿元。而且由于主机游戏正式进入中国市场的时间较晚，存在着主机游戏的基础用户较少，游戏主机盗版问题严重等问题。因此，主机游戏的研发周期长、用户少，市场利润远低于手机游戏市场，这使得各大游戏厂商大多不愿意进入主机游戏市场。2019 年主机游戏在中国游戏市场的规模占比仅为 1.83%，并且未来仍有下降的趋势。如何拓展新的游戏市场、扩大用户基础是索尼游戏亟待解决的重大难题。

（二）索尼游戏在新的市场水土不服

尽管索尼在游戏内容的创作上可以说达到了业界领先水准，但目标市场的游戏习惯、审核标准、历史文化因素也是索尼游戏贸易面临的重点难题，这些难题很容易造成索尼游戏水土不服、推广受阻。以中国为例，在游戏方式上，中国的电子游戏市场以电脑游戏和手机游戏为主，游戏的制作、销售和引进都已相当成熟，电脑游戏通常又比主机游戏在价格上便宜不少，所以中国多数游戏玩家都已养成了通过电脑设备进行游戏的习惯，并认为电脑足以满足自身的工作和游戏需求，不会考虑专门购买游戏主机进行游戏。在游戏的内容上，不同地区对游戏内容的审核标准并不一致。由于部分索尼游戏中包含有暴力、色情、惊悚等元素，对青少年存在误导的可能，不利于中国青少年身心的健康成长，所以不适合在中国游戏市场传播和生长。在历史文化因素方面，电视机在进入中国市场时就是多人共同享用的电子设备，对于中国家庭而言更是全家人共同休闲娱乐的必备家电，一旦某一位家庭成员独占了家用电视进行游戏，则会使其他家庭成员感到不适。所以多数中国青少年更愿意独自在屋中进行电脑游戏或与好友进行网络联机对战。

（三）主机游戏市场竞争激烈

中国是电子游戏的生产大国同时也是消费大国。据统计 2020 年中国游戏收入共计 2786.87 亿元，增长速度超过 20%，中国游戏用户总量已经达到了 6.65 亿元。面对广阔的中国市场，索尼的两大竞争对手任天堂和微软也是势在必得。任天堂已与中国最大的互联网公司——腾讯公司展开了合作。2019 年 8 月 2 日，腾讯与任天堂在 China Joy 上举办了媒体见面会，披露双方合作后将为中国玩家独家提供他们最需要的本地化和官方保修两项服务，包括本地化社区、本地化游戏、本地化网络和本地化 eShop。售后方面，任天堂将提供官方保修服务，包括针对国行主机提供一年的保修，以及针对国行周边产品对应的三包服务。

微软也做出了极大的努力。微软 ID@ Xbox 业务于 2015 年底引进中国市场，目的是给中国的独立游戏开发者提供舞台和支持。2019 年 ID@ Xbox 主管克里斯·查拉在接受采访时表示，项目已经在本世代的独立游戏开发者身上投资了超过 12 亿美元。可见任天堂和微软未来仍将是索尼游戏产业的强劲对手。增强索尼游戏的独特魅力和竞争力是索尼在激烈的市场竞争中立于不败之地的关键。

四、索尼游戏走出困境的对策与建议

(一)增强索尼游戏硬件设备的竞争力

索尼想要继续保持其在游戏产业中的领先地位就必须保证索尼游戏的最主要载体 PlayStation 为主的硬件设备的领先地位。手机虽然占据了人们生活中的大量时间,但由于手机硬件设备的限制,手机只能是以通讯和轻娱乐为主的便携性电子设备,玩家想要获得更好的游戏体验,手机是远远无法满足游戏消费者的。这也正好是索尼 PlayStation 继续提升设备性能,走高端游戏精品路线的机会。所以索尼游戏要想在手机游戏不断占领更大游戏市场的时代保持自身的竞争力,就要不断加大在 PlayStation 及其相关配套游戏设备(例如体感、虚拟现实套件)上的研发和投入,开发出更加拟真、便携、节能又平价的游戏主机系统,不断升级玩家的游戏体验,将 PlayStation 的游戏性能做到手机或电脑无法企及的高度,将更多的游戏消费者向主机游戏上导引。

(二)提升索尼游戏内容的适应力

索尼游戏要想克服游戏内容的水土不服,比竞争对手更快地融入目标市场,不仅要保证其游戏工作室能够融合目标市场的文化因素并且进行高品质的游戏创作,还要深入研究目标市场的游戏习惯和政策因素,在游戏的本土化上做出更大的创新。例如在中国,索尼游戏不仅要加强对中国优秀传统文化的挖掘,还应该将目光放到近现代发展和崛起中的中国文化上来,通过"中国之星计划"支持中国游戏工作室创作出以具有中国特色的革命文化和社会主义先进文化为核心的游戏作品,反映中国的民族独立的历程和当今的发展理念。此外,索尼游戏可以丰富游戏类型,在益智类、科普类、虚拟现实类游戏上加大开发力度,尝试以医疗卫生、紧急求生、科学探险等主题开发高品质游戏,对用户进行生活、医疗卫生等基本常识的科普，促进人的全面发展。通过积极向上的游戏内容，引导游戏玩家顺应社会发展的需要，反映人们的精神需求和呼声，培养红色基因，传播社会正能量。甚至可以将这种游戏形式融入思政课，将游戏作为先进文化的载体，提升游戏的价值，丰富游戏的功能。

（三）实现索尼游戏设计的"全年龄段覆盖"

中青年仍然是索尼游戏最主要的目标群体，是索尼游戏市场的主要支柱。但随着现代儿童教育的不断发展，随着曾经的玩家年龄不断增大，各国的老龄化现象不断加重，世界范围内的儿童启蒙教育市场和中老年休闲娱乐市场对电子设备的需求量都在不断扩大，追求儿童启蒙教育的家长和老年人群体在未来可能会成为电子游戏的又一大消费群体。如今青少年群体接触电子游戏的年龄越来越低，操作门槛低的电子游戏也越来越多。从某种程度上说，电子游戏除娱乐功能之外还有很强的益智、学习和亲子娱乐的功能，在当今时代也是一种流行的学习和信息传播工具。索尼可以成立专门的儿童和老年群体游戏开发工作室，针对全年龄段的游戏消费者，将游戏产品的外观、操作设计向儿童和老年群体扩张，推出屏蔽成人内容的儿童模式和操作界面更加简洁的老年模式，向上向下兼容更广泛年龄段的消费者，丰富儿童教育的多样性，缓解老年人"孤独危机"。让索尼游戏不只作为娱乐和消遣，还能发挥教育功能、给人提供精神寄托，展现科技和电子设备的人文关怀。

（四）重视女性向游戏市场

女性向游戏又称"她游戏"，是专门为女性游戏用户开发的或含有大量女性喜爱的元素的游戏。根据 Newzoo 2020 年 7 月发布的《全球游戏市场报告》统计数据，在全球 27 亿的游戏玩家中，女性玩家达到了 12 亿，占比接近 45%。并且女性玩家表现出了比男性游戏用户更大的游戏黏度和更长的平均在线时间，甚至更高的游戏消费意愿。女性游戏用户更加偏爱风格可爱的、简单易懂的、可互动的，消消乐类、情感类和装扮类游戏。不过目前女性游戏用户主要集中在手机游戏平台，主机游戏平台用户还是以男性游戏用户为主。索尼游戏可以抓住这一仍在崛起的具有广阔前景的女性游戏消费市场，找准女性游戏用户的消费偏好，打造一套为女性游戏用户"量身定制"的开发、销售、售后的服务体系，开发出不同于男性游戏用户追求创意和刺激的、更加符合女性细腻、感性特点的游戏，为女性游戏消费者设计女性向的定制游戏主机和游戏手柄，以及为女性游戏用户提供通过更加细致的服务，将女性游戏用户引导至主机游戏平台，满足女性游戏用户的轻娱乐和情感需求，扩大女性游戏用户的用户基础。

（五）把握当代娱乐产业的发展机遇

世界范围内主机游戏的发展空间正在被其他形式的游戏挤压，主机游戏行业内部又竞争激烈。但随着游戏娱乐产业的壮大，世界各国对娱乐产业和游戏文化贸易的重视，索尼游戏仍有相当大的发展空间。据统计，截至2020年6月，全球游戏玩家的数量已经超过30亿。中国于2015年6月出台政策鼓励娱乐企业研发、生产、销售内容健康的游戏游艺设备，中国游戏市场出现了"百花齐放，百家争鸣"的局面。索尼游戏可以通过创新营销模式，与其他企业或公司合作推出跨行业的联名产品，在不同行业和领域扩大知名度；通过对索尼第一方游戏大作的额外内容进行定期更新，来增强索尼游戏的"服务性"，延长索尼游戏的生命周期；同时加强打击盗版的力度，通过技术手段防止主机和游戏的破解和盗版，通过法律手段维护公司的正当权益；让利消费者，除了降价促销以外索尼还可以开展免费体验活动，将索尼经典游戏或索尼入门级显示器当作赠礼随 PlayStation 一并售出，通过扩大基础用户数量，逐步树立和稳固索尼游戏在游戏消费者心中的地位。

马克思主义学院　聂骠

第四部分

文化贸易平台

WENHUA MAOYI PINGTAI

迪士尼在华经营的
文化融合与本土化策略分析

一、迪士尼简介

（一）公司概况

迪士尼是 1926 年成立于美国的一家娱乐公司，该公司经营范围十分广泛，在影视制作、主题乐园打造、商业模式创新、周边产品经营等方面都有诸多成就。目前旗下主要业务分别是媒体网络、主题乐园及度假区、影视娱乐、消费产品及互动媒体，并且为该公司提供稳定的利润。2020 年新冠肺炎疫情期间，公司利用流媒体平台创新业务来发展互联网营销策略，有效刺激了业绩增长。值得注意的是，2020 年在中国，迪士尼主题乐园、酒店度假村、游轮和周边产品板块营业利润占比依然强劲。据天风证券预计，这些业务在 2020 和 2021 年的营业利润占比分别是 42% 和 47%。这一成绩得益于迪士尼深入民心的本土化营销策略，加上疫情后中国旅游消费复苏旺盛，促使迪士尼旅游和周边产品板块迅速回温。

早在 2010 年中国完成世博会建设后，迪士尼总公司就与中方达成了投资合作，在上海浦东新区建设迪士尼乐园，这也是继香港后中国内地的首家迪士尼乐园。上海迪士尼乐园于 2016 年 6 月完工并开业，吸引了中国国内大量游客的旅游消费。根据 2020 年的年报数据显示，近年来，中国主题公园占营业收入比重高速增长，2019 年的游客量已经达到全球迪士尼乐园的 25.20%，预估 2022 年中国主题公园营收将为 892.39 亿元。纵观迪士尼的跨国经营历程，其本土化经营战略一度让人津津乐道，极少出现迪士尼乐园遭遇水土不服的现象，这值得我国企业学习和借鉴。因此，本文将上海迪士尼乐园的本土化战略作为案例，梳理文化产业跨国发展中的成功经验，为我国企业的对外投资活动提供思路。

表 1　2017—2021 年迪士尼酒店旅游利润占比研究

年份	媒体网络板块	流媒体和国际业务板块	主题乐园、酒店度假村、游轮和周边产品板块	影视娱乐板块
2017	49%	−2%	37%	16%
2018	47%	−5%	39%	19%
2019	50%	−12%	45%	18%
2020E	83%	−33%	42%	17%
2021E	66%	−25%	47%	17%

资料来源：天风证券。

（二）文化融合与本土化策略实施历程

以迪士尼主体供应为例，其文化融合策略主要分为三种，分别是独资管理、许可经营和合资管理。在上海迪士尼的投资建设中，采用了合资管理模式，即迪士尼公司和上海市政府管理的国有企业申迪集团共同设立多家合资公司，同时申迪集团持有 57% 的股份，专门由申迪集团来负责迪士尼乐园的建设工作。另外，双方还共同出资设立了一家管理公司，由迪士尼持股 70%，专门负责迪士尼乐园的创意、设计的运营管理。在中外双方股东的背景下，既保留了迪士尼对乐园多元化经营的开发经验，也发挥了管理本土化的优势长处。

上海迪士尼乐园度假区是迪士尼在中国内地跨国投资的重大举措，乐园选址在上海浦东新区，占地面积达 410 公顷，在迪士尼跨国投资的同类

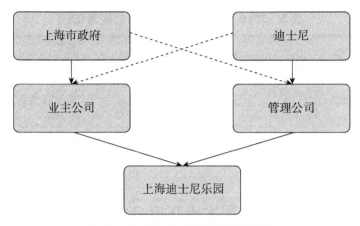

图1 上海迪士尼乐园组织结构

项目中排名第三。迪士尼乐园的经营业务包括了旅游、零售、餐饮和娱乐等。根据上海迪士尼乐园开业以来的信息数据显示，2019年接待游客为1200万人次，相比2016年增长了114.29%；2019年餐饮营业收入为58.8亿元，门票收入为240亿元。

表2 2016—2019年上海迪士尼乐园的经营数据

年份	接待游客（万人次）	餐饮营收（亿元）	门票收入（亿元）
2016	560	27.44	112
2017	1100	53.90	220
2018	1180	57.82	236
2019	1200	58.80	240

资料来源：前瞻产业研究院数据。

与此同时，从2019年上海迪士尼的营收结构数据来看，有半数来自门票收入，其他分别为食品饮料和周边商品。其中，门票收入包括酒店收入、旅游收入、俱乐部租赁收入等。可以看出，上海迪士尼在华多元化经营模式依然获得了市场认可。

表3　2019 年上海迪士尼乐园的经营结构

项目	占比
门票收入	50.0%
食品和饮料	24.5%
周边商品	24.5%
其他	1.0%

资料来源：前瞻产业研究院数据。

二、上海迪士尼乐园本土环境分析

（一）政策环境

在 2001 年后，中国市场加快对外开放，同时不断完善市场经济体制，为外商引资提供了有利的政策机会。中国于 2008 年和 2010 年分别举办了奥运会和世博会，这也让迪士尼看到了中国内地市场前景的新机会。特别是上海既具有较高的国际影响力，又是中国对外开放活动中的形象城市，其提供的外商政策都较为适合迪士尼这种大型企业，并且，上海正在大力发展文化经济，具有十分广阔的国际化视野。所以迪士尼选择在上海建设首家迪士尼主题乐园，该举措在政策上能够迎合中国和上海市政府的文化旅游产业规划，发挥在华投资对上海服务业发展政策的助推作用，从而缓解了跨国企业文化贸易中的摩擦问题。

（二）经济环境

就中国市场环境而言，上海是现代化服务业大城市，产业转型较早，是中国内地城市化水平最高的城市之一，对外贸易总量常年居全国前列。如今，上海市政府推行供给侧结构性改革政策，让现代服务业成为经济增长的推动力量，相关的基础设施和配套产业较为完备。另外，上海市居民的旅游消费意愿强烈，人均消费支出规模较高，可以支持迪士尼乐园的多元化消费服务项目。迪士尼的酒店、门票、餐饮、娱乐等消费品都具有高附加值属性，可以发挥迪士尼产业联动作用，带动浦东新区周边地区的衣食住行产业的发展。因此，上海迪士尼投资建设一方面迎合了上海消费升级的大趋势，另一方面也能满足上海市政府建设浦东新区经济的诉求，在经济条件上符合本土化要求。

（三）社会环境

如前所述，上海是中国最早实施对外开放政策的地区之一，也是一座典型的移民城市。历史上的上海在民国租界时期曾经受过西方文化的浸润，对海外文化的包容性极强，这为迪士尼本土化战略提供了良好的环境。迪士尼可以在保留影视 IP 本身特色属性的同时，创作出更丰富的故事情节和人物 IP，并根据中国经典传说和故事来制作动画形象，迎合上海地区对时尚和新潮元素的偏好，顺利实施本土化文化传播策略。

（四）技术环境

2015 年以来，中国互联网产业迎来了高速发展，"黑科技"元素成为消费升级的重要热点。在社交媒体的烘托下，迪士尼乐园的各类体验项目都通过新浪微博、微信、抖音、直播平台、O2O 点评等途径分享到社交圈内，引发更多人群的关注。因此，上海迪士尼乐园可以采用科技创新的本土化战略，迎合本地居民对"黑科技"服务和社交网络分享的欲望。目前，迪士尼的全息投影、4D 模拟体验、无人驾驶汽车等项目，在中国本土供应商的便捷供给下，吸引着一批热爱新鲜事物的年轻消费者。

三、文化融合与本土化成功经验

（一）融合本土产品定位

1. 游乐设计

迪士尼本身是一家具有美国自由文化意识形态的娱乐公司，输出的虚拟形象都具有美国生活的色彩。在进入东道国上海后，迪士尼乐园摒除了全部的美国政治属性，避免与中国产生思想价值观念的冲突。同时，在修建时采用了中国本土特色的一些建筑样式，让游客获得了亲切的视觉感受。考虑到中国背景下的角色偏好，上海迪士尼乐园中专门建设了一个十二生肖的主题乐园，在突出迪士尼 IP 下鲜明的个人主义形象的同时，也传播了十二生肖的传统文化。两者的结合赋予了十二生肖别具一格的人格特色，赢得了中国本土游客的欢迎。

表4　迪士尼本土化游乐设计项目

项目	本土化特点
唐老鸭打太极	唐老鸭、奇奇、蒂蒂等人物现场打太极拳
狮子王戏剧	《狮子王》音乐剧采用京剧化处理
十二朋友园	十二生肖的迪士尼形象
晶彩奇航	在中式游船内体验迪士尼经典场景
中式春节	节日期间换上相关氛围的装饰主题

此外，上海迪士尼中还建设了一个名为"飞越地平线"的娱乐项目，通过 4D 模拟体验来让游客感受一场寰球旅途，可以一次性游览热带雨林、巴黎铁塔、埃及金字塔、中国长城等宏伟的历史、人文、自然景点，并利用前沿技术来模拟相应的温度和气味。

2. 价值元素

在上海迪士尼乐园的环境氛围设计中，考虑到中国集体主义的亚洲文化，相比于个人价值追求，家庭整体关系更应该被考虑在内。因此，上海迪士尼乐园将"家"文化融入园区设计中，重视家庭单位的来访游客，将迪士尼打造为温情牵线的场所，特别是在 2016 年上海开放"二胎"政策后，迪士尼更是成为阖家欢的理想场景。

由于迪士尼本身是一家跨国动画公司，虚拟 IP 形象是产品和服务开发的关键，虚拟人格的价值认同更是十分关键。早在 1998 年，迪士尼就推出了专门主打东方市场的电影——《花木兰》，该电影改编自北朝民歌《木兰辞》，融入了西方个人英雄主义的色彩，打造出一位追求个人幸福的现代女性形象。不过，花木兰形象源自中国知名的民间故事，潜在消费者的文化门槛较低，所传播的宗亲文化和家国文化更能引起中式价值观的共鸣。迪士尼在 2020 年的《花木兰》电影中，选择中国女演员刘亦菲来扮演花木兰角色，进一步消除了中国市场上文化价值传播的障碍。

除此之外，迪士尼在园区内的餐饮项目和周边商品设计也融入了本土元素。2019 年中秋节期间，迪士尼推出了以米老鼠为主题的月饼礼盒，漫月轩内的餐饮也均是米饭、包子、小笼、面条等中式餐饮，同时还在园区内出售迪士尼相关主题的陶瓷用品、服饰、家具、共享单车等。

3. 建筑设计

在中国迪士尼乐园的建筑设计中，包含了诸多具有中国传统特色的装饰和房屋，比如石板道、假山水、沙漠馆、古城楼等，分别从中国江南水乡、西部戈壁、南部河流等地方性灵感出发，融入了西安、贵阳、海南、江南等地的元素，尤其是餐馆"漫月轩"的设计，采用了苏州园林的典雅设计，就连迪士尼标志性的城堡也由牡丹、莲花、白玉兰等点缀，赋予迪士尼乐园建筑"天人合一"的设计理念，凸显中国传统文化中人与自然和谐共存的思想观念。同时，由于中国大部分游客都是带着婴幼儿和儿童的家庭单位，所以迪士尼在基于中式元素的修建布局中，还考虑到了儿童推车休息区，让一众老小能够走走停停，较少出现游玩疲劳的现象。

（二）融合本土定价习惯

1. 门票价格

由于中国没有西方国家的小费文化，而是奉行"儒商"文化。同时在中国消费者权益保护政策的支持下，大部分消费者倾向于一次性消费，即不希望在购买景点门票后，入园后还要承担额外的消费。这也促使迪士尼乐园调整了收费项目，设定更适宜的定价体系，方能在保证利润的同时吸引到大部分游客。为此，迪士尼分析了中国消费者的消费能力，设置了成人票、节假日票、大学生票、夜场票、VIP 票等弹性价格；并且控制门票营收始终占总营收比重的大头，还赋予门票较多的消费者权利，以防消费者认为乐园"乱收费"和"多收费"。截至目前，上海迪士尼门票价格是全球几大迪士尼乐园中较低的，这也是游客人数规模较大的主要原因。

表5　全球主要城市迪士尼乐园的门票价格对比

地区	价格
加州	105 美元
佛罗里达	97 美元
东京	62 美元
巴黎	53 美元
香港	70 美元
上海	57 美元

2. 衍生产品

基于迪士尼乐园的商业模式，即利用乐园门票带动酒店、餐饮、周边产品等消费的机制，迪士尼会主动寻觅合作商，在园区内提供丰富的盈利项目。考虑到成本和价格，迪士尼多将这类跨界本土化产品外包给中国本地制造商，为大量中国公司提供了 IP 授权，降低了衍生产品的成本，降低了相应的销售价格。2018 年迪士尼与中国本土汽车制造商雪佛兰达成了战略合作，推出了雪佛兰沃兰多的米奇定制车型，官方指导价为14.99 万元，属于中国汽车销售中比较低廉的价格，具有较高的亲民度。

3. 管理成本

根据中国招商引资的政策，一般推荐外国企业与中国企业合资创办新公司，然后由中国本土的团队来负责核心的关联，这样可以降低人力成本，减少文化冲突。在中方管理的参与下，让最终产品定价能更"接地气"，符合中国特色社会主义中平衡化发展的思想观念。目前，上海迪士尼乐园采用中方人才持股管理、外商团队经营的模式，事实上大部分管理人员还是来自中国的人才，这也强化了定价决策中的本土化意识。

（三）融合本土渠道铺设

1. 价值传递

在旅游娱乐项目的价值链管理中，人员服务是体验价值的传递轨道，服务界面的本土化有助于加深消费者对感官体验和情感体验的价值评价。由于中国是汉语国家，不能沿用欧美英语体系的产品和服务，所以乐园指南主要由中方团队来编辑。在迪士尼乐园中，路标、指示牌和服务人员都是中文。同时，考虑到迪士尼主创团队都是外国人，所以乐园项目的策划和设计都优先用中文完成创作，再翻译成英文交由母公司来审核。此外，在舞台表演中，所有工作人员和演职人员也都是中国人，最大限度地消除了语言鸿沟。

2. 销售活动

在门票的销售渠道上，考虑到中国互联网销售渠道的多样性，迪士尼在O2O、移动电商、传统电商、新零售等渠道同步发力。在旅游O2O平台飞猪上，迪士尼出售一日门票、两日联票、季卡、餐饮代金券、尊享导览服务、乐拍通+门票套餐等，并通过季卡来提供更多权益，覆盖商户有IT、LEGO、TOMS、Adidas等。同时，迪士尼度假区也推出了自营APP，APP中涵盖了多项门票相关服务，可以让用户更快领取通行证和购买VIP卡，同时也能解决园区游玩的攻略问题。

（四）融合本土促销偏好

1. 大力应用中国新媒体

2015年后，中国社交媒体飞速发展，社交媒体对旅游营销和文化传播的影响越来越大，这也促成了迪士尼在华渠道本土化契机的出现。在社交媒体时代，用户具有主动寻求信息的能力，这也要求营销主体建立起多元化的传播渠道，上海迪士尼乐园便在微博、微信公众号、短视频平台等注册了账号，主动对园内特色进行多媒体传播。比如在上海迪士尼度假区的官方公众号上，提供了游园须知、权益中心、活动推荐、卡券中心、购票服务等功能，为依赖微信的中国消费者提供便捷的触点渠道。

另外，迪士尼还在淘宝天猫上注册了官方旗舰店，分别是"Disney迪士尼官方旗舰店"和"Disney迪士尼时尚旗舰店"，迎合了中国消费者的网购需求。同时，由于迪士尼乐园的消费人群大多是儿童家庭和青年人群，所以两家店分别定位为儿童用品和成人服饰家居产品，迎合了中国迪士尼乐园主力消费市场的结构。

同时，随着中国女性"她消费"主体的崛起，涌现了诸多年轻女性的社交社区，包括小红书、抖音等，促成了民间自发性的迪士尼社交行为，比如"迪士尼仿妆"活动。2020年小红书中有关"迪士尼仿妆"的相关笔记达到了4200篇以上，"迪士尼在逃公主"的笔记数量达到了10000篇以上，促使迪士尼品牌在中国社交媒体上屡屡登上热搜。另外，在部分网红直播的带领下，迪士尼成为"网红打卡"的必经之地。在这些新兴互联网媒体的影响下，迪士尼官方账号也会参与到仿妆活动的举办中，产生了多媒体联动效应。

2. 明星和网红传播效应

随着中国物质经济的日渐满足，文化经济开始向居民生活加快渗透。消费者对明星和网红的关注度日益提高，催生出一系列流量导向的传播模式，比如直播平台、短视频平台、综艺节目、直播带货等，这类意见领袖对消费行为起到了引导作用。因此，上海迪士尼乐园在2016年开园期间，邀请了胡歌、孙俪、邓超、姚明、林志玲等明星嘉宾参与开幕庆典，并将上海迪士尼乐园作为电影预热期间的宣传场所，多次占据热搜榜一席。在2020年万圣节期间，演员毛晓彤现身上海迪士尼乐园，拍摄了一支迪士尼游玩体验的视频，为迪士尼仿妆活动制造了宣传噱头。

四、文化融合与本土化面临问题

(一) 园区设计不合理

上海迪士尼乐园的占地面积居同类项目的全球前列，总共6个主题园区，占地面积达7平方公里。但各个主题园区相隔距离较远，影响到了游客的游行规划，使其花费较多时间在主题区内来回穿梭。尤其是，迪士尼乐园的一大游玩点是夜间的灯光焰火秀，由于没有做好园区设计规划，所以晚间往往会特别拥挤，游客无法享受到满意的观看体验。

(二) 客流量缺乏控制

上海迪士尼乐园吸引着中国所有地区的客户来访，成为上海旅游的必游之地。然而，由于中国游客人口众多，在节假日期间游客往往超出了园区的承载力，导致不断加剧的拥挤问题，部分热门游玩项目更是排队达数小时但实际体验时间仅有 10 分钟不到。在客流量缺乏控制的情形下，游客心情焦虑烦躁，而"黄牛票贩"成群结队涌现，严重影响了上海迪士尼乐园的形象。事实上，这都是上海迪士尼乐园规划管理本土化不足造成的，没有考虑到第三方对乐园信誉造成的负面影响。

（三）服务质量差距

在迪士尼乐园的国际化发展中，东京、加州、巴黎、香港等地的服务质量都为消费者所赞赏，其蕴含的安全、礼貌、演出和效率四项法则，亦是对上海迪士尼乐园的体验期望。然而，上海迪士尼乐园的服务质量与中国服务业整体水平相一致。鉴于中国不太重视服务人员的文化背景，一般服务人员的社会地位和薪酬工资普遍低于其他行业，造成了消费者对服务人员不很尊重，服务人员对消费者也较为懈怠的局面。这在上海迪士尼乐园也未能免俗，工作人员的态度并不像东京迪士尼那样，遇到麻烦很难得到妥善解决，致使游客对上海迪士尼乐园的服务较为失望。

（四）制度规则不亲民

迪士尼乐园全球通行的部分制度和规则面临着本土化困境。在 2019 年 1 月 30 日，一位上海本地大学生在迪士尼乐园游玩过程中，安检人员强行打开其背包进行检查，以迪士尼主张禁止外带食品和饮料为由，将其自带零食全部丢弃。在上海浦东新区人民法院的调解下，最终迪士尼以赔偿 50 元而结案。尽管迪士尼在入园须知上已经提前告知游客禁止自带食品和饮料，但迪士尼乐园没有考虑到中国是社会主义国家，司法实践中是站在人民的立场，《中华人民共和国消费者权益保护法》第二十七条内明确指出，经营者"不得搜查消费者的身体及其携带的物品"。这使上海迪士尼乐园的口碑受到质疑，一时间面临中国全网讨伐的舆论困境。

五、对国际贸易文化融合策略的启示

（一）创新市场定位

从上海迪士尼乐园案例中可知，迪士尼保留了自身追求创新和体验的普世价值，并融入东道国的文化特色，创造出新鲜的融合机制。事实上，我国文化企业对外输出产品前先要建立一套稳定、特色的 IP 项目，要确立具有普世价值的内容，在中国本土市场形成广泛和深远的影响力，再考察东道国市场的特色环境，将我国文化注入东道国文化贸易的创意中。同时，利用以娱乐为中心的形式，将市场定位为家庭、朋友、情侣、同事、同学等聚会的场景，降低普罗大众的消费门槛，积累来自市场的积极口碑，再利用文化内涵来巩固忠诚客群。在文化和娱乐协同建设中，我国企业可以放长放远发展的眼光，以东方特色的主题故事为蓝本，寻找文化差距小的亚洲国家进行投资，并把持一套代表中国儒释道文化的价值体系，向外输出统一价值理念的作品体系，培养 IP 形象，以便在海外市场进一步开发主题乐园、餐饮娱乐、周边产品等盈利点。

（二）调整定价策略

迪士尼的盈利来源较为多元化，门票营收占比仅为 50%，所以可以利用差异化服务获得更多利润来源，也能利用低价门票来降低游客门槛。因此，我国对外文化贸易时需要思考多元化的盈利模式，既要保障利润，也要防止潜在顾客流失。在主题乐园设计方面，需要将重点关注在餐饮、娱乐、住宿、购物等其他消费项目上，避免过度依赖门票盈利。比如，可以出售限量版的纪念品，提供具有东道国特色的餐饮设施，或者游戏项目的通关奖励等，拓宽文化贸易的盈利方式，以便打造一项低价格的流量爆款，并由高端服务项目来补充利润。

（三）优化管理模式

从迪士尼与上海政府合资建立公司的案例可以发现，两国文化贸易合作离不开政治诉求的共同利益，所以我国公司跨国贸易中应与当地政府建立共赢关系，以带动当地经济增长为目标。我国文化企业可以学习迪士尼的经验，采用合资经营来管理海外业务，通过当地人才来解决本土化问题，这需要我国文化企业建立全球化的人才发展观，培养和建立跨国法律和营销人才团队，建立本土化的管理机制，降低跨国文化贸易活动中的矛盾冲突，促进本国 IP 价值的本土化传递。

（四）拓展传播渠道

上海迪士尼乐园采用多元化的传播策略，开拓了电子商务、O2O、直播平台、新媒体平台等传播途径，为园区活动和特色服务建立了一个展示平台。这启迪我国企业在跨国文化贸易活动中应当利用互联网渠道，挖掘东道国媒体传播平台的趋势，利用 Youtube、Twitter、Facebook、Tiktok 等国际社交软件，让网红、明星、偶像等意见领袖来发表相关的评测和攻略，引起更多海外消费者的关注。同时，企业还可以利用社交媒体来为潜在消费者提供信息攻略和功能服务，推广当地特色型活动和节日。

（五）坚持亲民原则

从迪士尼在华经营的本土化问题来看，大部分问题均出在东道国旅游消费的周期频率、服务质量以及法制体系上。这提醒我们，文化贸易输出中，应当重视当地社会人口结构和周期趋势，防止非平稳突发状况对文化贸易带来负面影响，必要时可限制产品和服务供给，避免流量过大造成承载不足的问题。同时，我国跨国企业也应当融入该国的法制体系，深入了解该国的消费者权益保护条例和相关法律调解和判决案例，防止与当地消费者产生过大纠纷，造成信誉受损。

金融管理学院　吴桐

"百老汇"美式音乐剧何以风靡世界

美式音乐剧源自欧洲，是一种融戏剧、音乐、舞蹈、美术、建筑等艺术元素于一炉的综合性表演艺术。在二百余年的发展历程中，美式音乐剧始终根植于美国本土多种族文化之中，在不断完善其核心价值和美学内涵的同时成功地将美国理念和美国精神融入其中，逐步完成了由"舶来品"到"美国文化名片"的华丽转身。如今，美式音乐剧已与好莱坞电影、美式流行音乐一道成为美式文化对外输出的三大载体，而"百老汇"正是美式音乐剧的发展圣地。百老汇音乐剧影响遍及全球，不仅为纽约带来了丰厚的经济、文化效益，还成了当今国际文化贸易运营的成功案例。

据此，本文将聚焦"百老汇"风行全球的内在动因，在梳理分析其国际化特征和三大发展阶段的基础上，围绕文化产业扶植监管政策、对外贸易模式、消费者孵化培养策略、票务营销策略四个方面探索总结"百老汇"音乐剧国际化发展的路径与战略，力图为世界音乐剧的产业布局、市场建设及国际化发展提供有意义的借鉴。

一、"百老汇"的发展现状及国际化特征分析

百老汇（Broadway）通常有两层含义：从地理层面上来看，它是指坐落在纽约戏剧区和曼哈顿林肯中心的40家超过500席的大型专业剧院，由于其中的39家剧院都位于百老汇40街到54街，分布在包括时代广场在内的百老汇14个街区之内，故名百老汇剧院（Broadway Theatre）；从文化

符号的层面来看,"百老汇"这个词更多地被人们用来指代以百老汇音乐剧为代表的美国戏剧艺术和戏剧产业。作为文化产业国际化运营的实践典范,对"百老汇"发展动态与国际化特征的探究意义不言而喻。

(一)百老汇音乐剧产业的发展现状

当前,百老汇剧音乐剧产业呈内百老汇、外百老汇、外外百老汇三足鼎立的格局,其中内百老汇上演的都是商业性的戏剧,外百老汇与外外百老汇则以非营利性剧院为主。商业剧与非营利剧相辅相成,共同构筑起了百老汇演艺业的两大支柱。其强劲的发展态势,在促进美国本土音乐剧与世界各国音乐剧相互学习借鉴和交融成长的同时,更一度为纽约创造着丰厚的经济效益。

据百老汇公开数据显示,自金融危机以来,百老汇文化产业的年收入不降反增。在 2008 至 2010 年间,百老汇剧院产业的年均毛收入实现了7.27%的高速增长,与徘徊在 2%左右的同期全美 GDP 增速对比鲜明。其中仅在 2009—2010 年间,百老汇剧院观演观众就达到了 1189 万,上演新剧 39 部,创造了 10.2 亿美元的票房。

表 1 2008—2010 年百老汇票房统计

	毛收入(亿美元)	观众人数(万人)	上演周数(周)	新剧数量(个)
2008 年 9 月	9.43	1215	1548	43
2009 年 10 月	10.20	1189	1464	39
2010 年 11 月	10.80	1253	1588	42

最新数据显示,近年来百老汇直接票房收入都在 10 亿美元以上,除纽约百老汇剧院的日常戏剧演出之外,百老汇戏剧还会到各地巡回演出。以 2014—2015 年度的演出季为例,百老汇在北美地区巡回演出的收入达 9亿 5570 万美元,上座人数总计 1370 万人次,演出城市超过 200 个。此外,巡回演出给所在的城市共带来约 32 亿美元的相关收入,意味着平均 1 美元票价便能为当地创造约 3.4 美元的相关经济收入。

表 2　2010—2015 年百老汇票房统计

	2015—2016	2014—2015	2013—2014	2012—2013	2011—2012	2010—2011
卖票数额	13317980	13104066	12214823	11569711	12334312	12534595
音乐剧	11102098	10648948	10070258	9081636	9845740	10369671
话剧	2028326	2369973	2037555	2402530	2339831	2109386
总收入	$ 1373253726	$ 1365231853	$ 1268881236	$ 1138734331	$ 1139311457	$ 1080562880
音乐剧	$ 1173304393	$ 1108687921	$ 1072513451	$ 930407887	$ 933902247	$ 915671419
话剧	$ 181726052	$ 247567402	$ 189482399	$ 198313560	$ 186119248	$ 158405348
戏剧周	1648	1626	1496	1430	1592	1588
音乐剧	1254	1224	1123	978	1146	1163
话剧	372	395	355	437	426	416
平均票价	$ 103. 11	$ 104. 18	$ 103. 88	$ 98. 42	$ 92. 37	$ 86. 21
音乐剧	$ 105. 68	$ 104. 11	$ 106. 50	$ 102. 45	$ 94. 85	$ 88. 30
话剧	$ 89. 59	$ 104. 46	$ 92. 99	$ 82. 54	$ 79. 54	$ 75. 10

当然，百老汇在助推纽约经济中的意义远不止于票房价值的创造。音乐剧关联产业的聚集效应不仅促进了纽约市民的就业，而且巩固了纽约作为世界游客中心的地位。百老汇联盟（THE BROADWAY LEAGUE）的统计数据表明：2008—2009 年百老汇为纽约经济贡献的 90.8 亿美元中有 77 亿美元来自外来游客消费，而国外游客的比重占到了 30% 左右。外来游客的消费，为纽约创造了 84400 个全职就业岗位，其中 10200 个岗位直接或间接与表演艺术文化产业相关，74000 多个岗位则是由百老汇演出所带动的餐馆、商店、出租车等就业岗位。

（二）百老汇音乐剧的国际化发展特点

1. 国际化的资源配置

与百老汇戏剧产业园区相关的所有资源，从产业上游的创意、策划、投资，到中游的组织、演员培训和演出推介，再到纪念品等下游周边品的销售，都是以市场为导向，按照国际化规模生产的方式进行专业化分工的。简言之，这是一种交叉的自由组合结构，每一个产业元素都可以按其特定需要与其他产业元素进行跨界乃至跨国搭配以产生最优的组合效益。以英国作曲家劳埃德·韦伯的著名音乐剧《猫》为例，在伦敦拥有很多剧院的韦伯，在百老汇本是没有剧院的，但与舒伯特集团的合作却轻松地将自己的名作通过联合制作方式搬上了百老汇的舞台并一炮走红。这充分证明，百老汇根据不同戏剧特色的优化组合模式，有效地探索出了一条符合自身国际化发展的资源配置之路。

2. 巡回演出与衍生产品

诸如《猫》《剧院魅影》这样的百老汇经典剧作如果没有经历过世界范围内的巡回演出，或许不会有今天的举世闻名。在纽约百老汇剧院区通常有一条不成文的规定，当一部音乐剧在其初演剧院里完成向成熟期的成功过渡并被高票房充分证明了其商业价值后，剧院公司就会启动巡回演出的计划。这些剧目的巡演范围极大，剧组向北美地区的各城市进发并最终完成全球大巡回，由此获得了极高的国际声誉和市场影响力。可以说，巡演带给百老汇音乐剧的，不仅是丰厚的经济回报，而且还有国际知名度和观众认可度，这更是每年有无数新观众来到百老汇观剧的重要原因。

在音乐剧衍生品上，百老汇剧院区推出了种类繁多的众多周边产品，除了唱片、卡带、剧本、音乐画册这类与剧目直接相关的传统艺术品外，还有精心设计的带有精美百老汇标志、百老汇剧目图案的海报、文具、T恤、日常用品，等等。同音乐剧一样，这些衍生产品通售全球，每年为百老汇带来不菲的收入。

3. 先进的海外投资模式

百老汇剧院公司的海外投资活动频繁，他们长期开展地域业务扩展，并借此推广百老汇先进的演出管理和运营经验。其中，收购当地剧院寻求建立世界范围内的海外分公司是其通用做法之一。例如，由倪德伦集团创办的倪德伦环球娱乐有限公司堪称开拓海外剧场的先行者，该公司将中国作为其重要的市场之一，成立了北京东方百老汇国际剧院管理有限公司来进行一系列的业务扩张。由此，倪德伦集团的运营模式开始中国化，多个非百老汇地区的戏剧巡演项目也随之展开。

此外，共同投资也是百老汇实现海外扩张的重要途径。以《猫》剧的中国首演为例，百老汇与上海大剧院合作确定了一整套国际演出投资模式，即由制作方真正好集团与上海大剧院共同投资，共担风险，共同收益，共分利润。又如《狮子王》的上海巡演，从签约到演出结束，依赖于全新的投资模式和上海文化发展基金会的支持，百老汇剧院公司几乎做到了零成本成功运作大制作。

二、"百老汇"发展历程中的国际化元素挖掘

"百老汇"历经风霜，几度浮沉。在当下好莱坞影视、多媒体以及互联网的多重冲击之下，仍能常青不倒，以其高质量的艺术作品吸引着来自世界各地的音乐剧听众。探其历程，不难发现其发展基本遵循着"本土化→典范化→中心化"的演进轨迹。

（一）本土化：美式音乐剧萌生时的基因

南北战争结束后，聚集了大量产业工人和中产阶级的新兴工业城市纽约市日新月异。对娱乐业需求的急剧增长，促使曼哈顿地区大型剧院不断涌现，行业集聚随之出现。美式音乐剧开启了它破茧而出的萌生阶段。

1. 对欧洲戏剧的传承

音乐剧行业高度集聚的百老汇地区吸引了来自英、法、德等欧洲国家的许多艺术家和艺术团体，欧洲大陆的艺术家们带来了欧洲较为流行和成熟的艺术形式。诸如法国作家雨果的《悲惨世界》、西班牙作家塞万提斯的《唐·吉诃德》、法国剧作家亨利·纪缪杰的《波希米亚人的生涯》及英国剧作家莎士比亚的《麦克白》和《哈姆雷特》等欧洲流行文学作品都曾以音乐剧的形式登上过美国百老汇的舞台。而美式音乐剧也开始在欧洲戏剧文学这一"舶来品"的演绎之中开启了其本土化的历程。有学者认为，1866 年 9 月 12 日在尼布罗花园剧院上演的《黑钩子》（The Black Crook）是美国音乐剧诞生的标志之作，但这个由芭蕾舞和闹剧拼凑而成的舞台表演，仍处处沿袭着当时欧洲流行歌剧的艺术传统。这一事实充分证明：美式音乐剧天生便带有他国文化艺术的历史烙印，其发展结果也必然是一种国际化的艺术形式。

2. 美国本土文化的融入

从 1866 年的《黑钩子》到 1879 年《宾纳福号》上演的十多年间，美国音乐剧虽然渐渐作为一种新的艺术形式活跃在百老汇的舞台，但深受欧洲戏剧影响的美式音乐剧始终难以摆脱欧洲戏剧模式化、严肃性的创作和表现束缚。百老汇音乐剧舞台呼唤着能歌善舞的演员和更具多元性的本土音乐剧作出现，以满足这个多民族国家中不同文化背景的观众的审美需求。转折的契机出现在新世纪。20 世纪初期，"一战"的爆发打破了美国艺术家对欧洲的幻想，美国人民的自我意识开始觉醒。在此背景下，1927年 12 月 17 日，由杰罗姆·科恩和奥斯卡·海默斯坦二世创作导演的《演出船》上演，标志着美国音乐剧走向成熟。这部以"木棉盛开"号演出船为线索的音乐剧，在主题上已不再拘泥于时事讽刺，而是反映了美国人的现实生活。剧中的音乐也开始向服务于剧情的方向发展，音乐剧在演绎形式上取得了重大突破。而后，随着美国黑人音乐、爵士乐、雷格泰姆音乐、布鲁斯和灵歌等本土元素被广泛运用在音乐剧的歌曲创作中，在百老汇的舞台上，美式音乐剧中的多元文化背景更加深厚。这为"百老汇"日后跨越文化障碍、走向全球的发展埋下了伏笔。

（二）典范化：艺术内核中的价值共鸣

虽然自《演出船》上演以来，美国音乐剧已开始作为一门独立艺术发展起来，但早期音乐剧内容空洞，"程式化"问题十分普遍，准确地说只能算是在歌曲与舞蹈的大杂烩中炫技般地插入了一些幽默机智与多才多艺的表演桥段。在这一时期，百老汇舞台上上演的音乐剧大多缺少具有表现力的故事情节，更鲜有表现人物性格和心理的舞蹈或唱段。剧中音乐是随处可见的街头民谣，歌舞表演也不作为表现剧情与人物的手段。一部音乐剧的成败完全取决于演员的演艺才能和个人风格。观众呼吁具有价值内核、民族精神以及能反映社会思潮的作品出现。在此背景下，从 20 世纪40 年代开始，以《俄克拉荷马!》为代表的一批表现积极乐观的人生态度、代表美国文化与美国精神的优秀作品陆续走进了百老汇剧院。《俄克拉荷马!》于 1943 年 3 月 31 日在百老汇首演，获得巨大成功后，又在全国巡演，剧中对爱情的赞美、对忠贞与责任的呼吁以及美式幽默构成了这部作品的精神内核，引发了观众的强烈共鸣。自此，音乐剧作品不只是作为单纯的娱乐作品而存在，它更代表了能引人共鸣的某种典范化的价值观念，最终成为美式文化和美国精神得以对外输出的重要载体。

（三）中心化：从本土戏剧中心到世界舞台

进入 20 世纪 70 年代后，以美国本土故事为题材的音乐剧发展进入平缓期。与此同时，以 1982 年英国音乐剧《猫》入主百老汇为标志，百老汇音乐剧舞台开始受到来自欧洲大陆的剧作风格强烈冲击，美国音乐剧舞台掀起了一场新风暴，也掀起了一场新变革。这一变革所呈现出的一个突出特征便是百老汇作为世界音乐剧舞台中心的地位愈发显著。

第一，一些国家的优秀音乐剧作品在本国或者本地区的上演并没有引起巨大反响，但一旦移师百老汇，便一炮走红，成功实现了由本国音乐剧到"百老汇音乐剧"的成功转型。其中就有众多中国观众耳熟能详的世界音乐剧名作，如：英国作曲家安德鲁·罗伊德·韦伯创作的《猫》和《歌剧魅影》，法国作曲家克劳德·米歇尔·勋伯格创作的《悲惨世界》和《西贡小姐》，瑞典作曲家本尼·安德森创作的《妈妈咪呀!》等剧作。这些剧目在百老汇的演出场次超过四千场，有的至今依在上演，乃至长期占据百老汇演出场次榜单的前列。

第二，作为世界音乐剧艺术中心的百老汇舞台不仅让万千观众为之痴迷，更成为世界顶尖剧作家、表演艺术家们向往的艺术殿堂。在各国音乐剧艺术家的共同努力下，百老汇舞台上所呈现的题材内容和表现形式呈多元发展态势。如 1972 年 2 月在百老汇上演的《火爆浪子》首次在剧中出现了涉及青春期叛逆，以及阶级意识与阶级冲突的话题。1996 年上演的《租金》因其重金属摇滚乐和艾滋病题材，在 12 年间成为百老汇演出场次排第 11 位的音乐剧。此外，2016 年获得托尼奖最佳音乐剧奖的《汉密尔顿》则以流行的嘻哈说唱形式，再现了美国开国元勋之一亚历山大·汉密尔顿光辉壮丽的一生。由此，"百老汇音乐剧"开始真正成为音乐剧艺术殿堂中世界级高度和国际化标准的特定标志和重要图腾。

三、百老汇音乐剧的国际化路径探讨

从根本上讲，百老汇戏剧演艺业当下的成就应归功于其特有的运作体系。在这一运作体系中，积极的文化产业制度、丰富的对外贸易模式、独创性的观众孵化方式、完备的配套制度建设以及灵活的票务销售策略各环节紧密关联、相得益彰，共同推动了百老汇戏剧产业的自我完善和长期发展。

（一）自由宽松的文化产业制度

独特的文化制度决定了百老汇音乐剧独特的发展生态环境。由于美国政府没有设置专门的文化管理部门，对文化产业的管理采用间接管理的方式，故政府对文化产业的扶持主要通过设立国家艺术基金会、人文基金会促进公益性文化发展，或者对非营利性的文化产业免税等方式得以实现。这便保证了扶持不是由政府自上而下地去执行，而是自下而上地立足于文化产业发展需求本身，政府在其中只是提供了宽松的外部环境和严格的法律保障。在这种自由和安全氛围的促进下，政府对各类文化产业的直接拨款一般不会超过全部资金来源的四分之一，而是转而为个人与企业捐助提供大量的税收优惠，一众非文化部门和外来资金的投入让美国文化产业能够吸收多方投资并实现多种经营。例如对外百老汇的戏剧作品制作和演出或非营利性剧场进行捐赠的个人、企业或基金会都会在第二年收到政府的捐款补贴并会免去其所捐款项中包含的税费。加之捐助戏剧艺术比传统的捐款慈善具有更大商业价值和社会影响力，因此企业、基金会和个人捐款者会慷慨资助非营利性戏剧。

不难发现，得益于美国宽松的文化制度，百老汇音乐剧的产业发展模式在本质上是一种政府、基金、财团、剧院、个人多方协作的模式，这种模式不仅为百老汇音乐剧产业提供了政策支持和自觉保障，更重要的是它所创造的宽松多元的创作环境，保证了百老汇音乐剧的高质量和高水准，并为社会大众所普遍欣赏，这为其走向世界、打开国际市场打下了坚实的创作基础。

（二）多样化的对外贸易模式

作为对外文化贸易中的一种形式，音乐剧对外贸易具有多种模式，包括：要素输出模式、驻场演出模式、巡回演出模式和版权交易模式。

不同于中国音乐剧以剧目输出为主的单一要素输出模式，百老汇音乐剧在对外演出贸易中通过版权输出和成立境外合资公司等方式收益巨大。以百老汇著名音乐剧《妈妈咪呀!》为例，该剧在 2002 年到 2010 年间，通过版权输出实现了剧目的本土化演出，相继创造出韩国版本、瑞士版本和中国版本。其中中国版的《妈妈咪呀!》在 2011 年缔造了 8500 万元的票房佳绩。此外，日本四季剧团引入的日文版音乐剧《猫》也在 2004 年至 2009 年实现了 1563 场公演，吸引了 177 万观众。2004 年以后，百老汇演艺集团更是加速了在中国和印度等国家演出市场设立合资演出公司和共同经营剧院的步伐。例如，百老汇倪德伦集团于 2007 年开始在中国建立新纪元倪德伦公司"中国百老汇院线"。此后该集团又涉足上海戏剧谷演艺集聚区合作。2012 年由"音乐剧之父"安德鲁·韦伯创立的英国真正好公司与中国亚洲联创公司正式结盟，在《妈妈咪呀!》中文版成功运营的基础上继续推出了《猫》和《歌剧魅影》。

（三）强针对性的观众孵化

长期的调查研究表明，百老汇音乐剧的受众广泛，主要包括纽约本地居民、非纽约美国游客、外国游客和世界各地的留学生或高学历人群等。观众平均年龄约为 44 岁，平均家庭年收入接近 20 万美元，其中女性观众占比 67%。此外，观众的高学历倾向明显，其中 25 岁以上的观剧者 80% 已经完成大学学习，且有 40% 的观众拥有研究生学位。不难看出，一方面，商业化的百老汇戏剧的观众群体普遍富有、受教育程度高；另一方面，观赏戏剧演出对观众有着较高的审美要求。

1. 剧目差异化以兼顾观众需求

观众对于剧目深奥的内容、舞台艺术的表现手法及剧场性的理解和欣赏往往需要经历一个逐步深入的认知过程，而这一过程正是戏剧发展中观众培养的难题。针对这些难题，百老汇的解决策略是：为不同阶层的观众提供不同审美需求的剧目。在百老汇剧院，观众可以根据自己的艺术偏好和口味，寻找适合自己的剧目：知识阶层人士大可去感受传统经典《莎士比亚》的现代化呈现；如果是带着孩子的亲子家庭，可以去看看那些改编自童话故事的魔幻演出；而纽约的匆匆过客，则能在名声响亮的一些剧作中寻找到一份轻松惬意。哪怕你是不谙英语的外国游客也无妨去看看那些依靠肢体表现故事情节的表演。这样深浅搭配的剧目层次在为观众提供选择便利的同时，也为观众艺术品位的提升提供了一个极佳的平台。

2. 对潜在观众的挖掘

戏剧艺术是艺术教育的重要组成部分，对于大众文化素质和艺术欣赏力的提升作用巨大。因此，几乎所有的百老汇非营利剧院都会设置学生专场和戏剧进校园活动。在日常演出中这些剧院也会售卖低价学生票以鼓励年轻观众走进剧场，同时为百老汇培养未来的消费群体。例如，纽约最具影响力的非营利性剧院林肯表演艺术中心，每年都会携手纽约市爱乐乐团、大都会歌剧院以及纽约市芭蕾舞团在中心广场设立数千个席位，免费为学生和年轻观众播放高清的歌剧或舞剧视频。这些举措所反应的理念正如剧院创立者约瑟夫·帕普曾说过的那样："百老汇音乐剧是一种与所有人都能接触并参与其中的美国大众戏剧。（我们）害怕账面上的盈余更甚于害怕赤字，因为盈余说明没在认真搞戏。"

（四）完备的对外演出配套机制

演出配套机制主要包括演出经纪、票房销售以及其他辅助中介机构。完备的演出配套机制和成熟的推介平台，对于音乐剧的对外贸易有着举足轻重的推动作用，这些机制有利于解决市场信息不对称、文化差异、演出协调等一系列问题。当下的百老汇与众多演出经纪公司建立了紧密的合作关系，这些经纪服务公司不仅提供专业性的演出经纪，还提供综合性的演出经纪。其中专业性的演出经纪专注于剧目的版权授权、演出协会合同以及巡演事宜等，而综合性的演出经纪则包括与演出相关的保险、担保以及抵押等一系列的中介服务。演出经纪的成熟从侧面反映了百老汇对外演出市场机制的完善。

（五）灵活的票务销售策略

在百老汇，一场演出的票价一般在 20 美元至 140 美元，热门演出、剧场优等座位、周末晚间演出等因素会推高票价。为提高演出的上座率，吸引更多观众前来观看演出，百老汇推出了多种折扣优惠的票务销售方案，观众可以自由选择订购何种折扣票。百老汇的演出票分为，全价票、优等票、折价票、团体票、当日票（Rush）、学生票、站票等。优等票是指剧场中看某一类演出时的最佳座位票，在售票时与普通票不一样。优等票由剧目的官方票务公司负责，不参与折扣活动。折价票是指在时代广场的游客中心可以领取特定剧目的折价券。然后，既可以直接凭券去售票处购票，也可以通过券上标示的"折扣码"，通过网络和电话订票。团体票分为两种，即普通团体票和面向游客发售的团体票。同一场演出订购若干张以上（演出商自行决定）就可享受团体票的折扣，起订数量一般在 10 张以上。游客团体票方面，百老汇有专门负责为旅行社提供团体购票、包场和导览服务的机构，如舒伯特集团下属的 Broadway Inbound 公司。旅行社会在广告上预先写明观看某个演出是包含在旅游套餐内的活动内容。如果游客选择这家旅行社的套餐就默认加入了游客、旅行社、剧院的三方合同。合同对三方的权利和义务有明确规定，以保障各方利益不受损害。如团体观众因交通阻塞不能及时赶到剧院，剧院会推迟演出。若延误时间过长，则会安排第二天补看一场。

团体票对于百老汇、旅行社和游客三方都是有利的。百老汇可以预先售卖掉一部分演出票，获取收益；旅行社可以借助百老汇的名声丰富旅游产品种类；游客则能够以最优惠的价格观看百老汇演出。当日票，也可称为加急票，是百老汇票务销售的又一特色。演出当天的剩余票会在位于时代广场的联合售票亭贩售。百老汇每天有几十台演出，因此当日票的选择范围很广，价格也非常优惠，一般能享受对折。当日票的另一种售卖形式称为抽奖式（Lottery），通常在剧目开演前两小时，可以向演出剧院的工作人员索要小卡片，填上姓名和购票数量（每人限购两张），等待工作人员开奖，如果被抽中即可在核实身份后以现金购买到票。通常最热门的演出也会保留一小部分演出票用于现场抽奖。学生票顾名思义是凭借有效学生身份证件购买优惠票。百老汇学生票的选择范围包含纽约百老汇和百老汇巡演的所有演出，部分剧目还设立了当天学生票。

四、百老汇模式对世界音乐剧产业的启示

百老汇音乐剧产业历百年跌宕而不倒，为世界各国聚焦于音乐剧产业乃至戏剧演艺产业发展的人们提供了一个可供研究、参考与借鉴的典范。其运营模式对世界各国的音乐剧产业发展有两个方面的启示：一是建立健全完善的商业剧配套体系，在此基础上，大力推动音乐剧产业集群化发展；二是充分借助"非营利性艺术机构"建设，实现剧目的高质量孵化。

（一）剧院集聚下的规模效应

纽约百老汇剧场的密集分布造成了一种特殊的集群效应。由于戏剧多集中在晚上演出，同样数量的剧场如果过于分散，往往产生不了浓厚的夜间剧场气氛，并且游客也缺乏一个明确的目的地。相反，密集的剧场分布形成了一个剧场群落，对于培养戏剧观众与戏剧文化有着非常积极的作用，可以创造出相互烘托、相互宣传、相互竞争的商业气氛，进而扩大观众的整体数量。此外，百老汇剧场不是孤立存在的。在纽约市区，剧场连同时报广场周边的饭店餐饮和媒体娱乐公司、电影院、网吧、展览馆、图书馆等各种生活或文化设施，营造了一种丰富、多元、鲜明而又令人惬意的夜晚文化。

（二）完善的产业链

百老汇完整的产业链根植于其精细合理的专业资源配置。百老汇剧院大多实行剧院管理与剧作经营相分离的管理机制。整个戏剧产业主要由内容制作商、演出经纪公司或演出协会、演出场所经营商、表演团体或个人等几个业务部分组成。其中，剧院负责剧院养护、维修及日常管理业务；剧作由各演出公司或制作人独立制作，实行制作人负责制，开展剧目选

定、导演与演员选聘、剧目彩排、对接剧院等业务。根据现代戏剧产业的社会化规模生产要求，各部分还细分为上千个专业公司，他们可以根据不同剧目的要求进行优化，形成剧目的产品线。此外，大量从事戏剧行业的自由职业者，也可向相关公司提供专业服务。因此，百老汇的专业化分工是在法律的保障下，将产业链中的各方通过订立合同组合为收益共享和风险共担的利益共同体，是将演艺业真正作为一种产业来运营的。这自然激发了演艺集团、专业公司和从业个人在不断增强业务水平中提升竞争力，进而在激烈的市场角逐中占据优势激情与动力。以朱詹馨集团为例，该集团过去主要从事戏剧创作、制作和演出，在剧目销售上常常乏善可陈，然而通过兼并从事戏剧作品推广、营销和演出的佩斯剧院集团，它弥补了自己在营销上的短板。与此相仿，盛极一时的舒伯特集团与倪德伦集团也正是通过整合产业链的各环节才最终成为百老汇舞台上的两大演艺巨头的。如今，舒伯特集团是百老汇最大的演艺机构，除拥有 17 家百老汇剧院和 1 家外百老汇剧院外，该集团还致力于票务系统研发与应用。倪德伦集团在全美拥有 23 家剧院，在市场研发、剧目宣传、票务销售和剧场运作环节都构建了独立的团队，是第一家与中国建立合作关系的百老汇艺术机构。

此外，成立于 1930 年的百老汇联盟是百老汇戏剧产业国内事务的官方贸易协会，会员遍及北美各城市，由剧院经营方、演出经纪人、剧作家、剧目运营商、器材供应商、演出服务商等成员组成。该联盟成立之初仅仅是为了在保障百老汇收益的同时促进其与美国戏剧工会与行业协会的谈判，如今却成为能为百老汇演艺业提供全套的商务贸易服务的重要组织。在线上，其旗下的 ilovenytheatre 网站和 touringbroadway 网站是纽约百老汇戏剧演出、巡演及相关信息的汇总网站，它们详细记录了上映剧目、演出剧院、演职人员、获奖情况、发表歌曲和经济营收情况等信息。其内容之全面、分类之专业值得称道。在线下，该联盟可为会员提供市场调研报告、宣传策划方案、观众拓展以及赞助商联络等服务。百老汇联盟的专业化、系统化商贸服务，在整合百老汇戏剧资源、发挥集聚效应、提升产业活力方面发挥了极其重要的作用。

(三) 风险市场化下的剧目投资

与美国一般文化戏剧团体主要以社会赞助、个人捐助、政府拨款、票房收入等作为其资金来源的投融资方式不同，百老汇商业剧的资金多来自风险投资，从剧目创作、制作到演出的全过程，都有各类风险投资基金的参与。这就意味着，剧目的成功与投资收益紧密关联，如果剧目长期畅销，投资便收获颇丰；反之，一旦剧目市场反应不佳，投资者的权益也就随之受损。所以投资者对剧目的市场性极为敏感，一般会就每个具体剧目成立一个专门的股东董事会，演员、剧作家、剧场老板和制作人都能成为股东，一些外来的金融公司也能投入参股。一旦一台畅销剧目的市场行情开始下降，董事会就会迅速启动对市场的再评估，以决定该剧的生死存亡。

正是在市场压力之下，百老汇的戏剧演艺产业得以挣脱某些传统的束缚。长期关注百老汇戏剧的人会发现：当下的百老汇戏剧并没有什么固定的特色，如果曾经有过，那也只是一时的短暂现象。如果说今天的百老汇戏剧真有什么长久不变的特色，那就是它能因时因势因人而改变。百老汇戏剧初演的剧场是狭小拥挤的，这是因其位于寸土寸金的纽约城里的缘故；但一旦做成巡演，就可以舒展开来。这是因为百老汇戏剧的本质就是"以美国歌舞来演艺美国故事"，只要是符合美国人的精神，是在表达和讲述美国人的故事，那么任何唱、念、做、打都可以用，也都可以不用，或者改进以后加以运用。什么样的艺术形式合适，就把它拿来运用，而无须顾虑一切观念上的束缚。这一点，很像我国的戏曲，但远比戏曲受到的程式化束缚要少得多，即极其注重贴近观众的需求，符合且在一定程度上引导着观众的审美消费。

(四) 发达的票务系统

百老汇票务实行线上线下多种销售渠道，包括剧场窗口售票，42 街打折票房、电话售票、手机软件售票、定期的门票促销、特价票抽奖、半价日、买一赠一等方式，在给予观众购票方便的同时起到了聚集人气的良好的宣传效果。此外，百老汇拥有专业的观众管理体系——FANSCLUB（粉丝俱乐部），该网站构建了百老汇线上数据库，能帮助观众轻松查询纽约百老汇本地及海外巡演所涉及的剧目、剧院、演员、获奖情况等诸多信息。会员制的营销模式逐步形成了戏剧行业的"成瘾性消费"习惯，促进了观众数量的增长和观剧频次的增多，培养了大量的忠实观众。粉丝俱乐部享有非会员所没有的特殊待遇：票价优惠、周年庆活动、邮件问卷反馈等等。这些系统性手段培养了观众的消费兴趣，洞察了消费者的审美需求，给观剧创造了合理的购票理由。打造一个具有戏剧品牌归属感的"行为圈子"，同时以票务消费带动周边衍生产品消费（碟片、说明书、纪念册、纪念品等），创造了更多的盈利机会和就业机会。百老汇这些孵化手段的影响不止于百老汇的戏剧演出，它的边际效应还带动了纽约整个城市旅游业的发展，为当地居民提供了超过八万个就业岗位，促进了住宿、餐饮、交通、景点、商店等周边消费的蓬勃发展。

（五）非营利剧院补充下的高质量剧目孵化体系

在百老汇区域外还坐落着几百家非营利剧院，根据规模大小，分属外百老汇和外外百老汇。作为商业戏剧孵化和运作的重要基础，它们的存在促进了纽约音乐的多样化发展，为百老汇输送了作品、人才和灵感。

外百老汇是指座位数在 100~499 席之间的剧院群落，它们散落在纽约各地，但大多集中分布于百老汇周边，数量在 40 家左右，皆为非营利剧院。外百老汇发展至今，其先锋性固然已经有所消退，但仍保持着其自身的独特优势。通过在外百老汇的成功出演而获得高额投资后再登陆百老汇进行演出的市场策略，可以有效控制剧目演出成本，降低市场风险，这种策略已成为一众保守型百老汇制作商更为倾向的选择。此外，外百老汇擅长对新人新剧的培养。如公众剧院（Public Theatre）每年在中央公园举办的"莎士比亚戏剧节"，预算高达 1000 万美元，旨在给有潜力有追求的戏剧从业新人或爱好者提供学习及上台展示的机会，并给他们提供去更好剧团工作的机会。

外外百老汇是指座位数在 100 席以下的 80 座剧院，非营利性剧团是其中的主角。这些剧团可以接受来自政府、基金会、商业团体或个人的捐赠，其制作的非营利演出也可以实现免税，因此他们不以大众票房为束缚，可以尽情享受实验和探索戏剧表演的乐趣。当然，非营利并不意味着业余，即便是在非营利剧团中，从戏剧创作到演出的各环节也都有专业人员负责。外外百老汇的演出周期较短，大多为一周左右，其演出包含了多种艺术样式，歌舞剧、话剧、小型音乐剧、独角戏、独奏音乐会、实验戏剧、舞蹈等皆在其中，这些演出忠实地反映了艺术家所要表达的想法，被观众誉为"纽约戏剧最富艺术想象力的存在"。

国际经贸学院　王梓印

民族风歌舞片　打造印版"好莱坞"

电影不仅仅是一种将活动式照相技术与幻灯片放映技术有机结合在一起的连续画面，更是一门将视觉与听觉有机融合在一起的现代艺术。作为一种现代科学技术与摄影剪辑艺术相结合的表达形式，电影主要运用了先进的摄影剪辑手段，融合了文学、绘画、音乐、舞蹈、建筑等多种艺术形式，使其在艺术表达方面不仅体现了各种文学艺术的特征，又因其运用蒙太奇的表现手法而独具吸引力。

印度的电影产业发端于 19 世纪末。1896 年，卢米埃尔兄弟的影片在孟买首次放映。此后，外国电影陆续引入，广受印度观众的欢迎。这些影片的公开放映和积极的市场反应，激起了一部分印度人对电影拍摄制作的浓厚兴趣。如今，印度已经成为全球最重要的电影产地之一，其影片年产量超过世界上任何一个国家。

印度电影产业尤其以孟买为基地的印度语电影业——宝莱坞发展最为成熟。宝莱坞电影对南亚次大陆、中东以及非洲和东南亚的各种流行文化的兴起与发展都起着一个不容小觑的推动作用。此外，大规模的移民输出，将宝莱坞电影和印度文化的影响传播到了世界各地。宝莱坞作为印度最耀眼的电影制作基地，展现着印度电影的独特魅力。

一、宝莱坞国际化的现状与特点

（一）宝莱坞国际化的概况

1. 宝莱坞简介

宝莱坞（Bollywood）影视基地坐落在印度孟买西郊的一个景观多变的

山谷里，是印度规模最大、历史最久的电影产业集群之一。宝莱坞影视基地占地面积多达 1600 公顷，其历史可追溯至 20 世纪初期。宝莱坞电影的年产量约占印度电影总产量的六七成，拥有数十亿观众。

宝莱坞影片凭借动人的故事、轻柔的音乐和美妙的歌舞，开创了世界电影市场的新卖点，甚至可以与好莱坞大片相媲美。进入新世纪以来，宝莱坞通过建立大型的企业集团，整合自身独特的文化资源，拓展崭新的分销渠道，加速其向海外市场进军的步伐。

2. 海外市场成绩

随着印度政府对本国电影产业发展的支持，进入 21 世纪以来，印度电影不但在国内繁荣发展，而且开始大规模地向国外市场输出。2018 年印度电影海外票房收入已经达到国内票房收入的 10%~13%，并且首次实现了 10 部电影的单片国际票房超过千万美元。印度电影的海外市场分布及份额如图 1 所示，北美地区、英国和欧洲、中东地区是其最主要的票仓，三个地区的市场收入约占海外市场票房总收入的 80%。

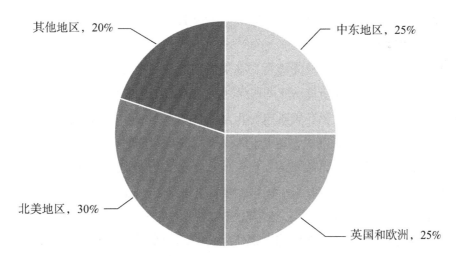

图 1　印度电影海外市场分布及份额

伴随着宝莱坞电影国际化的持续推进，宝莱坞品牌在世界上的影响力日益增强，渐渐地海外市场成为宝莱坞非常重要的收入来源。2006 年上映的影片《永不说再见》成功地创造了奇迹，海外票房收入总额高达 1077

万美元。这部电影一举打破了印度电影在海外市场单片票房千万美元的大关，也创下了印度电影当时在美国票房的新纪录。因此，有些评论家指出，电影《永不说再见》在宝莱坞电影海外发行历史上具有重要的里程碑意义，因为它充分说明了宝莱坞影片在美国乃至全世界已经具有了一定的影响力。自此之后，印度电影在海外市场上映的影片数量和票房收入的纪录被不断刷新。2009 年上映的《三傻大闹宝莱坞》的海外票房突破了 2000 万美元，创造了宝莱坞电影海外单片的票房奇迹。近年来，许多优秀影片得到海外观众的一致好评。2015 年的《误杀瞒天记》以 8.8 分位列 IMDb 网站 Top250 的第 37 名。2016 年的《摔跤吧！爸爸》则以 8.2 分位列第 80 名。

（二）宝莱坞电影的世界影响

经过几十年的国际化历程，宝莱坞电影借鉴国际电影产业发展的最新经验，不断突破过去的刻板模式，将影片中承载的印度文化传播到了世界各地，逐渐进入了数以万计的电影观众的视野中。

1. 欧美地区

宝莱坞影片在北美较为流行，在美国市场上的受欢迎程度相当高。一方面，在美国有着数量庞大的印度移民，美籍印度裔人口已达 412 万人。移民群体成为印度电影在美国电影市场上的独特受众，印度电影则被认为是与家乡交流的重要方式，这也造就了印度电影在美国传播的独特形式。北美的许多大城市，比如纽约、洛杉矶，都会大量放映宝莱坞电影。另一方面，印度电影通过向好莱坞汲取经验，增添时尚气息，使其在剧情与制作手法上巧妙地融合了民族文化特色和好莱坞风格，造就了宝莱坞影片在美国的热映。此外，宝莱坞的影视作品在英国也很受欢迎。

在南美，宝莱坞的影视作品并没有像在北美那么受欢迎。但是在有着大量印度裔后代的圭亚那、加勒比海的多巴哥和特立尼达岛等国家，宝莱坞电影也拥有了一定的市场份额。

2. 亚洲地区

宝莱坞的影视作品中隐含着人们对"家文化"核心价值观的文化认

可，影片对家庭生活细腻温情的描述和刻画，表达了观众对和谐美满世界的共同祈愿。这与那些深受传统儒家文化影响的东亚文化圈中的电影观众存在共同的价值认同。因此，宝莱坞电影在中国、日本等国的口碑不断攀升。

位于或者邻近南亚次大陆的一些国家或地区，比如巴基斯坦、孟加拉国、尼泊尔、阿富汗等，由于其语言、文化以及日常生活方式大多与印度较为接近，宝莱坞的影视作品在这些国家都受到了追捧。此外，宝莱坞电影在阿拉伯国家也普遍受到欢迎，特别是在海湾国家。

3. 非洲地区

随着印度人在世界范围内大规模地移民，在部分印度移民或者印裔后代人口较多的国家，宝莱坞的影视作品取得了非常可观的票房。譬如，在摩洛哥等北非国家，我们可以欣赏到很多宝莱坞电影。

4. 大洋洲地区

在澳大利亚、新西兰等大洋洲国家，有很多来自南亚、东南亚的移民。他们及其后代是印度电影的忠实观众，为宝莱坞电影贡献了不少的票房。在这些国家，宝莱坞影视作品的受欢迎程度仅排在好莱坞之后。此外，宝莱坞影视作品在大洋洲的斐济、新几内亚等国也广受欢迎。

（三）宝莱坞电影国际化的特点

1. 鲜明独特的印度民风

印度是一个多民族多语言的国家，全国各地使用的语言仅记录在册的就有1600多种。正因为如此，多民族、多语言共存导致了不同文化之间的摩擦与交流，宝莱坞会和印度国内的其他影视生产基地相互模仿和创新。在这一过程中，宝莱坞电影逐渐形成了自己独特的艺术风格和发展道路。

通过华丽的歌舞、绚烂的服饰、令人惊艳的表演，宝莱坞电影将其独特的民族文化和民族特色深深地烙进了视频画面中，诉说悲欢离合、歌舞人间善恶，让广大观众赏心悦目、感同身受。宝莱坞的影视作品始终都是围绕着印度这个国家的历史文化、宗教传统、民族特性以及各种社会风俗习惯而展开的。电影中的声音和图像使这些元素都变得更为迷人。歌舞是印度人日常生活中最平常的一种娱乐方式，用歌舞的方式更有可能吸引到大量的观众，也更能充分体现出本国的民族特色。

2. 别具一格的叙事风格

"玛莎拉"是一种印度家喻户晓的混合型咖喱香料，风味独特、口感浓郁。凑巧的地方在于，印度人在平时生活中同样也离不开诸如"玛莎拉"那样五味杂陈、集合多种文化元素的影视作品。制片人通过将浪漫的爱情、曲折的剧情与美妙的歌舞进行玛莎拉式的结合，形成了宝莱坞电影的独特表达方式。宝莱坞的电影作品能够跨越地区与社会的鸿沟，这是其在整个印度乃至世界占领市场的制胜法宝。

现如今，印度电影已经逐渐走向宝莱坞化，宝莱坞成为印度电影和印度文化的象征。宝莱坞的影视作品以大众喜闻乐见的剧情为创作导向，通俗易懂，掺杂了各类元素，甚至可以把互不相同的各类元素有机地结合到一起，形成很难准确界定其风格的"玛莎拉"电影作品。

3. 数量庞大的受众基础

看电影是印度人日常生活中必须要做的一项娱乐活动，因为看电影能够起到缓解社会生活压力和苦难的重要作用。在大多数的印度人眼中，看电影的目标就是为了使自己暂时地逃离社会现实，享受电影里面的美妙情境。电影院不仅仅是一个欣赏影片的地方，从更深层面的意义上讲，更是广大印度人民的精神避难所。

同时，分布在海外的大量的印度移民及其后代也是宝莱坞电影不可忽视的海外电影市场的忠实支持者和不容小觑的票房贡献者。他们往往都会想办法让自己的孩子们从印度电影中了解和学习印度的家庭观念、传统文化、民族习俗，而这些在英美电影和其他影视作品中是无法真正了解和掌握的。印度文化在向外传播的过程中，最先到达的地方是南亚次大陆、东南亚和中亚。这些地方是印度裔后代最多、印度文化向外传播中最成功的区域，也是宝莱坞电影受众基础最好的区域之一。此外，在北美和英国也存在着数量庞大的宝莱坞电影观众。

二、宝莱坞国际化的路径与策略分析

宝莱坞电影能够在竞争日益激烈的国际影视市场取得令人瞩目的成绩，离不开其自身的努力奋斗和政府的大力支持。总结起来，有以下六个方面。

（一）打造产业集群：促进规模经济的形成

哈佛大学商学院教授迈克尔·波特（Michael Porter）认为，产业集群是在某个特定领域中，由一群在地理上相邻、在具体业务上有着横向或纵向关联的企业或其他法人组织，以这种彼此之间的共通性和互补性相互结合而发展形成的。简而言之，产业集群是由与某个产业密切相关的公司和其他组织组成的有机整体。

宝莱坞坐落于印度的商业首都和最大海港孟买市，这座城市具有良好的地理优势。除了地理上的区域性集聚外，产业集群实际上是在整个产业发展过程中逐渐形成的活跃而有效的网络集群。对于电影产业而言，关键在于电影的生产、发行、营销和输出能否形成低成本、高收益的运营机制。宝莱坞拥有较为成熟的生产、发行、营销和输出体系，所有环节都可以在此集群中独立完成，快速高效且保证质量。总之，产业集群将所有相关的生产要素聚集在一起，并在彼此之间有效地流动，从而使整个影视行业能够以协调高效的方式运作，并以最低的成本获得最大的收益。

（二）加大政策支持：发挥政府引导的作用

印度的影视文化产业受到了印度政府的高度认可和支持，印度政府以指导和激励性措施取代直接管控。政府并没有直接具体规定制作什么样的电影以及怎样制作电影，而是在拍摄、发行、放映、输出等方面为这些电影企业创造良好的市场环境。例如，为了刺激影视文化产业的发展，印度政府成立了印度文化关系理事会（ICCR），并实施了吸引文化产业专业人士和增加政府广告支出等措施。印度政府还制定了一系列保护和促进该国电影产业发展的法律法规，例如1952年的《印度电影法》、1978年的《电影审查委员会法规》、1981 年的《电影工作者和影院工作者福利基金法》等。21 世纪初，印度政府通过立法的形式，解除了外国投资者在广告、电影和广播领域的股份限制，鼓励国内的电影生产企业与国外影业进行竞争与合作，并且主张各种资本、要素在不同区域内自由流动。2014 年，印度产业政策促进会提出"Make in India"的倡议，电影产业被确定为该倡议的核心领域。总之，一系列政策的出台，有利于优化产业发展与投资环境，为印度影视行业的长久发展提供了方向遵循和制度保障。

（三）降低文化折扣：打破传播的文化壁垒

文化折扣是指由于存在文化壁垒而使一国的文化产品未能被他国观众所接受而造成的价值损失。加拿大著名学者霍斯金斯和米卢斯首次将"文化折扣"这一概念运用到对影视节目贸易的研究当中，认为进行跨境贸易后的电视节目或影片的文化折扣主要是由不同国家和地区受众的不同文化背景所导致造成的。某些植根于本国民族传统文化的影视剧节目在国内市场上极其富有吸引力，因为在国内市场上受众的思维理念与影视作品所表达的价值观念、生活方式相同。但是在其他国家或地区，由于与外国观众的价值理想、风俗习惯、生活方式、历史文化等各个方面的差别而导致了这些影视节目显得不那么吸引人了。宝莱坞的影视作品所体现的"玛萨拉"风格，不仅很接近印度国内的审美体验，而且广受海外印度移民的热爱。此外，宝莱坞的影视作品在南亚、中东、非洲和其他地方取得成功的原因之一，就是文化上的亲密关系极大地减少了文化折扣，推动了宝莱坞的国际化。

（四）开展国家合作：推动宝莱坞国际发展

印度政府已经与英国、法国、德国、加拿大等十多个国家达成了电影联合拍摄和制作协议，以鼓励国内电影公司与国外公司加强合作。由此，印度的电影公司在与外国公司进行合作时，不但能够分享其创意、技术、资本和市场，而且合拍影片能够获得"政府提供的财政援助、税收优惠和在国内放映的配额"。2010 年，印度红辣椒娱乐公司和达奉电影公司与美国福克斯星空传媒联手合拍的电影《我的名字叫可汗》首映后受到广泛好评，该片还入围第60届柏林电影节的展映单元。合拍电影不仅为印度与外国的电影导演、演员、制片人之间搭建了一个交流、互动的桥梁，而且也极大地提高了印度影视作品的海外知名度。

在海外发行方面，印度电影公司先后与美国二十世纪福克斯、哥伦比亚三星影业、迪士尼等公司达成了战略合作，由其专门负责在美国多个地区销售、发行印度影片。2013年，印度著名的亚什拉吉电影公司与日本具有百年历史的电影发行商日活株式会社签订了合约，以进一步增加印度商业电影在日本电影市场的规模和发行量。毫无疑问，与国外公司加大发行和营销合作将会帮助印度电影产业走向更加广阔的国际电影市场。

（五）搭建交流平台：参加或举办电影节

举办各种国际电影节及相关展览，为国内外的优秀电影界人士提供高效的电影文化交流活动平台，是印度电影不断提升国际影响力和知名度的重要途径之一。据不完全统计，印度每年都会举办十多个国际电影节，其中以印度国际电影节、孟买国际电影节和印度国际儿童电影节最具影响力。各种影视艺术节往往都会因为汇集了最佳的影视作品，牵手了许多世界知名影视媒体，靠热炒这些影视作品"发烧点"，吸引着世界影迷的眼球。被誉为"宝莱坞奥斯卡奖"的"印度国际电影学院奖（IIFA）"，是专门为了向全球推广印度电影而设立的电影节。这个电影节的举办极大地提高了印度电影的国际影响力，推动了印度电影在海外市场的发展。

主动参加全球各地的国际电影节，这也是印度电影增强其国际声誉和影响力的另一重要方式。在印度，信息和广播部下属的印度电影节办公室致力于促进印度电影走向国际市场。每年它都会精心挑选电影，并派明星参加在戛纳、柏林和威尼斯举行的三个举世闻名的国际电影节。参加电影节令宝莱坞电影硕果累累。屡获殊荣的宝莱坞电影为印度赢得良好的声誉，也证明了印度电影在国际市场上的实力。

（六）组织国际旅游：展现宝莱坞基地风采

宝莱坞影视基地是印度最大的电影制作基地之一，其电影制作和票房销售每年都居世界前列。通过发展国际旅游业，可以让来自世界各地的宝莱坞影迷们一睹影片制作风采。

从孟买国际机场一路向西行驶，游客们可以看到坐落于孟买西郊一个山谷中的宝莱坞电影城。这里地形复杂，风景多变，有山脉、湖泊、树木、草丛、溪流和花园。在这里，来自世界各地的游客们可以俯瞰附近的国家森林公园和孟买最大的湖泊——维哈尔湖。此外，宝莱坞电影城占地广阔、设备齐全、技术先进，全年可以创造出各种自然景观，来满足电影拍摄需要。宝莱坞吸引了大量模特、影视演员和其他希望一夜成名的人。游客们不仅可以近距离领略电影拍摄的全过程，还能在宝莱坞看到许多自己熟悉的明星。

三、宝莱坞国际化面临的挑战

宝莱坞虽然在影视产业发展上取得了巨大成就，在国际上同好莱坞一起被誉为全球电影产业中最耀眼的双子塔。但是，由于印度国内的政策法律体系不健全、投融资机制不完善，加上伴随着国际金融危机和好莱坞的冲击，宝莱坞的国际化进程仍然面临着重重挑战。

（一）管理效率低下，影片盗版严重

在印度政府成立外国投资管理咨询委员会以监视和管理外国投资之前，国内的电影企业难以合法地获得银行贷款和发行债券，致使许多宝莱坞电影公司必须向黑社会借钱才能生存。但是，随着世界文化产业集群和宝莱坞本身的发展，更自由的产业发展环境、更有效的国际合作机制、更健全的版权管理机制等正在发挥越来越重要的作用。从宝莱坞现在的发展环境来看，市场环境和技术环境都缺乏有效的政府管理，这对宝莱坞长远健康发展造成了极大的损害。以盗版为例，印度每年因盗版造成的损失高达40亿美元，约有80万名员工被直接解雇。同时，随着印度电影国际化水平的不断提高，在加强国际交流与合作过程中，如何正确定位政府在文化产业发展中的地位和作用，如何提高政府的行政服务效率，如何打击影视作品盗版，都是印度政府需要认真解决的当务之急。

（二）教育体系滞后，专业人才匮乏

宝莱坞影视产品具有大众化、民俗化的特点，这为宝莱坞电影产业的发展和繁荣提供了支撑。在过去几十年中，众多的中小影视企业已经融合了民族情感和民族歌舞，可以更好地满足大众的需求。但是，宝莱坞电影在国际化过程中，还对丰富影视产品的内涵，提高影视产品的质量，拓宽影视产品的风格提出了新的要求。目前，宝莱坞的人才体系（包括导演、演员、影视编辑、经纪人、营销人员等）尚不完善、培训体系滞后，这些都极大地制约着宝莱坞海外市场的开发。因此，建立专业学校和培训机构，完善包括电影、广播、表演、数字媒体技术等专业的教育体系，健全科学的人才选拔机制，将是宝莱坞国际化发展亟须解决的任务。

（三）电影模式单一，难以满足需求

目前，宝莱坞电影在欧洲、美洲、东南亚和其他地区广受欢迎。玛莎拉式的表演为宝莱坞的发展提供了数十年的支持，并形成了自己的特色：戏剧性的情节、歌舞的点缀和浪漫的爱情。但是，随着宝莱坞国际化的进一步深入发展，外国观众的文化传统、价值观念和生活方式与印度观众可能差异很大。过于民族化的艺术风格可能难以满足外国观众多样化的艺术需求。同时，在当今日益激烈的国际竞争中，公众获取文化艺术产品的方式越来越多样化。如何开发面向观众的移动直播平台，充分挖掘第二市场的消费潜力，是决定宝莱坞能否在未来的竞争中取得进一步发展的重要手段。

四、经验与启示

任何强劲且成功的文化出口均是繁荣的国内文化市场的溢出效应。没有国内市场的快速发展，就不可能在国外市场竞争。因此，如果中国影视企业要想在国际市场上占据一席之地，扩大中国电影的影响力和知名度，那就离不开国内市场的蓬勃发展。宝莱坞电影作为许多发展中国家电影发展的模板，对我国电影产业的发展以及我国电影企业"走出去"战略的实

施，具有很好的借鉴意义。我们要学习和汲取它的经验与教训，取其精华，除其糟粕，在此基础上，走中国特色的电影产业国际化道路。

（一）转变政府职能，为电影产业发展松绑

中国电影产业的发展受到政府机构的严格管控，具有很强的行政计划性。由于政府监管机构的规模和权力过于庞大，导致电影市场化程度较低。一方面，影视行业潜规则的泛滥以及寻租等违法现象的出现，严重侵蚀了电影行业的整体利益；另一方面，地域壁垒、传播壁垒和行业壁垒也严重阻碍了企业和整个电影行业的生存和发展空间。基于此，要有效解决当前我国影视产业在政府监管过程中存在的矛盾性问题，促进当前中国影视产业的快速发展和国际化，政府必须进一步调整职能，进一步开放电影市场，放松管制，促进影视市场的多样化和快速发展。此外，相关部门还需要从资金融通、专业技术培训以及法律监督等各方面入手，为电影产业的良性发展保驾护航。

（二）打造产业集群，为规模经济形成聚力

产业组织理论认为，只有建立足够强大的产业集群，才能够形成规模经济，从而推动产业内部资源要素的自由流动和技术创新网络的建立，并且有利于激发整个产业的活力与创造性。但是，我国影视行业目前还存在着资源分散、结构单一、行政分割严重、物流成本高、市场进入壁垒高等问题，严重阻碍了统一、完整、自由的市场环境的形成，难以合理分配国内各种资源。因此，打造高效密集的产业集群无疑是中国电影产业发展的必由之路。

（三）参与电影节展，为优秀电影出口造势

积极参加或举办国际电影节展，是进一步提高中国影视作品在国际上的影响力、进一步推动中国电影企业走出去的重要途径。通过参加或举办电影节展，一方面可以让中国的优秀影片展现在世界面前，打开中国电影的知名度；另一方面也可以提高中国导演和演员的国际影响力，促进行业

内的国际交流与合作。此外，通过优秀的影视作品这个载体，可以更好地向世界人民展现中国形象，弘扬中国文化，讲好中国故事，让世界各国观众能够更好地认识和理解中国。

（四）协调内外市场，为影视企业出海拓路

文化折扣产生的根本原因在于不同地区的不同文化之间的差异和冲突。这属于跨文化交流过程中的沟通技巧问题，可以通过统筹协调国内市场和国际市场的发展状况及不同需求加以解决。只要我们能够充分了解国内市场和国际市场的不同需求，并根据各种市场的需求条件进行不同的具体实践，就能够减少甚至避免文化折扣带来的负面影响。例如，宝莱坞通常会对其所引入的好莱坞影视大片进行本地化的重新创作以降低文化折扣；另外，宝莱坞在其走向世界的过程中始终保持其独特的艺术风格和自身特色，并以其独特的东方光彩吸引着世界观众的目光。这也就是启示我们不仅要高度重视对本民族传统文化的体验和观察，继承和发展自己的传统文化，而且还要充分借鉴吸收优秀外国文化。只有如此，才能够创造出民族特色的、优秀的、具有世界影响力的影视产品。

国际经贸学院　沈志强

创新营销　聚焦全球体育文化贸易

一、背景分析

进入 21 世纪，随着人们生活水平的提高，大众健身意识逐渐提升，全球体育赛事、运动市场持续走热。市场上出现了各种功能完善的穿戴式运动设备、高品质的健身软件、轻便式健身器材，体育行业迎来了快速发展的时期。根据普华永道发布的《2020 年体育行业调查报告》，全球体育行业在未来 3~5 年的增长率将为 6.4%，亚洲和中东一直是最具潜力的市场，未来 3~5 年仍有望保持强劲的增长势头，非洲和南美洲市场迅速崛起，2021 年的增长率将达到过去五年的最高点。2020 年前三季度，全球体育产业的投融资金额占比再创新高，体育产业的发展成为第一大融资赛道，全球体育运动市场呈现爆发式增长。

随着全球体育产业的兴起，体育文化也逐渐引起人们的关注。体育文化是将体育活动赋予一定的知识文化内涵，从而使体育由自然健身活动变成文化活动，包括与艺术、宗教、学术、文化娱乐以及传播媒介等有关的体育活动和体育作品，如体育舞蹈、艺术体操、武术、体育摄影、体育雕塑、体育建筑、体育音乐、体育文学、体育研究、体育大众传播等。体育类企业利用实时体育宣传报道、现场体育赛事转播、发售优质运动产品、出版相关的体育报刊书籍、投资一系列的体育电影和发表流行体育音乐等方式将体育文化灌输到世界各地。欧美等国家一直将体育文化作为民族文化的重要组成部分。以美国为例，该国家非常重视棒球、篮球、足球和美式橄榄球等体育竞赛，在教育中不断为世界各地学生灌输"自由、挑战、合作、坚持"的优秀的体育精神。重视体育精神的传承，传播优秀的体育文化，不但有助于公民加强体育锻炼，养成良好的身体状况，铸造坚韧的心理品质，而且也能增强国家内部的凝聚力、向心力。

二、Nike 公司体育文化贸易现状

Nike 公司是一家美国体育用品生产企业，其前身是成立于 1964 年的 Blue Ribbon Sports，1971 年更名为 Nike 公司。公司总部位于俄勒冈州波特兰市近郊的比弗顿，在韩国、中国台湾、埃及、南非等地区设立分部。公司主要产品包括运动鞋、运动装备、运动服装、体育文化产品，以及 Nike、Air Jordan、Team Starter、Nike Golf、Converse 等品牌。在体育文化贸易方面，Nike 公司制订全球贸易计划，通过体育明星代言、营销方案精准实施、体育广告推陈出新、电影电视投资、体育文化产品创新、管理模式更新、产品生产方针改造，将"体育、表演、洒脱、自由"的体育文化深入全世界人民的心中，也将"自由、挑战、合作、坚持"的企业文化传播到世界各地，最为人熟悉的是"Just Do It"的宣传口号以及 Swoosh 的产品符号，这些因素使得无数体育爱好者对美国体育文化热血沸腾，如痴如狂。

在贸易全球化的过程中，Nike 公司紧跟全球化的浪潮，抓住发展契机，在 20 世纪 80 年代进行招股，顺利进入亚洲市场，同时公司积极开拓欧洲、拉丁美洲的市场。该公司高度重视文化品牌的建设，相继与一些大名鼎鼎、受人喜爱的体育明星签约，如 C 罗、德罗巴、托雷斯、法布雷加斯、罗比尼奥、阿圭罗等签约合作。2020 年，公司在全球 500 强企业中位居 322 位，年收入达到 391.17 亿美元，远超同类体育企业。Nike 公司在全球贸易的过程中，重视体育文化和公司形象的塑造，成功将美国的体育文化输出到世界各国，影响一代又一代的年轻体育爱好者，在体育文化贸易市场方面占据着重要的位置。

三、Nike 公司全球化贸易的经验分析

（一）开展虚拟经营，助力体育文化走向世界舞台

为了应对错综复杂的国际政治环境、逐渐提高的产品成本、不断扩大的销售市场，Nike 公司将发展目光投到国际市场。公司创始人菲尔·奈特精心谋划，创新开拓，首次使用了"借鸡下蛋"的灵活生产方式——虚拟经营模式。该模式采用相关的策略整合各国资源，使企业在全球范围内不断增强竞争力。虚拟经营模式主要包括虚拟生产、特许连锁经营和非竞争性战略联盟。

虚拟生产指的是 Nike 公司不在本国投资建设生产场地，而是把所有的订单都外包给其他国家的生产商，利用其他国家充足的人力资源加工制造。Nike 公司总部按照合同计划，将设计图纸按时交给生产厂家，生产商严格按图纸的式样进行生产，生产过程结束后，Nike 公司的负责人对产品进行质量检测，合格的产品会被贴上公司的品牌和商标，再利用公司特许的营销渠道在全球范围内销售。Nike 公司在日本、泰国、马来西亚等 43个国家设有工厂，雇用了将近 100 万名工人。特许连锁经营指的是公司将自己独有的商标、专利、核心产品和特殊的经营模式，以合同的形式授予第三方经营者来使用。第三方需要按合同的约定，在统一的业务模式下从事经营活动，每年向公司支付特定的经营费用。特许经营的模式可以保证连锁经营的第三方具有特定的形象、统一的管理模式。这种做法既保证Nike 公司的销售渠道能在全球化市场中全面铺展开，又能深入到世界各个国家的二三线甚至四线小城市，保证横向和纵深的市场都得到覆盖。非竞争性战略联盟则是指通过与全球范围内的其他企业合作，利用双方优势打造一套新的产品组合，互惠互利，实现产品销售成功的模式。

随着网络经济时代的到来，计算机通信技术、网络信息技术、大数据、人工智能等科技水平迅猛发展，虚拟经营模式的应用水平得到了进一步的提升，该模式不但帮助 Nike 公司大幅度降低了生产成本，而且使得公司在发达地区增强了市场的竞争力，公司产品在发展中国家成为家喻户晓

的产品。通过开创这种经营方式，Nike 公司在全球范围内迅速占据有利市场，吸引世界各地的体育爱好者成为公司忠实的粉丝，成功将公司的体育文化产品推向国际大市场，实现公司的快速发展，使公司的体育文化在全球范围内有了蓬勃的生命力。

（二）强化广告宣传，助力体育文化渗入世界各地

以 Nike 为标志的体育文化之所以能得到大众的喜爱，成为认可度非常高的体育运动品牌，除了优秀的产品设计和服务以外，其对产品精妙的体育文化宣传也起到了关键的作用。在 Nike 公司的宣传语中，包含大量的文化现象和修辞，使得广告语富有深刻的感染力，有助于其实现公司体育文化宣传的目的，推进体育文化深入世界各个地区。

为充气鞋垫制作的宣传广告使得该公司第一次在市场上实现突破。广告片中，公司放弃了传统老旧的宣传手段，不是一味地宣传产品的性能和技术，而是采用崭新的创意方法，邀请著名的甲壳虫乐队演奏歌曲《革命》，并将此作为广告的主题曲。伴随着音乐的节奏，身穿 Nike 公司产品的美国人正在进行体育锻炼。这则广告迎合了全美的健身热潮，同时也帮助公司拿到世界体育品牌霸主的地位。在这之后，Nike 公司又推出了一系列富有创意的广告方案，比如，Nike 公司为 2010 年世界杯比赛设计的广告主题是"踢出传奇"，2014 年世界杯广告中设计的主题是"搏上一切"，2018 年世界杯广告使用的主题是"全凭我敢"。2020 年，由于疫情蔓延，应对居家隔离，活动受限，耐克推出广告语"哪儿挡得了我们？即使这战场与球场不同，我们一样能想法子较劲到底！"耐克，向用行动诠释运动精神的人们表示敬意，这些激情澎湃的广告语成功激起了运动爱好者参加体育锻炼的决心。

在体育文化的宣传过程中，Nike 公司高度重视艺术设计，将创意设计、大众审美、视觉传达、趣味性、新颖性融合到新产品的开发中。例如，公司的设计师曾将英文字母与产品实物的照片紧密结合，从创意和美学方面打造该产品独有的品牌感，同时公司使用了剪影的双重视觉效果，形式新颖、充满趣味、视觉冲击强烈。令人印象深刻的体育文化宣传海

报，提升了体育文化宣传的国际水准，使其更易于被世界各个地方接受。高超的体育文化宣传帮助 Nike 积累了超强的品牌辨识度，多样的设计手段为消费者留下了深刻的印象。如此精湛的广告设计，帮助 Nike 公司在全球化的激烈竞争市场中取得了较好的业绩。

富有创意、极具特色的 Nike 广告顺势走红，公司品牌快速成为一种优秀的体育文化标识。运动员的广告代言、完美的广告设计理念和铺天盖地的宣传模式，将公司的体育文化渗透到世界各地，体育文化深入消费者心中，公司也顺势赢得了大量的销售订单，这极大地增加了公司占有市场的比例，推动 Nike 品牌成世界运动市场的"胜利女神"，帮助公司在全球化市场中站稳脚跟，将体育文化传播到世界各国国家。

（三）赞助体育事业，推动体育文化事业蓬勃发展

作为全球最著名的体育运动品牌，Nike 公司致力于通过体育公益事业回馈社会。长期以来，公司赞助中国、马来西亚、澳大利亚、沙特阿拉伯、印度、韩国、泰国等 20 支国家足球队以及英格兰在内的 20 个足球俱乐部。除此之外，Nike 公司还赞助了世界各个国家的篮球、台球、羽毛球、游泳、高尔夫等不同体育项目的专业运动员。在体育赛事方面，Nike 公司在 2019 年成为 2028 年洛杉矶奥运会的首家官方赞助商。同时，Nike 公司也在全球范围内积极开展体育教育。在中国内地，Nike 公司推广校园体育，传播体育精神，启动"活力校园"项目，致力于帮助超过 200 万中国儿童"动起来"。在中国台湾，Nike 公司以"我改变运动"为主题展开"Just Do It"的体育活动，利用户外运动激发台湾人对体育文化的认同，改变当地居民缺乏运动的不良生活状态，帮助人们找回对体育锻炼的动力和热情。如此热衷于全球体育文化事业的发展，使得 Nike 公司被越来越多的国际运动员关注，国际影响力不断扩大。

根据相关统计，在全世界最受青年人欢迎的 25 家国际品牌中，耐克凭借其良好的公益形象，成为唯一上榜的体育运动用品商。对体育赛事的持续赞助、对体育公益的热衷，帮助该公司成功地将以 Nike 为标志的体育文化传递到世界各国的消费者中。此举也让 Nike 公司在世界范围内积累了

强大的体育文化形象，让更多的运动消费者为之动容，加快了公司在全球体育文化贸易中充当领头人的角色，助力全球体育事业蓬勃发展。

（四）采用"明星+"计划，打造高品质的体育文化形象

青少年市场是运动品牌的关注焦点，这一年龄段具有热爱运动、崇敬英雄、独立性强、思维敏捷、充满梦想等特征。为了吸引青少年的注意，Nike 公司与全球闻名的巨星合作签约，如乔丹、方丹、刘翔等。2018 年 Nike 公司为明星王俊凯设计了 Nike Air Max Zero 跑鞋，用王俊凯的形象来展示中国青年自由奔放的气质和勇于探索未来的决心，此举引起了中国青少年市场的广泛关注。

在粉丝经济时代，Nike 公司结合明星 IP，提升产品的曝光度；将明星 IP 与产品特征相结合，利用这种方式与粉丝产生互动共情。为了保持品牌的活跃度和曝光度，Nike 公司也会利用明星制造各种舆论热点话题。在新产品发售之前，耐克会把新鞋免费送给曝光度高的明星，安排明星在重要的场合穿戴；利用明星背后强大的粉丝团体，引起市场消费者的关注，为新品发售宣传造势。这些举措成功地抓住了青少年消费者，使 Nike 品牌在全球消费者的中心中留下挥之不去的印象，帮助公司产品开拓了全球化市场的范围。

一系列明星成为 Nike 宣传推广中光彩亮丽的"主角"，吸引了青少年消费者的视线，公司也因此在全球范围内树立起独一无二的品牌形象，增强了消费者的兴趣和信任，提升了品牌的知名度。紧紧抓住明星 IP，这为 Nike 公司提供了展示新产品的最佳平台，使得公司在全球范围内快速抓住未来消费者的市场，在全球范围内树立起优秀的体育文化形象。

（五）组建优秀研发团队，提高体育文化产品的竞争力

以 Nike 为标志的体育产品之所以能走向海外，赢得全球消费者的青睐，是因为公司坚持"不断改进、不断创新"的企业理念，组建了一支高规格的研发团队，不断设计出满足大众需要的高性能产品。

公司每年在全球范围内高薪招募科研人才，从生物学、生理学、物理

学、化学、电子信息技术、工业设计和工程设计等不同角度对产品进行研究。同时聘请骨科医生、整形大夫、教练员、运动员、设备研发者，请他们定期参与审核新产品的设计、材料研发以及改进新型运动产品。同时公司也设置研究委员会和顾客委员会，从多角度对市场进行预估评判。比如，公司利用颗粒性材料，设计出一款减震跑鞋——Nike Joyride Run Fly Knit，该跑鞋能够给用户提供仿佛踩在泡泡上一样的感觉，拥有独特的用户体验，适用于不同阶段的运动者。柔软的缓震高科技材料和平稳的过渡设计理念有助于缓解势能对身体造成的冲击，既能满足经验丰富的马拉松跑者日常的专业跑步训练，也可为非专业运动人士提供一种轻松的跑步装备，为他们带来舒适的跑步乐趣。

Nike 公司每年为此花费巨资，根据跑速、性别、训练计划、脚型、体重差异和不同运动水平来设计全新的运动产品。质量精湛和功能齐全的体育产品吸引了无数的运动爱好者，他们相信 Nike 公司能够为运动员提供品种最齐全、质量最优的跑鞋，这为 Nike 公司塑造了非常吸引人的国际体育文化形象，也使其在全球范围内提升了体育文化产品的核心竞争力。

（六）开启饥饿营销，提升体育文化产品的品牌魅力

近年来，流行运动与时尚风结合的市场不断扩大，Nike 产品的需求量持续攀升，为了吸引更多的粉丝，饥饿营销开始成为销售环节中的关键一招。Nike 公司抓住了消费者别具一格的偏好心理，利用物以稀为贵的原理来限量发售热门商品，以此来吸引追求个性的消费者。

饥饿营销是指公司故意调低产量，在市场中制造出供不应求"假象"，以此来维护稀有产品的价值，并借此来激发市场的购买行为，主要运用在商品或服务的商业推广中。一双限量版的鞋子成为 Nike 公司强有力的撒手锏，无数消费者为"限量"二字如痴如醉。公司在不同的销售场所利用排队或抽签的方式销售最新款的产品，越稀有的款式，对"耐克粉"具有越强大的号召力。例如，发售年度鞋王，新款 Dior X Air Jordan I，虽然全球仅限量 8000 双，但有 500 多万人参与抽签，中签比率高达 625∶1。Jordan

系列球鞋在青少年市场中具有巨大的影响力，该款球鞋在中国市场发售过程中，不少消费者会通宵达旦地排队去购买一双心仪的鞋子。在美国本土有些地区甚至会出现在实体店"抢劫"鞋子的行为，球鞋发售的比例基本上都在几百比一。目前 Nike 公司存在两种类型的发售方式，一种是"先到先得"，另一种则是"抽签法"，主要是指店员在规定的时间内依次发放抽签号码牌，消费者在固定的时间到达现场，在暗箱内抽取。Nike 现在也有了自己的 APP 供消费购买鞋子。其线下的门店也会在规定日期和时间内发售有限数量的球鞋，但是要求：第一，购买者必须穿和发售系列相同的鞋子；第二，有些城市的门店要求购买时必须出示本人的身份证件才能购买。

限量发售虽然无法给公司带来可观的利润，但是却带来了巨大的品牌价值。饥饿营销可以帮助公司预计相关产品的市场接受程度，减少市场风险。限量款在市场中会带来无可比拟的"震荡"。销售过程中，有人会在幕后讨论，有人会在市场哄抢，有人则利用限量款抬价，由此引发强烈的市场联动效应。这种市场效应帮助 Nike 在全球范围内扩大该体育文化品牌的知名度，顺势赢得了更多忠实的消费者，使公司产品打造出浓厚的体育文化魅力。

四、Nike 公司面临的困境与挑战

（一）市场竞争激烈

全民健身催生全球运动消费市场的扩张，当前全球运动产品的消费市场集中在两类地区：一类是经济发达的国家和地区，如欧美、日本、加拿大等；另一类是人口众多的国家，如中国、印度、巴西、印尼等。但是上述国家都拥有大量的运动产品生产企业。例如，在日本本土有亚瑟士、美津浓、尤尼克斯、鬼冢虎等运动品牌，在中国有安踏、李宁、特步等新兴的运动品牌。这些企业的产品基本可以满足国内需求，对国外产品的需求量不是很大。同时，放眼国际市场，强劲有力的对手云集，例如，阿迪达斯、彪马等运动品牌在国际市场中分庭抗争，各占据着重要的地位。如何

开拓新的运动群体、深挖潜力客户、吸引更多消费者已成为公司急需解决的难题。

(二) 贸易摩擦不断

随着经济全球化的扩张，为了保护相关国家及地区的利益，区域性的经济集团应运而生。例如欧盟，对成员国之外的贸易对象设置了各种严格的贸易壁垒，这种措施严重阻碍了外来企业在欧洲的发展。2020 年 1 月，欧洲地区颁布相关禁令，严格限制 Nike 公司的零售合作伙伴为消费者提供跨国运输服务，这严重影响了其产品的海外代购业务，对产品的销售环节造成了巨大隐患。不同国家的贸易政策大不相同，一些发展中国家的运动市场还未能对外打开，一些国家对进入本国的外国公司实行配额制度。同时跨境贸易带来的跨文化问题也是 Nike 公司在跨国经营和管理中遇到的严重问题。因为欧美存在文化差异，传统的欧洲人钟爱欧洲本土的产品，所以耐克公司将大部分生产都放在发展中国家，但是发展中国家经济发展不稳定，对耐克公司的生产和销售也造成了很大的困扰。面对种种严苛的贸易条款，Nike 公司如何突破重重贸易屏障，顺利在其他国家或地区生根发芽，就成为公司长久发展的基本保证。

(三) 生产污染严重

为了应对全球气候变化的危机，政府和企业都不得不在环境保护措施上投入更多的资金，全球基础设施、农业、能源等方面的重要企业也正在积极调整其未来的布局。根据相关的调研，企业肩负社会责任的行为会影响个人的购买行为。目前全球各大著名品牌生产商，都十分重视企业形象，强化企业在环保方面的措施，这些良好的社会担当吸引了众多的消费者。Nike 公司在生产流程中，废弃材料往往被送往垃圾填埋池。产品的生产过程中又消耗了大量的能源和化学制品，导致了大量的化学残留。如何改进生产技术，推动企业实现绿色可持续发展，树立正面环保的绿色企业形象，赢得消费者的青睐，成为 Nike 公司必须解决的重要难题。

（四）销售方式单调

Nike 公司依靠体育明星、娱乐明星代言，可借助明星光环，在全球快速占领运动市场。这帮助 Nike 公司在海外积攒了大量人气资源，同时也为公司品牌树立了独一无二的形象，但过度依赖明星效应，公司每年需要为此花费巨大的代言资金。比如，Nike 公司 2020 年请明星代言费超过 10 亿美元，这笔巨额款项极大地提高了公司的生产成本，使得公司在同类产品上存在价格竞争的弱点。同时，利用明星效应，将明星与产品的捆绑，也存在一系列的风险。例如 2016 年，品牌代言人莎拉波娃没有通过澳洲网球赛的药检，被国际组织反兴奋剂机构起诉，造成一系列严重的市场不良反应。尽管 Nike 公司第一时间宣布与莎拉波娃暂停合作，但是此事件仍然成为 Nike 公司的一段不光鲜的历史，其国际形象遭受到相当程度的侵害。因此公司需要创新营销方式，改用新的营销方法，防范上述的不良状况。

（五）疫情危机困扰

随着新冠肺炎疫情在全球的肆虐，运动产品也不可避免地被卷入巨大的旋涡，Nike 公司线下零售业迎来了低谷时期。2020 年 3 月，Nike 公司在中国被迫暂时关闭了约 75% 的自有门店和合作门店，仍在开放的门店也大大缩短了营业的时长，客流量明显低于预期。在新冠肺炎疫情和美国国内大规模抗议活动的双重冲击下，2020 年第四季度，Nike 公司在美国的 90% 门店关闭了 8 周以上。同时因为疫情影响，NBA 等重要的国际体育赛事暂停了 2020 年的所有比赛。Nike 公司作为球衣赞助商，其产品销量严重下降。面对低迷的运动市场，如何破解疫情下的困窘状态，提高营业额，助力公司营销顺利实现正向增长，这是 Nike 公司营销所面临的重要战略挑战。

五、探究 Nike 公司的应对措施

（一）发展绿色科技，抢占可持续发展市场

用更少的能源、材料，排放更少的碳，制造出更好的产品，有效应对

气候变化，创建绿色企业文化，赢得更多消费者的认同，这些是 Nike 公司应对环境污染需要实现的重要目标。其竞争对手阿迪达斯公司曾设计由 100% 可重复使用的热塑性聚氨酯制成的 Future Craft Loop 跑鞋，该鞋款报废后，可以重新回收利用，通过清洗、加工、粉碎、溶化等程序进行二次生产，实现生产可循环。当今时代，人们对绿色环保有了全新的认知，可持续发展的商业经济模式，是众望所归的理想状况。Nike 公司如何提升生产工艺，寻找环保再生材料，倡导绿色健康的生活方式，建立绿色环保企业形象，加速体育行业环保技术升级和变革，将是 Nike 公司抢占未来可持续市场的重要战略手段。

（二）关注市场划分，聚焦女性市场

随着社会经济文化的发展，女性在生活消费中的主导地位逐渐凸显。2007 年中国女经济学家史清琪提出"女性经济"（即"她经济"概念）以来，女性消费市场的消费观念和消费趋势不断发生变化。诸多数据表明，女性群体已经逐渐成为市场主流和品牌关注的重点营销对象。女性消费群体增长迅速，她们对运动产品和锻炼的要求跟男性完全不一样。针对专业度相对比较低的女性用户，时尚设计和体验服务就成为这一运动板块的标配。面对上述情况，Nike 公司应该通过整合营销市场、传播体育精神、创建 Nike+数字平台、加强线下体验环节（建设女性体验店），加速进军女性消费市场，扩大女性市场的占有率。

（三）注重体育文化适应性发展，制订针对性营销计划

作为一家跨国企业，跨文化传播时应该注重文化的适应性发展，照顾本地消费者的心理。在实现品牌本土化发展过程中，Nike 公司应将各个国家的社会道德、民族精神，以及人伦常理作为发展的重中之重。在品牌扩张与渗透的过程中，公司需要根据各个国家的不同的情况制定有针对性的广告营销计划。比如采用故事宣传、举办体育比赛、赞助大型文化活动、投资电影电视、建设基础体育设施等多种方式，设计生动形象的宣传方案，在消费者心中留下深刻的印象，将"体育、表演、洒脱、自由的运动

员精神"深深烙印在每一位体育爱好者的心中，这可以为公司的发展赢得更加广阔的市场。

（四）加强矩阵式影响，丰富营销方式

矩阵式营销是指：企业根据实际经营过程中的多维度需求，从多个模块和角度来实现和完善营销体系的构建。针对营销方式的单调情况，Nike公司应该积极采用矩阵式的网络营销模式，扩大产品的营销范围。在全球化的进程中，公司需要根据不同的国家，采取不同的方法。例如，针对中国内地消费者，Nike公司需要在微博、微信、知乎、豆瓣等互联网平台上开通多个账户，同步发布最新的产品信息，宣传核心产品。推送相关的打折优惠券，扩大产品的影响范围，快速占领市场，形成矩阵式的影响。针对日本和韩国地区的销售市场，Nike公司可以在 Line、Instagram、Facebook、Twitter 等社交软件上即时发布产品的相关信息，方便消费者在第一时间获知信息。通过建立矩阵式的营销渠道，Nike品牌可以用一种"病毒式"营销方式，快速辐射到消费者的日常生活中，进一步提升消费者的满意度，扩大品牌的市场影响力度。公司利用矩阵式营销的影响，也能够顺利实现事件营销、活动营销、明星营销、关系营销、整合营销，使得营销的方式更加丰富多样，从而与消费者建立紧密的互动联系。这样做有利于公司的体育文化更好融入全球其他国家的文化，助力产品市场实现更好更快的发展。

（五）创新营销方案，破解疫情困境

面对疫情的困扰，实体店的营销方式存在诸多短板，Nike公司需要在危机中创新的营销方案。通过签约流量明星站台，网上直播，转化电商平台，实现加速孵化线上营销的渠道。同时公司应致力于体育文化产品制作，强化体育文化灌输，持续输出正能量的体育文化观，让更多的消费者看到 Nike 公司永不言败的体育文化，帮助消费者对 Nike 品牌重拾信心。关注与消费者之间的密切关系，调整产品的质量水平，精准营销、精准投放，定位忠实的消费者群体。采用线上营销的方式，不断用体育明星的精

神感染消费者，激发消费者的运动欲望，培养消费群体正确的体育文化观，进而利用这种运动文化观念来拉动消费，将疫情的危机转化为线上营销的契机，逐渐摆脱疫情困扰。

马克思主义学院　彭鹏

文化交融　品牌塑造：
"韩流"模式的发展之路

一、发展背景

在全球化的大背景下，文化发展是经济社会发展中一个必不可少的部分，同时文化也是一个国家软实力的重要指标，对于一个国家的经济发展起着越来越重要的作用。韩国作为一个半岛国家，自20世纪90年代末就意识到了发展文化产业的重要性，并已通过文化输出等一系列方式，为其经济发展做出了不可磨灭的贡献。在探索和发展之中，通过文化交融和文化品牌打造，铸造了一条专属于"韩流"模式的发展之路。

自从1998年韩国遭受金融危机之后，韩国确立了"文化立国"的战略，由此文化产业成为韩国经济发展新的增长点。"文化立国"这一方针政策不仅涵盖了我们耳熟能详的影视行业，还包括了游戏、电竞等领域。2013年朴槿惠当政时，提出的"创始经济"的思想也与此基本相通。2013年出台的《韩国文化产业对外输出促进方案》中提出：韩国未来将致力于把韩国文化产业的出口产值从2010年的世界第9位提升到2020年的世界第5位。

为了推动韩国文化产业的发展，推动"韩流"在全球范围内的传播和发展，韩国制定了一系列的政策和法律条文。在1999年提出"文化立国"战略之后，韩国立刻制定了《文化产业振兴基本法》，随后又制定了一系列文化产业发展政策，为文化企业与产品走出去提供了重要保障。

经过多年努力，截至 2004 年，韩国文化产品占到世界市场的 3.5%，成为世界第五大文化产业强国。近十年来，韩国文化产品在全世界的影响力愈发突出。韩国文化体育观光部发布的 2011—2019 年文化产业统计数据表明，韩国文化产业的出口规模每年都在迅速增长，并且不断再创新高。

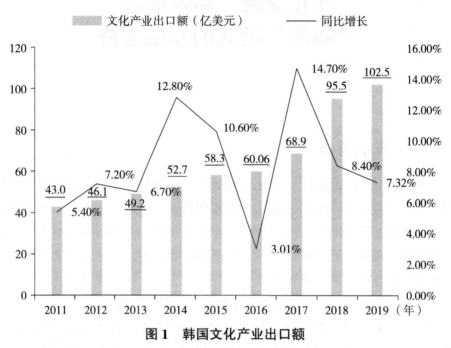

图 1　韩国文化产业出口额

资料来源：韩国文化体育观光部和韩国文化内容振兴院报告。

伴随着韩剧的热播，特别是 2005 年《大长今》等影视作品在我国电视台播出之后，韩国文化逐渐在我国引起了包括青少年、中老年妇女等庞大群体的热烈关注。韩剧以迷人的演员形象、良好的故事情节将韩国文化输出到了东亚、东南亚等地区，为韩国文化的对外传播起到了至关重要的作用。伴随着韩国文化走出去规模的扩大，"韩流"品牌应运而生。"韩流"最早诞生于 20 世纪 90 年代末，随后在东亚和东南亚特别是中国内地迅速传播。1999 年底，"韩流"作为一个新名词被正式添加到中文字典中。韩国影视行业是其文化产业发展的中流砥柱，为韩国文化的对外传播起到了至关重要的作用。

　　“韩流”模式的发展之路，主要是通过影视行业的发展迅速扩大其在亚洲的影响力。并且以电视剧、综艺、电影、音乐节目等作为主要载体，经历一系列探索和发展之后，逐渐走出了专属于“韩流”文化传播的特殊道路。文化产品的出口，作为一辆重要的“马车”驱动着韩国经济的发展。在韩国经济发展壮大的十几年内，文化贸易在现代国际贸易中发挥了重要的作用，在此过程中韩国逐渐发展成文化强国，对亚洲乃至世界文化产业的发展产生了极大的影响。

二、“韩流”风靡东亚文化圈的表现

　　自 1990 年代韩国受到金融危机的沉重打击之后，大量青年人口失业，韩国政府逐渐意识到经济转型的迫切性。随着这一时期文化产业的崛起及其在经济比重中份额的上升，韩国政府最终将文化产业确定为本国 21 世纪经济发展的重要支柱，并且制定了“文化立国”的方针政策。新时代的韩国上下一心，立志打造属于自己的文化标志。“韩流”在中国和东南亚地区带来了一种全新的文化现象，时至今日仍是文化传播方面一种现象级的文化输出方式。2020 年韩国 Fandom 研究所发布了“K-pop 世界地图”，揭示出“韩流”在东亚和东南亚各国各个国家的强大影响力。

　　韩国影视节目以其创意性的节目形式、幽默而丰富的内容以及精良的制作，成为韩国文化的载体，吸引了同属儒家文化圈的东亚和东南亚广大观众的兴趣，走入人们的生活娱乐之中，呈现出迅速发展的态势。

　　首先从东南亚地区来看，“韩流”文化主要是集中在东南亚半岛地区，以越南和泰国为典型代表，其次则是在菲律宾和印度等国。韩国与东南亚等国进行外交时，都是以电视剧、综艺节日等文化输出作为两国文化交流的手段，使得韩剧在这一阶段逐渐进入他国民众的生活，从而提高了这些国家的人民对韩国的喜爱程度。伴随着政府文化外交形式的输出，韩国文化逐渐转变为商业形式的输出。韩国的文化产品在前期通过文化输出打破当地的贸易壁垒，为它的产品宣传奠定了良好的基础，日后韩国文化产品的出口量在东南亚地区大幅度增长，这与韩国政府文化贸易的方式是息息

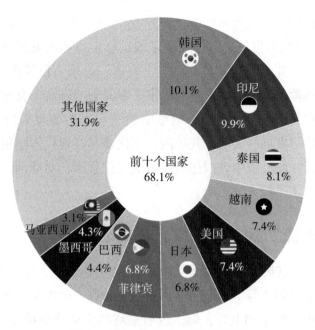

图 2　2019 年 K-pop 世界地图

注：K-pop 即 Korean pop music 的缩写。

资料来源：韩国民间研究所 Fandom。

相关的。不仅仅是文化产品，韩语也以影视作品的方式在韩剧流行地区迅速普及，特别是在东南亚及南亚的某些地区，如越南、印度等国家更是将韩语定为第二外语，足以见得"韩流"的巨大影响力。"韩流"在东南亚的文化输出除了以影视作品为载体外，也伴随着人口迁移。早在 20 世纪 90 年代，大量的韩国移民进入东南亚，相当大一部分人从事与韩国流行文化传播相关的工作，这促使韩国的流行文化在东南亚广泛传播。由于生活成本比较低，韩国留学生也纷纷前往菲律宾和马来西亚等国学习英语。韩国人口大量流向东南亚地区，为"韩流"在东南亚的发展和传播打下了坚实的基础。

其次在东亚地区，"韩流"扩散态势也相当迅猛。中国、日本等国在 20 世纪初期就已成为韩国政府文化发展战略的重要一环，直至现在仍是"韩流"文化传播的主要基地之一。中国以邻国的地缘优势，受"韩流"影响极其深重。最初是《浪漫满屋》《大长今》《我的野蛮女友》等一系列韩国电视剧和电影的引入,韩国文化在我国得以迅速传播和发展。随后韩国综艺也在中国收视爆火。自 2006 年综艺节目《情书》引进中国之后,各大电视台频频引进相关的韩国综艺节目。一系列韩语专业翻译团队以及爱奇艺和土豆网等视频播放软件的出现,使得韩国原版综艺如《家族的诞生》《强心脏》《我们结婚了》等在网上获得了极高的点击率和热议。

"韩流"的引进,对其他国家影视行业的发展产生了深远的影响。以我国为例,电视台不仅仅满足于引入原版综艺,而且在模仿的基础上,结合中国的实际创新出了"类韩式"的中国本土综艺,使得中国的电视荧幕上涌现了一大批综艺节目,如《爸爸去哪儿》《我是歌手》《两天一夜》《花样爷爷》等。这也是"韩流"在我国的新发展,通过文化形式的多样化增强了韩国文化产品的输出能力。

经过不断的发展和演进,韩国的文化品牌和产品在东亚、东南亚盛行,足以证明"韩流"文化拥有顽强的生命力和创新力。二十年来"韩流"在东亚和东南亚经久不衰,以现象级的文化传播方式风靡全亚洲,并成为韩国经济中极具竞争力的重要一环,构成了韩国文化称霸全球的核心竞争力。

三、"韩流"走向东亚文化圈的路径探讨

(一)文化基础:以儒家思想为根基

韩国与中国以及其他东亚、东南亚国家所在地理位置相近,拥有较为统一的文化认识,因而其影视内容所传播的文化较容易获得东亚、东南亚国家观众的认同。韩剧中所蕴含的真、善、美和以儒家伦理思想为基础的价值观都能够引起广大观众的共鸣,并且韩剧善于抓住亚洲观众精神方面的需求。在国内,它植根于韩国庶民生活,反映底层百姓的诉求。在国外,韩剧以一切丰富的艺术形式和精彩的生活内容,赢得了众多海外观众的喜爱。在亚洲爆火的韩剧《来自星星的你》,男女主虽属于精英阶层,但其对于物质却弃之不顾,在剧中对于真爱的追求能够引起广大平民阶层的观众的思想共鸣,剧中人物的真性情也正好反映韩国电视剧在制作时所

遵循的平民价值取向。同样《大长今》一剧中所反映出的积极进取、独立勇敢的精神，也是当代青年人所追求的价值导向，能够唤起人们内心的文化认同感。徐长今这一人物身上洋溢着善良勇敢、果断坚毅的个人品质，这正是她受到观众欢迎的根本原因。

韩国传统文化为韩国文化产品的发展提供了思想基础。韩国文化已成为国家形象的一部分，这使得韩国在发展经济过程中极其重视本国的文化资源。无论是什么类型的电视剧或者综艺，甚至是 K-pop 音乐等，都尽可能地保留了韩国文化和民族特色。在迎合外国观众口味的同时，这些文化产品的核心都是宣传韩国的本土文化。内容上，以精美的韩国朝鲜族服饰和精致简约的韩国餐饮为主；形式上，无论是精美的动态画面，还是轻松愉快的音乐氛围，都巧妙地将韩国民族传统文化蕴含其中，为文化产品的发展奠定了夯实的文化基础。韩国的影视文化产品能够经久不衰的原因，除了继承儒家传统文化外，还大胆地将西方前卫而开放的先进思想融入，从而能够以更加新颖的方式吸引现代年轻人的眼球，满足人们日新月异的精神文化需求。总之，韩国文化的发展是中西方文化长期融合的结果，这使得韩国文化在历史的长河中汲取了充分的养分，故而能够长远发展。

（二）政策扶持：上升到国家战略层面

2019 年，韩国文化产业出口额达 102.5 亿美元，同比增长了 7.32%。近年来，韩国文化产品的出口额一直稳定上升，为带动韩国经济的发展做出了不可磨灭的贡献。韩国文化产品的发展离不开韩国政府对它的支持和引导。韩国政府自上而下为文化产业的发展制定了详细而专业的政策规划，以确保文化的顺利输出。为此韩国政府还建立了相应的知识产权专门机构 IP-Desk，专门从事海外知识产权保护，从而有效地维护了它的核心技术不受损害。不仅如此，韩国政府不断建立相应的文化发展基金和全面的文化配套措施，设立了许多与文化产业相关的专业和大学，加强文化产业从业人员专业资格培训，为文化产业的发展配套高级人才和先进技术，以提高韩国文化产业的竞争力。这些政策的宗旨都是为了韩国文化更好地进行输出，以实现"文化立国"的宏伟目标。

"韩流"文化可谓是一道亮丽的外交名片，使得韩国政府在外交政策方面不遗余力对其加大扶持力度。以中国为例，作为最大的韩国文化传播基地，自2005年开始，韩国为中国的部分重点大学免费提供韩语课程教学，从中国赴韩留学人数的增加可见该政策的效果颇为显著。并且自2016年中国民间实行"限韩令"以来，"韩流"文化传播受阻，韩国政府为保留中国这个最大市场频频做出努力。2021年借着中韩文化交流年，韩国放送公社（KBS）与中央广播电视总台以视频方式签署了合作协议，这不仅意味着"限韩令"的松动，而且表明韩国又能通过文化传播的手段，再次将韩国文化产品打入中国市场。无论在哪个时期，"韩流"的发展历程总是与韩国的政治、经济有着千丝万缕的联系。韩国政府作为官方在外交和经济支持方面所做的贡献，是促成韩国"文化立国"战略方针得以顺利实施的重要保障。

（三）文化融合：主动融入其他国家

韩国在传播文化的同时，也同样重视市场需求的更新，充分挖掘海外资源，并且能够适应不同地区的价值取向和审美情趣，积极融入其他国家的文化作品之中。以中国为例，韩国电视剧、综艺节目等在我国的热播，也使得我国文艺界也想要打造类似模式的综艺和电视剧。韩国方面看到了这一诉求，积极主动地与中国电视台、互联网平台合作，打造中国本土的"韩式"节目。韩国制作导演从模式和方法上积极与中国的国情对接，在保留韩国节目形式的前提下，制作符合中国人笑点和审美情趣的节目，获得了中国观众的广泛好评。

2015年，央视以《叮咯咙咚呛》作为首次中韩合作的试水，开启了中韩合作模式。内容是中韩明星分组拜师学艺，充满了弘扬传统文化的情怀。在首次尝试初获成功的基础上，湖南卫视、浙江卫视随后的中韩合作节目都取得了巨大反响。在韩国节目制作单位主动融入我国文化的形势下，我国的文化产品不断地进行更新和改造，中韩节目制作之间的合作趋于常态化，国内电视节目中本土化韩国综艺已有近七成。这种文化融合的形式使得韩国文化在适应他国文化的基础上，充分拓展了韩国文化的海外发展渠道，巩固了韩国文化产品对于别国文化的影响力。

表1　各大卫视主要引进的韩式综艺节目

卫视节目	韩国原版节目	合作方	平均收视率	类型
CCTV3《叮咯咙咚呛》	——	韩国明星	0.674%	央视综艺
CCTV1《了不起的挑战》	《无限挑战》	MBC电视台	1.014%	央视综艺
湖南卫视《爸爸去哪儿》	《爸爸！我们去哪儿》	MBC电视台	4.015%	亲子互动
湖南卫视《我是歌手3》	《我是歌手》	MBC电视台	2.723%	音乐竞技
浙江卫视《奔跑吧兄弟》	《Running Man》	SBS电视台	4.755%	游戏竞技
东方卫视《花样姐姐》	《花样姐姐》	TVN电视台	1.016%	旅游探险

　　除了引进韩国综艺之外，中韩两国在电视剧方面也有更多的互动。中韩两国合作拍摄的步伐不断加快，并且形式也多种多样：有中韩合资拍摄，中韩影视明星共同参演，也有韩国导演直接指导中国演员进行拍摄。韩国方面的主动参与使得中国电视剧多了一些韩剧"风味"，韩剧制作方面的优点也被我国的制作团队吸收采纳，使得国产电视剧的内容更加精良，同时更加吸引观众的眼球。

表2　中韩合作电视剧例举

电视剧名称	播出（拍摄）时间	合作模式
《克拉恋人》	2014年播出	中韩合资，中韩影星共同拍摄
《锦衣夜行》	2015年拍摄	由中国小说改编，中韩合资，中韩明星共同拍摄
《武神赵子龙》	2016年播出	中韩影星共同拍摄
《毕业季》	2016年拍摄	中韩合资，中韩影星共同拍摄

在韩国主动融入他国文化的举措之下，韩国文化作品在探索和发展之中不断加强自身的定位。近年来，韩国文化中的许多文化现象对青少年的价值观和生活作风产生了相当大的影响。韩国造星产业的集聚和发达，导致年轻人疯狂迷恋和追捧偶像明星。也正是伴随着韩国节目的引进，如《创造101》《偶像练习生》等综艺选秀节目，节目中塑造的青春偶像受到青少年的追捧，甚至衍生出了一种新兴的"饭圈文化"。年轻人是吸收新鲜事物的重要主体，以年轻人为阵地快速进入他国文化的例子不在少数，韩国文化更是将其做到了极致。通过节目宣传并利用年轻人的从众心理，韩国的流行文化很快进入到人们的日常生活之中。淘宝上数以万计的韩风服饰和风靡大街小巷的韩国料理，都无一例外地证明韩国正引领着如今的时尚潮流。我国审美观念和大众生活方式的改变，也说明韩国文化的融入，对我国的文化生活造成了不小的冲击。"韩流"在融合其他国家文化的同时，并未失去自己的本色。在传播的过程中，始终以市场为导向，能在充分的调查和研究之后，制作出符合大众口味的文化产品，并且借助新兴媒体的发展植根于他国文化之中。

（四）文化传播：带动文化产品出口

"韩流"本身创造的财富，远不能够衡量"韩流"所创造的价值。"韩流"文化产业作为娱乐行业有其特殊性，品牌推广力度强，能够创造比直接收益更高的连带收益。低廉的跨国企业宣传成本，有助于拉动韩国本国的消费。我们经常可以看到一部韩剧的热播，带动了韩国某个文化景点的旅游发展，甚至带动了某个产业的蓬勃发展。旅游所带来的经济收益，远远大于直接的影视版权出口所带来的收入。影视剧的传播只是韩国文化出口的第一步，韩国要通过文化传播打开海外市场，使韩国的其他产品源源不断地输出到国外。"韩流"在发展初期，就带动了一大批韩国产品走出国门，随后韩国通过各行各业的发展和创新，既使韩国产品不落伍于国际市场，同时又保持了韩国企业在世界范围内的竞争力。随着韩国海外文化市场的扩大，韩国的高新技术产品远销海外，实现了文化资源和实体经济发展的巧妙融合。并且韩国文化产品极其重视个性化的需求，在巧妙地融合中西方文化，加上自己国家的文化元素之后，韩国的文化产品就可以贴上韩国自身的标签。这样个性化的标签恰巧迎合了年轻人的多元价值观的需要，这使韩国文化产品在众多文娱产品中脱颖而出。

韩国尤其重视国际市场营销和国际宣传，因此韩国在年轻人群体中，总能以时尚和潮流的形象出现。正是由于年轻人普遍的趋同心理和赶时髦的心态，促进了韩国的饮食文化、传统文化和民族文化的传播和普及。吃韩餐、赴韩国旅游、买韩国化妆品、穿韩版服饰、追"韩流"明星，成为受韩国文化影响地区的人们大众娱乐生活中不可缺少的一部分。在广大年轻人群体和中老年妇女的生活交流之中，韩国文化潜移默化地影响着人们行为方式的选择。一些韩国舶来词汇如：暴风吸入、瞳孔地震、身材管理等词，被广泛用作网络词汇。韩国造星产业的发展引领着中国的"哈韩一族"的追星行为演变为如今的"饭圈文化"，为偶像打榜、应援比拼的粉丝行为屡见不鲜。许多韩星在微博、推特等社交媒体上开通账户，开设粉丝见面会，力图拉近与各国粉丝之间的距离。"炸鸡和啤酒"这种韩式十足的饮食文化伴随着电视剧的热播迅速风靡亚洲。"泫雅风""想你色"等新潮的服饰和美妆趋势引领着时尚潮流。这些韩味十足的文娱产品的输出背后紧接着韩国产品的海外出口，也彰显着"韩流"以多种多样的形式带动了文化产品的出口。韩国文化传播力度的加强和文化产品附加价值的提高，增强了韩国实体经济的辐射和拉动效应，为韩国企业践行"走出去"政策提供了有力的保障。

（五）网络平台：推动"韩流"文化走向世界

互联网的兴起以及手机、自媒体等新生事物的广泛使用，是世界各国共同面临的新的机遇。韩国在这一历史进程中正是牢牢地把握住了这一点，利用新媒体平台进行了文化传播，并且成效显著，领先于亚洲各国。首先，韩国影视作品以低廉的价格顺应数字化的时代潮流，在互联网平台得到了大量的点击率，在亚洲地区获得极高的话题讨论度。其次，充分利用了互联网这一传播媒介。在2010年左右，韩国的许多偶像音乐会采取了互联网直播的方式，这种成功模式被韩国放送局所利用，为文化产品的传播提供了相当大的便利。韩国文化产品这种与时俱进的特点，顺应了新时代经济发展的需要，为韩国文化走向世界推波助澜。在现代科技的辅助下，我们可以非常便利地使用手机或者平板观看韩国的综艺节目，我们可以利用电商平台迅速获得一套韩国明星的同款产品，我们可以甚至可以在本土就参加偶像的演唱会、签售会。互联网和数字技术等媒介比传统的传播媒介更具有互动效应，并且通过社交网络能够带动更多的观众加入，为韩国文化增添新的受众群体。网络和科学技术的发展，使得"韩流"文化的传播途径得到了极大的扩展。韩国文化企业利用网络营销平台，源源不断地将韩国文化传播到全球，提高着韩国的国际影响力。

与此同时，韩国非常重视流行文化与新兴技术的高度融合。脸书、微博等社交平台的应用，使得世界各地的人们都可以在上面分享自己的文化产品。"韩流"也是以此为渠道，通过官方的品牌账号与世界各地的观众连线，使得全球粉丝都能够通过这一社交平台获取信息，而且可以在第一时间获取最新的"韩流"文化创意产品。用户以低廉的成本参与其中，也是"韩流"近几年来增长迅速和全球扩张的又一重要原因。韩国的文化产业在积极与新兴科学技术结合，加入高科技元素。粉丝甚至能够通过虚拟技术实时与偶像明星进行沟通对话。伴随着科学技术和网络平台的助推，韩国文化得以在全球范围内普及并流行，在世界文化领域占有一席之地。

四、"韩流"发展的经验总结

（一）以儒家文化为核心，加强东亚文化合作与交融

亚洲文化的共同性，始终是韩国文化内容出口的最重要因素之一。地理位置的相近，使得东亚、东南亚文化首先就有着一脉相承的共性。伴随着中国古代儒家文化的宣扬，整个亚洲文化都蕴含着儒家思想的内涵。而韩国能够恰当处理文化传承问题，将这些文化很好地加工和处理，与韩国文化因素相结合，使其文化产品所展现的价值内涵都是大众所喜爱和欣赏的，从而能够拥有良好的群众基础。在节目内容方面，韩国演员明星也是以黄皮肤、黑头发的形象出现，这是符合整个亚洲审美的。也就是说，无

论是从价值观念、伦理道德还是审美情趣来看，韩国文化都拥有东南亚、东亚所认同的文化基础，这使得它的文化产品在传播过程中并不容易受到排斥和抵制。而且韩国文化的发展也从不拒绝新兴事物的加入，对于西方文化的部分，韩国文化同样能够合理吸取其中的养分。这种对世界各地文化的融合，使得韩国文化能够在走向世界同时，又不失去亚洲这一文化传统基地。在亚洲文化的传承中，"韩流"作为一种载体，肩负着承载文化价值的使命。

在文化共通的基础上，韩国的饮食文化、服饰文化、建筑文化等借助影视作品的传播影响亚洲各国。无论是电视剧、综艺还是音乐节目，都成为宣扬韩国文化的窗口，吸引着亚洲观众对于韩国的关注。韩国文化以轻松的方式潜移默化地深入大众心理，使得不同文化背景的受众认识了韩国，也想了解韩国。韩国文化内涵借此得以传播和宣扬，从各方面引领着观众们的审美和价值导向。也就是说，"韩流"首先是一种文化现象，对亚洲各国的娱乐消费文化产生深远的影响。随后"韩流"更多地深入到服装、食品、美容、电子产品乃至汽车等许多领域，渗透到人们的日常生活中，对韩国经济的进一步发展产生了显著的作用。"韩流"热潮便以文化为基点，为韩国创造了惊人的"韩流经济"。

（二）以"文化立国"为宗旨，发挥政府引领作用

韩国政府认识到本国物产资源匮乏，认为发展第三产业是韩国经济发展的必由之路，于是制定了"文化立国"方针策略，不遗余力地助推韩国文化走向海外。随着"韩流"在国际的知名度越来越高，韩国政府将其列入文化外交的一种形式重点培养。由政府授权、企业赞助的"韩流演唱会"在世界多国举办，同时韩国政府也踊跃参与国际电影节、艺术品展览、博物馆展示等多项合作，为的就是将韩国文化作为一张靓丽的文化名片展示给世界各地。经过政府的一系列扶持和发展之后，"韩流"作为韩国文化产品的代表在世界各地闻名，成为支撑韩国经济发展的重要支柱之一。

在向海外大力输出的同时，韩国政府对于本土文化领域的创作也提供

了巨大的便利。对于文化产品的拍摄、制作方面的政策支持不断增强,政府为韩国影视产业的出口提供半数以上的资金支持和技术帮扶,使得韩国文化创作者无须担忧,可以在肥沃的文化土地上尽情创作。政府就通过不同时期的文化政策的调整,来帮助适应市场各方面的变化,有时政府甚至会为影视创作提供题材和资料,在拍摄和取景上也尽可能地放宽使用限制,对展现韩国民族文化的历史文化区、建筑等提供大力支持。韩国国内宽松的影视创作环境,为文化作品的创作提供了灵活的机制。韩国政府借助文化作品实现了韩国传统民族文化的传播,文化作品的繁荣带动了韩国经济的发展,提升了文化产品的附加价值。如今看来,韩国的文化软实力在全球都是极具竞争力的,韩国政府发挥的作用尤其功不可没。

(三)以影视企业为主体,推动文化产品走出去

影视剧在亚洲的盛行,为韩国树立了良好的文化形象,也为韩国的文化产品赢得了良好的口碑。在了解和熟知韩国文化的基础之上,广大观众更乐于接受韩国文化,使得韩国文化产品能轻而易举地打入他国文化市场。而影视企业、影视播出平台的发展,进一步加强了韩国文化在欧美乃至世界范围内的流行。韩国三大台(SBS、KBS、MBC)以国家的名义与海外企业合资,推动韩国影视剧走向国际。韩国影视制作企业,在平台加大对韩剧独家播放权的购买力度的同时,积极拓展海外播放渠道,除国内的韩剧播放平台外,还与Netflix等美国电视剧播放平台加强合作交流。韩国节目的制作近些年来也逐渐走上精品化、国际化的道路,不是通过海量的供应进行扩张,而是更加注重质量、细节和作品的专业程度。还出现了战争、医疗、悬疑等题材,故事节奏更加紧凑,剧情发展也有所提升。韩国影视作品各方面的改进,进一步提升了海外受众规模,助推文化产品的出口。

但推动文化产品走出去不能仅依靠娱乐界,更重要的是如何将文化进行产业化。韩国的传媒公司在创造与推动"韩流"的过程中,通过细化电视剧、综艺、电影等娱乐化的内容,以创意的节目内容和新颖的节目形式、优良的制作模式和较强的明星效应,带动了广大观众对于韩国文化以

及相关产业的期待，进而提升了文化产品的附加价值，使得韩国文化产业成为高附加值的出口创汇方式。韩国企业更是通过商业化和市场化的运作，创造了一条利润巨大的产业链，促使韩国文化源源不断地创作，同时推出更多相关的文化周边产品，为文化创造的价值获得更长远的利润。韩国文化产品除了获得初始的经济收益之外，它所蕴含的文化价值还将为它带来更大的经济回报。

（四）以"明星效应"为动力，打造"韩流"文化品牌

在互联网经济下，网红经济、偶像经济层出不穷。韩国偶像作为国际市场具有影响力的文化品牌，通过网络等途径将"韩流"推向世界。由于朝鲜民族爱美并且能歌善舞的天性，韩国早就在若干年前就致力于打造偶像品牌。SM、JYP等韩国大型娱乐公司培养了一批又一批优秀的韩国练习生，以流水线的方式打造年轻人所热捧的韩国偶像。在韩国全民都以偶像作为职业发展目标的情形下，韩国的造星产业利用对偶像的包装和制作吸引全球各地的粉丝群体，造星行业也逐渐成熟并且趋近产业化。在与粉丝群体的接触中，"韩流"明星往往以健康、甜美的形象出现。在舞台上光芒四射，在综艺节目中平易近人。这些偶像以亮丽的外形和优秀的表演收获了众多青少年的喜爱，他们利用个人的良好形象彰显着韩国文化的独特魅力，带动他们的粉丝群体了解韩国的文化和生活。近些年，这些娱乐公司为了打入他国市场，还培养了一批又一批的其他"国籍"的韩流明星，充分发挥本土化的效应，进一步拓宽了"韩流"的市场。偶像时代的到来，将"韩流"文化输送到全世界，同时也使韩国文化产品得到了国际市场的高度认同。

文化本身就是韩国的外交名片，韩流明星更是被政府称为"大韩民国的外交官"。于是韩国政府通过明星来拓宽自己的文化输出领域，甚至在欧美等国家，韩国偶像也有了一定的影响力。这与"韩流"本身富含西方元素是密不可分的，中西方元素的融合使得"韩流"无论在何国发展都有着当地的地缘特性。无论是在东亚还是在欧美的传播，无一例外地体现了"韩流"文化元素的多元性。这种结合明星自身魅力的文化产品与当地文

化自然融合，将随着偶像文化的兴起和发展，以"明星效应"的方式把"韩流"之风越刮越远，走向世界的每一个角落。

五、总结

"韩流"虽然缘起于电视剧、综艺等娱乐行业，但却没有被局限其中，而是更多地扩展到了旅游、美妆、时尚等行业在内的相互协调和相互促进的循环体系之中，以韩国的娱乐文化产业为基础，逐渐将所有的韩国制造都归为"韩流"。另外，韩国文化又以自身的民族文化为基础，融合东西方的现代元素，经过精心的包装和加工之后，演绎出来一种新兴娱乐文化，走向了亚洲乃至全世界。"韩流"文化经过 20 多年的发展，在经历了高峰和低谷、追捧和批判之后，非但没有停止发展的脚步，并且还在不断推出创新且用心的作品。韩国文化紧跟时代步伐，朝着新的方向全面繁荣发展，仍是国际文化市场中不可或缺的重要一极。各国的文化产品的发展，仍面临着来自"韩流"的挑战。

韩国在文化方面取得如此突出的成就，是举国上下共同努力的结果。无论是政府还是个人，从文化产品到硬件设施，韩国政策的方方面面都在为韩国文化产品出口而服务，为传承和发扬民族文化而努力。在"韩流"盛行的这几十年里，韩国独特的文化贸易模式逐渐使它占领了亚洲文化市场。通过影视作品的宣传，在各国打下了良好的文化基础，使各国人民有更多机会了解韩国的风土人情。再辅之以韩国偶像文化，对青少年进行文化和思想上的攻略，追星的背后是"韩流"明星所代言的产品在各国的营销宣传。韩国产品的推广以及韩剧带来的热门景点的宣传，又为韩国带来新的消费热点。这样多维度的文化产品传播，能够从各个方面带动韩国经济循环不断地持续发展。此时"韩流"文化已经具有无可比拟的先发优势，这也是许多想要通过文化软实力发展自身经济的国家所望尘莫及的。

从韩国文化的发展中可以看出，韩国人对自己国家文化的自信以及推动方式都取得了较好的效果，从而在全球也有着较为明显的受欢迎程度。近些年来，人们愈来愈重视精神方面的满足，文化领域的重要性不言而喻。一国文化领域的发展所发挥的作用比任何一个时代更强。一个国家的文化不仅体现在是否有魅力上，更重要的是，这个国家是否具有先进的文化交流手段。韩国的文化输出正是证明了这一点，从而能够在文化土壤肥沃的东亚各国中突出重围，突破语言障碍和文化差异，赢得了世界各国人民的喜爱。

国际经贸学院　杨颖

文化创新　引领市场：韩国文化广播公司（MBC）的国际化之路

进入 21 世纪以来，"韩流"已风靡全球。可以说，韩国是现阶段文化贸易最为发达的国家之一。以韩国电视剧、综艺节目、时尚服饰等为代表的韩国文化和现代生活方式，以其独特的内容广泛地传播至全球各地，受到了世人的追捧，并不断渗透到全球人民的日常生活当中。韩国文化产业为何如此日新月异，能够繁荣发展？韩国有娱乐公司、电视台和电影公司三大文化机构，主要以音乐、电视剧、综艺节目、电影为主要产业，追求标新立异设计节目内容、制作本土电视剧、创作大荧幕作品等。不难发现，韩国电视台在其文化出海过程中发挥着举足轻重的作用。其中，韩国文化广播公司（MBC）是韩国三家大型传媒企业之一，该公司的发展代表着现代韩国广播电视产业的成长与发展。MBC 在韩国文化"走出去"这一探索实践道路上，给全球提供了宝贵的经验。

一、韩国文化广播公司基本概况

成立于 1961 年的韩国文化广播公司/韩国文化放送株式会社（Munhwa Broadcasting Corporation，简称 MBC），是以公益财团放送文化振兴会为大股东、依靠广告收益的股份制公营公司。作为一个民营电视台，MBC 与 SBS、KBS 并称韩国三大电视台，在可信度、好感度、收视率及影响力等方面均居韩国第一位，是一家深受观众喜爱的电视台。

历经六十年的发展，MBC 已在韩国 19 处地方设立分公司，形成了全国性网络，并发展成为拥有 1 个全国地面电视频道、3 个广播频道、5 个有线电视频道、4 个卫星电视频道，5 个数位多媒体广播频道（DMB）的多媒体集团。MBC 是韩国东部沿海重要的地方电视台，拥有一套地方电视节目和两套广播节目，均已实现数字播出，主要节目类型有新闻、体育、讨论、纪录片等，每天有三次直播地方新闻报道。

MBC 致力于成为引导业界发展的多媒体。因拥有完备的现代化设施，MBC 生产并播出了诸多高品质的电视节目。MBC 电视台有"韩剧皇国"之称，其代表作有《星梦奇缘》《爱上女主播》《屋塔房小猫》《红豆女之恋》《恋爱机会 1%》《火鸟》《我的名字叫金三顺》《人鱼小姐》《看了又看》《大长今》等著名韩剧。MBC 不仅在韩国具有极高的知名度，其电视节目已出口到海外 60 多个国家，深受海外观众的好评。随着全球化的发展，MBC 积极拓展全球市场，在全球主要地区均设立了分支机构，其新闻触角已伸向全球各主要城市。MBC 现已成为国际型媒体集团，通过与世界各广播电视公司的提携合作，推动着各个领域的交流与合作。

二、韩国文化广播公司公司"走出去"的运作实践

（一）满足消费者心理，迎合市场需求

2005 年，MBC 凭借着《我的名字叫金三顺》和《加油，金顺!》两部作品稳坐韩国收视头把交椅。《我的名字叫金三顺》以高达 50% 收视率的惊人成绩，荣登 2005 年度收视冠军的宝座。MBC 所制作的影视作品，以故事情节取胜，总能从观众角度出发来设计产品与活动。如 MBC 在 2003 播出的电视剧《大长今》，描述的是古代一位奇女子徐长今是如何通过自己的努力成为历史上首位女性御医的励志故事。这部韩剧的成功很大程度上来源于观众对于这种积极向上的精神的认可与感动。

MBC 在设计产品时，是以观众需求为目标。MBC 在演员的选择上，除了选用大众熟悉的明星外，还会邀请有特色的明星，并且非常重视作品参演人员的特点，以增强影视作品的可看性。同时，为了能够在目标受众中产生较大的影响，MBC 影视节目大多以现实生活为切入点，立意深远，这使得每一部影视作品都能够引起观众的强烈共鸣与反应。于是，观众与

节目、观众与观众之间形成了互动循环。

　　MBC 制作的电视剧大致分为两种：一种是经典模式，即女主角温柔美丽、生活幸福的童话类故事；另一种则是平民女性一路奋斗的励志故事。实际上，任何国家的观众都有憧憬美好生活的需求，也有在作品中见证现实生活的需求。因为，大多数的观众都是平凡而又普通的。MBC 正是发掘了观众的需求，主要以这两种独特的视角，来关注普通女性，回归平凡生活，展望美好生活，从而实现了荧屏与现实的零距离，引起观众在情感层面上的强烈认同与共鸣。MBC 从观众的角度出发，让设计的产品具有深刻内涵，让观众能展望到通过奋斗即可收获美好生活。在立意深度这一点上是其他许多国家的电视剧所无法企及的。MBC 虽是文化传播公司，在为观众提供娱乐的同时，也用实际行动创造了良好的社会影响力，这便是影视文化公司生存与发展的核心内核。

（二）紧扣核心文化精髓，以韩国文化为立剧之本

　　MBC 以拍摄长篇历史剧见长。代表作《大长今》《医道》等长篇韩剧，拍摄手法细腻，高度还原了韩国的历史文化，作品精良且富有特色，不遗余力地宣传了韩国文化。仔细研究这些作品，可以发现 MBC 均将韩国民族文化作为核心卖点，放在显著位置上，并通过电视剧、综艺节目等舞台，向世界展示韩国独具特色的文化。

　　韩剧《大长今》处处展现了带有韩国独特标志的文化元素，如韩国传统服饰、韩国泡菜、韩国历史、韩国礼仪等。此外，通过电视剧、综艺节目等平台，韩国传统的音乐、舞蹈等元素伴随着影视作品播出的全过程，利用影视作品的"协同效应"广泛传播，在让独具特色的韩国文化在潜移默化之中深入人心。正由于 MBC 在影视创作方面注重对其特色文化的捕捉，并成功地对其进行了深层次的塑造包装，并不遗余力地进行宣传，使得韩国的文化在世人眼中独具特色与魅力，深深地吸引着众人。

（三）敢于投入，高端精良制作，打造硬实力

　　在韩国，MBC 一直以高品质闻名。优秀的影视制作传统，让 MBC 一直坚持"高投入，高产出"的制作原则。MBC 电视剧导演李允贞曾说，

一部爱情偶像剧的成本大约是 60 亿韩元（约 3500 万元人民币），若有知名演员出演，那整体费用就要追加到 90 亿甚至 100 亿韩元（约 5800 万元人民币）。曾经风靡全球的 MBC 历史剧《大长今》总制作费用达 142 亿韩元，单集制作费用超过 100 万元人民币。《大长今》剧组为了达到最好的影视效果，凸显韩国的历史文化特点，专门定制了 50 套韩服作为道具，只为了能让女主角呈现出符合古代气质并兼具现代生活潮流与审美的韩服。

作为一家国际性的传媒企业，MBC 始终要求其出品的影视节目精密严谨。没有责任意识支撑的影视节目公司，不会有长久的发展动力。根据韩国媒体报道，MBC 旗下的综艺节目《我是歌手》在拍摄时采用了多达 40 台摄像机进行 360 度不同方位拍摄，不仅抓取歌手的演唱细节，甚至连观众的细微表情也不放过。每一期节目的拍摄时长多达 1000 小时，只为了在节目播出时展示出最好的镜头。正是基于 MBC 高投入、极严谨的态度，才成就了其作品精致的内容与唯美的画面。

MBC 每年都对所播出的电视节目投入大笔资金，用于改善拍摄环境，提高数字传播技术的应用等。强有力的硬件设施为 MBC 电视台提供了遥遥领先的影视拍摄水准。MBC 一直把控作品的细节，在历史剧等时代剧中通过严格使用道具，来严防穿帮镜头。MBC 电视台的影视道具库，种类繁多且齐全，从古装剧中的头饰与韩服，到家庭剧中的钟表、老款手机等，其种类之全、制作之精细，令人叹服。

（四）充分利用互联网、高科技进行宣传，扩大品牌影响力

MBC 在利用电子技术实现全球传播方面，独占优势。这是其他企业所无法比拟的。良好的硬件设施提高了影视拍摄水平，为 MBC 产品的质量奠定了坚实的技术基础。而良好的硬件设施进一步支持了高质量影视作品的产出，产出带来的收益又进一步的促进 MBC 对硬件设备的再投入。MBC 形成了投入产出的良性闭环循环，不断地壮大自身"硬实力"。

MBC 结合高端技术如 360°无人摄像机、互联网通讯等，来增强新闻报道与影视节目的现实效能，并通过互联网通讯，实时为观众提供接地气的生活新闻。自 2001 年开始数字地面波传送以来，MBC 已经完全实现了传

输发送设备的数字化，HD 制作设备的配置也进入了尾声。MBC 希望时时刻刻都能向观众传递所有的声音和动态，一直在努力实现随时随地传送节目的梦想。

MBC 开发了 i MBC 等互联网产业。作为国际化的多媒体集团，MBC 始终利用互联网进行不遗余力的宣传。目前，MBC 同时运营全国地面波频道和广播、卫星、有线、BMB 频道。MBC 公司率先提供 DMB（数字多媒体广播）服务，早在 2005 年该公司就开始了卫星和地面波 DMB 服务，通过手机或 DMB 移动终端等移动接收设备自由传送 Video、Audio 及 Data 文件。MBC 已为 DMB 服务打好了坚实的基础。现阶段 MBC 正在加快迎接未来媒体时代的步伐。未来的 MBC 将成为提供 Broadband Service，PC on 电视等综合多媒体服务的多媒体节目内容集团，引领数字媒体的潮流。

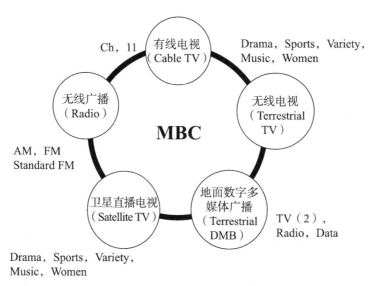

图 1　MBC 的核心技术应用

（五）敢于创新，形成核心竞争力

在这个互联网更新换代的时代，消费者仍然满足喜新厌旧的定理。MBC 不断探索新的市场增长点，针对全球市场不断开发节目，积极创新拓展影视节目内容，一直在为扩大企业品牌影响力而不懈努力。MBC 在产品的研发制作方面，积极寻求创新，制作了深受观众喜爱的影视节目，并成功推出了创新性的综艺节目，开创了真人秀（Real Variety Show）综艺节目时代。这种娱乐性质的节目迎合观众需求，具有很强的吸引力，并能为观众留下最深刻的感动。MBC 一度被业界人士认为是韩国其他 TV 艺能节目的典范，为其他艺能节目的未来发展提供了一些借鉴。

MBC 创设的综艺节目丰富多样，代表作有《我们结婚了》《我是歌手》等，既有谈话节目，也有户外真人秀节目、音乐节目、知识问答等多种节目类型。这些综艺节目的出现让 MBC 头顶光环。MBC 的代表作品真人秀节目《无限挑战》，从 2005 年开播至今，每周都以看似不可能的挑战为主题，在发展过程当中得到了全球观众的支持与喜爱，创下了很高的收视率。其他有名的综艺节目《爸爸，我们去哪儿?》等不仅能给予观众欢笑，而且能引起观众共鸣，带给观众感动。以新颖创意包装而成的综艺节目完全不同于一般娱乐节目，MBC 将游戏与娱乐相结合，在营销手段、嘉宾邀请等方面进行创新，达到了娱乐的效果，极大地丰富了人们的精神生活。这种公益性与娱乐性的最佳结合制作出了深深吸引观众的优秀节目。这些节目同时推动了韩国全国范围的公益事业的开展，向人们展示了文娱类节目同样可以为创造更大的社会价值做贡献。

（六）开发相关衍生产品，形成文化产业链

基于其独特的创新能力，MBC 不仅形成了核心竞争力，还具有敏锐的时代嗅觉，充分利用产业整合，构建文化产业链，形成了现阶段多业务拓展模式。MBC 深刻意识到现阶段公司要想真正国际化"走出去"，仅仅依托一个产品是行不通的，无法有规模地树立影响力。基于此，MBC 继续发挥其不断开拓创新的精神，构建了有效的公司运营产业链。MBC 不仅在其核心业务影视作品上推陈出新，也在开设主题公园、举办歌谣大祭、推出相关衍生产品方面取得了显著成就。MBC 十分注重衍生产品的开发，以及产业链的整合开发与拓展。

MBC 紧扣观众的需求，同时结合互联网技术，以互联网的思维推陈出新，积极开发线上线下产品，并发展衍生产品，在收获较高的经济利润的同时，也扩大了自身品牌的影响力。MBC 打造了韩国首家电视广播主题公

园——MBC World，提供以韩流节目为中心的著名电视剧与综艺节目体验设施。在这里，游客可以与明星一起欢歌热舞，从观看发展到亲身体验，观众还可以变成剧中的主人公，提供各种精彩的体验项目。MBC World 还通过 VR 技术为观众展示 MBC 历史，并提供亲身体验多种电视节目的空间，这些已成为全球观众喜欢的新型"韩流"文化设施。

梦想打造与分享文化内容的 MBC，还首创了 DMC 庆典（DMC Festival，又名 DMC 超级盛典、DMC 文化节）。DMC 盛典的一大特点是，以电视文化内容为基础，融合高端技术（ICT），举行不同类型的表演和丰富的文化活动。且 10 多天的演出和活动还通过电视与广播传播给国内外的观众，称得上是全球史无先例的电视广播文化庆典活动。MBC 台长在庆典上说，"让我们一起成就梦想，打造精品活动。" DMC 庆典已经成为全球人民同乐共享的著名文化空间。

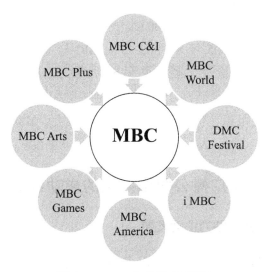

图 2　MBC 产业链示意图

（七）具有国际视野，不断寻求国际合作，真正做到"走出去"

从亚洲走向世界的 MBC，立足当下，展望未来。MBC 致力于成为引领业界发展的国际多媒体集团。MBC 加入了亚太广播联盟（Asia-Pacific

Broadcasting Union)、国际公共广播（Public Broadcasters International)、全美广播事业者联盟（National Association of Broadcasters）等组织，并与 12 个国家的 17 家广播、电视公司建立了合作关系。MBC 曾被选定为 2011 年国际公视大展（INPUT，即 International Public Television）的主办单位。

MBC 电视剧早已走出亚洲，走进了 CIS 国家、非洲、中东、东欧以及美洲地区。为进军国际市场，MBC 积极参加海外电视节的评选，获得了令人刮目的成绩，备受世界关注。在 2015 年国际电视节上，MBC 的 50 个影视节目均获奖，29 个影视节目被提名。

注重文化交流的 MBC 不仅出口节目，还提供合作模式，进行共同制作，创造了国际合作方面的神话。MBC 实施全球化战略，在世界各国各种电视剧和纪录片的共同制作及联合音乐会中形成了先发优势以及一定的规模。MBC 从 2002 年与日本 TBS 共同制作电视剧，由此开始了与日本方面的合作。与日本富士电视台的共同制作，延续了两国传媒公司间的合作关系。为纪念韩中建交 10 周年，2002 年，MBC 与中央电视台（CCTV）联合举办了中韩歌会。2005 年 8 月 15 日，MBC 与上海文广新闻传媒集团（SMG）联合制作了纪念"二战"胜利 60 周年的卫星电视现场直播节目。节目的共同制作不仅让全球观众能够更多地接触和了解外国文化，而且缩短了世界各国间的距离。在此价值出发点的基础上，MBC 将更加积极地推动共同制作的合作进程，从而提高 MBC 的世界知名度。

三、韩国文化广播公司国际化的成功经验

（一）良好的政策助力企业发展

韩国是亚洲四小龙之一，一直以来都将文化贸易作为其重要的战略目标。自韩国提出"文化立国"的发展战略以来，韩国将创新创意的文化产业作为国家经济发展的重点产业予以扶持。同时，韩国政府也协助企业进行资金、管理等多方面的扶持，从而使得韩国文化产业发展势头强劲。

（二）深谙顾客心理，洞察观众需求，明确产品与市场定位

MBC 深入研究市场需求与发展前景之后，对自己进行了准确定位，对

于自己出品的影视作品的目标群众也十分明确，并清晰规划了未来的发展战略。在分析自身优势的基础上，MBC 明确了全球化以及数字化的发展方向，不断探索创新路径，走上了基于创新的扩张之路。

根据心理学的补偿原则，大众的精神性补偿通常是从电视剧、娱乐消遣等活动中产生的。MBC 意识到了影视作品是人们进行心理补偿的重要渠道，于是迎合了人们的需求，从而使其公司形象得以广泛传播。MBC 通过对观众需求以及市场进行充分调研来开展制作节目。其制作的户外真人秀节目《我们结婚了》以假想的一对明星夫妇为噱头，讲述其相识相恋又到分离的过程，满足了观众的窥探欲望，让观众看到了明星作为家庭成员时动人的一面。

虽然与美剧、日剧相比，MBC 影视作品在高科技内容的呈现、科幻制作等方面尚存在差距，但 MBC 以高质量内容而闻名，节目内容繁多，注重生活化与细节是最大特点。MBC 始终以观众的支持为动力，发挥内容最强者的经典。正因为 MBC 在影视作品内容制作以及创新方面的高投入，才使其屹立在新成长动力的中心，获得"新时代电视行业的领军者"的美誉。如《我的名字叫金三顺》等长篇剧拍摄手法细腻，情节环环相扣，处处留有线索，令人回味无穷。最主要是非常生活化，像进屋脱鞋，吃饭洗手等细节录制得活色生香，十分具有代入感。不断被认可的高品质节目，不断被挑战的丰富内容，让 MBC 收获了无数忠实粉丝。

同时，MBC 出品的电视剧对观众年龄有明确的划分，在黄金时段播出的电视剧一般适合全家观看，大多描述的是主人公不屈不挠的奋斗历史，展现平民昂扬的气质与不卑不亢的态度。MBC 影视作品中所呈现的生活状态属于理想型，且通过努力是可以达到的。这无形之中也给观众营造了一个生活中所向往与参照的目标，在一定程度上满足了人们心理上对于幸福生活的追求，进而让观众产生共鸣，进行形成对 MBC 品牌的支持与期待。

（三）以创新为核心，融合高科技，为未来发展注入源源不断的动力

MBC 十分注重对于文化产品的综合开发，始终贯彻创新理念，并将创新思想渗透到公司所有的活动中，逐步实现由 MBC"生产"到 MBC"设

计"的转型。虽然韩国核心文化精髓是 MBC 的立剧之本，但传统文化如果不与时俱进，便会被遗忘在文化发展的进程中。正因为意识到文化创新的作用，以及利用先发优势，逐步形成潮流并引领市场的重要性，MBC 在制作影视作品时，非常注重与时代融合，不断推陈出新，通过探索市场创新点来扩大品牌的影响力，其开辟的独特的国际化"走出去"路径，在本国乃至国际市场上树立了价值标杆。MBC 创造性地开发了娱乐性质的综艺节目，将游戏与娱乐相结合，并对传统文化元素进行了符合特色的包装与营销，进一步丰富了韩国影视文化作品品牌的内涵，被无数国家的无数电视台所效仿。

作为全球多媒体集团，MBC 勇于创新，开辟了新媒体生态圈，开创了数字媒体时代的先河。在文化产业界，它是较早运用高科技进行影视产品制作并利用互联网进行宣传的公司。MBC 坚信技术才是核心的真理，其在实现地面波 DMB、卫星 DMB、数字传送、数字广播等 Anytime/Anywhere 方式的多媒体、多频道的 Total Digital Network 中发挥着引导作用。MBC 还应用开辟新媒体生态圈的内容和技术，成功制作了网络剧和新概念三维创意动画片，并拓展到电影纪录片领域，如《恐龙 X 探险队》以及 UHD 纪录片《伟大的一餐》等，一经播出就广受好评。

MBC 创新产品的开发有助于获得受众的关注，吸引大众眼球，在这个过程当中，不知不觉地扩大了其播出影视节目的影响力。同时，在传播环节，通过观众节目之间的良性互动，进一步增强了观众的忠诚度。不仅如此，MBC 还通过创新形式的活动，传达了其播出的文化产品的个性化信息，突出其鲜明的特色，与其他公司形成了差异化竞争，展示了 MBC 品牌独特的精神与内涵。通过各种创新，极大地提升了 MBC 的权威性和专业感，也提高了 MBC 品牌的传播度与知名度。

（四）形成完整的文化产业链，利用先发优势，让公司品牌渗透民心

MBC 在文化产业的发展上，充分利用了资源共用的商业化模式，开发形成了较为完整的文化产业链。MBC 每年都以不同的综艺节目为主题进行主题策划。它在全球独创了电视广播文化庆典，打造了韩国首家电视广播

主题公园，为观众敞开了一扇大门，创造了共同欢乐的空间。通过整合影视节目资源，进行大规模的衍生产品与活动的开发，加上不遗余力的宣传，MBC 增加了其播出的影视节目的凝聚力，吸引了更多观众的眼光，维持了其文化传播领域的核心竞争力。放眼全球，没有任何一家企业能在文化产业链上与其比肩，这就使 MBC 具有自身特色的文化产业链活动形式达到了极致。以《无限挑战》为例，MBC 形成了三类具有代表性的产业整合，分别是出售周边产品、举办歌谣季等主题活动以及全国性的巡回展演。

MBC 大多是以其富有特色的影视文化作品为核心，带动相关衍生产品以及主题活动和整个文化产业链的发展，在高效的市场竞争中"走出去"。在《大长今》横扫亚洲，创下骄傲的收视率之后，MBC 趁热打铁，斥资 30 亿韩元，推出了《大长今》动画片版本、相关的小说以及大长今泡菜食谱等，充分利用品牌形成的协同效应，扩大了 MBC 的影响力，延长了 MBC 文化产业链。MBC 以《大长今》影视城为中心，大力投资"制作建设基地"，开放综合摄影棚，为观众提供了一个韩流史剧制作园区与体验式主题公园，为传播电视剧带来的感动与韩国历史文化做出贡献。MBC 还将"大长今"授权给韩国化妆品企业，开发以大长今为品牌的护肤产品，成功地实现了跨行业品牌延伸战略。

MBC 通过文化产业链的开发，不仅收获了一定的经济效益，同时，对于 MBC 文化品牌的塑造也起到了良好的媒介作用，铸造了对于观众有持续影响的品牌引导力。同时，MBC 还从事公益慈善事业，通过其他机构媒体的报道，帮助社会提升了 MBC 在观众心中的美誉度，也进一步增加了观众的忠诚度。

（五）充分参与国际市场，在"走出去"中，形成文化引领力

通过将传统的韩国文化与新时代互联网、人们的诉求等创新融合，MBC 将韩国文化，从仅仅是一种文化的流行、对于大众具有吸引力，转变深化为是一种潮流的标向杆、具有引导作用。MBC 立足韩国文化根基，将韩国文化的资源优势转化为产业优势，提升文化的吸引力与软实力，强势

创造韩国文化品牌。它将本国的文化作为范例与基石，引导后续的文化朝着其创设的模式发展。在这个过程中，韩国文化由主动播出让人们接受的被动地位，变为被动输出，人们寻求并接受的文化主导主动地位。这在文化贸易上是质的飞跃。

MBC 与其他国家开展联合合作，通过海外市场出口，获得经济利润的同时还利用品牌效应，争取到了更大的国际市场。韩国文化产业振兴院在全球各主要经济体中均设有分院。MBC 积极活跃在 MIPTV、MIPCOM、NAPTE、上海电视节等世界优秀电视节目领域中，广泛地利用网络，通过传统电视媒体以及人际传播等方式，占据了市场制高点，让节目效果在时间上形成持续性和反复性，最终产生积累效果。通过观众对于节目的支持与认可，形成观众的连贯性的关注和期待，构建了观众群体对于所播出节目的忠诚度；通过观众对于其影视节目的认同，在观众心中形成了标杆，最终提升了 MBC 文化传播的标杆地位，为其引领韩国文化发展提供了坚实的支柱。

四、MBC 走出去面临的困境

（一）在欧美地区急需"本土化"

MBC 电视剧在亚洲地区能得以广泛传播，大概是由于韩国本就属于亚洲文化，各国之间文化交往的历史源远流长。随着中国儒家思想的广泛扩散，儒家思想也成为韩国传统文化的重要组成部分，深刻地影响着韩国人民的生活，贯穿到韩国文化当中。韩国电视剧中所体现的思想如仁、义、孝等属于亚洲观众的共同价值观。因此，亚洲观众在思想和归属感上产生了较大的共鸣。而 MBC 电视剧在其他地区传播受阻，很大程度上是由于韩国文化与其他地区的文化存在某些冲突，外国人不能较好地理解并接受这种文化。

（二）存在抄袭现象，需要合法维权

在影视作品等创意类无形资产领域，借鉴抄袭现象几乎很普遍，而现

阶段无论是韩国国内还是国际上对于著作权领域的立法均不是很完善。MBC 虽有独具一格的创意，但在实施活动制作产品等方面，并没有形成进入壁垒，这就造成了 MBC 一些很好的创意被抄袭，在不能收获合理的经济利润的同时，也丧失了品牌影响力。

（三）创意形式接近饱和，进入发展瓶颈期

历经六十余年的发展，MBC 无数次推陈出新，不断冲刺国际市场，目前已经到了运用高科技技术形成创意的瓶颈期。MBC 已经做到行业内领先水平，在运用高科技制作等方面，以及利用创意、融合不同元素、开展衍生文化产业链方面也做到了业内最佳。因此，MBC 在后续的发展过程当中面临的最大挑战来源于自身技术与创意的突破。如何在现阶段创意形式已经接近饱和的状态下，不断衍生新的创意产品与科技成果是 MBC 今后要面临的重大挑战。

五、对策与建议

（一）发挥政府主导作用，以政策引领发展

随着经济全球化的进一步发展，世界经济与文化相互渗透、彼此融合的发展态势，使得各国纷纷将文化贸易作为提高国家软实力和综合竞争力的重要手段。从 1999 年实施"文化立国"战略，到 21 世纪"韩流"劲扫全球，短短几十年的时间，韩国不仅走出了亚洲金融危机，还利用文化产业复苏了经济，让自身成为世界文化大国。这是韩国政策引领文化"走出去"的成功体现。韩国政府认为，"韩流文化"是韩国魅力的集中体现，因此，韩国政府高度重视文化产业发展，对于其发展给予了战略支持。通过政府的引导，极大地促进了韩国文化产业"走出去"。韩国政府还专门设立了文化内容产业振兴院，专门为韩国文化创意、培养、流通、制作等环节提供服务。

政府在政策上的支持，起到高屋建瓴的作用，对于提升其国际影响力的重要作用，是国家文化贸易产业发展的核心支柱，为文化产业的壮大发

展以及走出去提供有力的环境保障。各国要想在影视文化上发展，首先要发挥政府的主导作用。各国政府应当注重文化产业发展，通过政府的引导，大力增加对文化产业的财政支持等以及对于企业的支持政策等，加大对文化产业的扶持力度，并对幼稚产业进行保护。

（二）以文化交流为契机，学习先进经验，适度"本土化"

企业应当在充分了解世界文化贸易发展较好国家的基础之上，学习经验，吸收长处并进行融合发展。各国企业可以积极地与世界文化贸易发展较强的国家进行交流，在交流中优势互补，各国企业都能够从先进的文化贸易输出案例中学习成功经验，并结合自己的特色进行"本土化"，最终输出具有国家特色的文化产品。

与此同时，政府应主导制定相关的政策，让企业可以依托国家搭建的外交、商务等综合服务平台，推动文化相关企业走出去，让文化相关企业在市场竞争中，发掘自身潜力，识别竞争优势。即，政府要为本国文化的"走出去"提供通道，保驾护航。

（三）发掘核心竞争力，构建文化产业链，让"实力"引领时代

纵观 MBC"走出去"的运作历史，不难发现，MBC 通过不断创新，形成了核心竞争力。与其他企业相比，MBC 所构建的产业链具有鲜明的特色。越是具有鲜明特色的文化，越能受到众人的瞩目。提起 MBC，人们便能够想到举世闻名的《大长今》、MBC World、MBC Festival 等。这些文化作品与活动都已成为 MBC 的代名词，在国际舞台上展示着韩国文化独特的魅力。总之，企业应该识别发掘每一处可以进行包装的文化细节，不遗余力地进行宣传。

其他同类企业应借鉴 MBC"走出去"的经验，以本国传统文化作为基石，融入新时代的特征，对独具特色的文化进行包装，让本国文化在现代释放出更瞩目的光彩，形成自身文化的核心吸引力与竞争力，并铸造文化引领力，让本国文化在贸易当中，实现从主动输出让世界被动接受到被动输出由世界主动迎合的转变过程。在不断创新与融合中，将企业文化打

造成为世界文化的标杆，引领时代文化发展。

　　随着经济全球化的发展，各行业之间的联系比以往更加紧密。文化类企业可以与其他行业相互合作，如金融行业、餐饮行业等，将影视文化商品化，并依托其他行业的优势，进行优势互补、共同促进。再对观众以及市场的需求进行充分调研，寻找产品的卖点。可以通过在人们日常生活之中，输入影视文化的小商品如服饰等，在潜移默化之中形成文化品牌影响力，从而构建完整的文化产业链。

（四）拓宽文化贸易渠道，形成先发优势，铸造文化引领力

　　要想拓宽文化贸易渠道，首先要在贸易范围上进行扩张。在进行本国市场的开拓的同时，还要放眼到全球市场，在国际上树立一定的影响力。文化产品在本国的传播，为世界开拓了途径；文化产品在世界的广泛传播，又为在本国的根深蒂固提供了有力的支持。因此，我们应当同时注重国内与国际两个市场，做到二者"双循环"，相互支持。其次，应该拓宽文化贸易通道。媒体是文化贸易营销的重要通道。MBC 充分利用了互联网的发展，先进的网络营销传播手段也为 MBC 的"走出去"提供了捷径。为了进一步创新并拓宽文化贸易营销渠道，各国应当制定政策促进新媒体行业的发展，打造一批国际化的一流多媒体，利用创新的专业的方式，拓宽文化贸易"走出去"的渠道。

　　同时，MBC 也充分发挥了其影视节目创新能力强的先发优势。结合现阶段互联网的高速发展，在文化贸易的扩张之路上，我国企业应当充分利用互联网效应，通过短视频、纪录片等形式，不断加大特色文化产品的曝光频率，让人们在潜移默化之中接受中国特色文化。现阶段 YouTube、Twitter 等短视频平台占据了互联网的大量主流，企业可以通过互联网媒体的先发优势，大量宣传传统文化，扩宽文化产品的曝光率以及传播范围，形成一定的影响力，并最终铸造文化引领力。

（五）广纳贤才，发挥人才的作用

　　人才之于企业，就如同血液之于人体。人才为企业的发展壮大提供了

源源不断的动力。从制定到播出影视节目的过程中，MBC 非常重视人才的选拔、培养与使用。MBC 尽可能邀请知名的编剧与导演加入，并选用顶流的明星为影视作品加分。韩国有自己独特的造星产业链，其导演、明星等均具有非常高的文化水平与专业素养。韩国虽然只有 5000 万人口，但却有超过 200 所综合性大学设有表演系，每年电影、戏剧专业的毕业生多达上千人。正由于 MBC 善于用人，维持了较高的专业水平并坚守行业规则，才让 MBC 成长为国际型媒体集团，引领韩国文化的传播。

综上所述，在互联网时代背景下，韩国 MBC 充分利用了政策、市场、资源等多方面的投入与支持，通过不断扩展其产业链规模及以创新为核心两种主要手段进行高质量运作，使其在韩国文化传播方面具有独特的借鉴意义。面对未来互联网不断发展以及欧美等文化的强烈冲击，要想在激烈的市场竞争中处于强大的地位，必须继续发挥自身的优势，提高自身的核心竞争力。MBC 不断扩大其产品规模，并利用创新形成核心竞争力。各国文化企业都应紧密结合其发展实际，积极借鉴韩国 MBC 发展文化产业的经验，走出一条富有特色的文化产业"走出去"之路。

金融管理学院　杨洁妮

第五部分

国际文化交流

GUOJI WENHUA JIAOLIU

"一带一路"背景下
俄罗斯对华影视文化贸易发展研究

一、俄罗斯影视文化产业的发展脉络

"影视文化"泛指以电影和电视形式所进行的文化创造，其中电影是影视文化的重要载体之一。俄国影视文化起步较早，第一部俄国电影诞生于 1908 年。列宁及其领导的布尔什维克党十分重视电影在革命战争时期的教育意义和革命影响，他曾指出，"在所有的艺术中，电影对于我们是最重要的。"① 1919 年列宁将电影国有化，俄国的影视文化开始作为一项重要事业起步。

在新中国成立之初，由于中苏意识形态的一致和中国奉行"一边倒"的外交政策，苏联在政治、经济建设以及文化上都成为新中国的榜样。中国人民十分喜爱激情、热烈的影视作品，但由于当时电影制作条件和水平的限制，只能先大量翻译并引进苏联电影到国内。1949 年，东北电影制片厂配音译制了第一部苏联影片《普通一兵》，此片也是新中国配音译制的第一部苏联影片。到第二年，译制片就激增到 60 部。此后的苏联电影《静静的顿河》《西伯利亚交响曲》《侦查员的功勋》《第四十一》等也给中国观众留下了深刻的印象。苏联电影是很好的政治课，是思想政治教育的工具。苏联电影在中国的流行，对于驱逐西方电影的意识形态和文化侵

---

① "列宁论电影"，《电影文学》，1960 年第 5 期。

略、净化人民思想、凝聚人民力量起到了重要作用。

后来的苏联解体对俄罗斯的电影事业产生了巨大的影响，原有的电影行业体系受到破坏，影视创作的价值观受到了冲击，电影行业的内部管理混乱。由于缺少国家指导和资金技术支持，俄罗斯的电影制作能力减弱，环境也急剧恶化。20 世纪 90 年代初，俄罗斯本土制作的电影数量少之又少，西方"好莱坞"式影视作品的疯狂涌入，让俄罗斯电影制作陷入潮流与传统的迷茫之中。尽管如此，俄罗斯政府仍然致力于为本国影视行业的发展创造条件和机遇。1992 年 12 月，俄罗斯总统叶利钦首次访华时，中俄发表了《基于中俄相互关系的联合声明》。双方达成明确共识，要在文化、卫生、体育、旅游等领域中相互联系并促进两国青年的交流，保护两国语言文学的知识财富，并在翻译、出版、电影等方面开展合作。该声明的发表，不仅是中俄历史交流经验的总结，也是中俄建立友好关系的基础。它为两国关系全面深化提供了政治基石和法律保障，也为中俄的影视文化贸易往来提供了新的机遇。到 20 世纪 90 年代末期，俄罗斯经济逐步恢复，俄罗斯政府投入大量资金来振兴电影行业，俄罗斯电影行业开始走出休眠期。

21 世纪，俄罗斯进入普京时代。中俄战略合作伙伴关系不断深化，两国政治互信达到前所未有的新高度，军事、经贸合作不断推进，人文关系也取得新的发展。在外交方面，普京总统积极推行东西方发展平衡的外交政策，中国已成为其外交政策的优先国家。2000 年 7 月，普京开始了上任后的首次亚洲之行。他访问的第一站是中国。访华期间，中俄两国元首签署了《亚洲北京宣言》和《中俄睦邻友好合作条约》，为两国新世纪发展总体框架做出了规划，并明确两国要"大力推进文化、教育、卫生、信息、旅游、体育、法制等领域的交流与合作"。该条约为两国的全面发展注入了强劲动力，成为中俄关系史上的一个重要里程碑。2001 年 9 月，俄罗斯新闻出版广电媒体部访华，与中国国家广播电影电视总局就广播影视领域的合作问题进行讨论。中俄电影文化交流中心和中俄人文合作委员会电影合作分委会成立会议推动了中俄电影的深入合作。2009 年 6 月，中俄两国在《中俄莫斯科联合声明》中表示，双方互文项目为深化战略合作伙伴关系发挥了作用。2016—2017"媒体交流年"的启动，为中俄文化交流注入了新鲜血液。两国通过各种官方和民间平台，全面推广教育、文化、卫生、体育、媒体、旅游、电影等领域合作。

二、"一带一路"背景下俄罗斯对华影视贸易现状

（一）"一带一路"倡议为中俄影视文化贸易提供了广阔平台

当前，在"一带一路"倡议下的文化交流及合作被视为加强和发展国家间关系的有效途径。加强中俄文化交流不仅是"一带一路"倡议的重要组成部分，也是扩大国家间合作的重要途径之一。在这种互动的框架内，中俄两国关系取得了重大进展，互动领域不断扩大。中国和俄罗斯都是联合国安理会常任理事国，也是众多国际组织的重要成员，在发展双边关系的过程中，两国仍在努力维护世界和地区的和平与稳定，促进人类的共同发展。中方同包括俄罗斯在内的"一带一路"沿线国家开展了卓有成效的多边合作，如成立亚洲基础设施投资银行、丝绸之路基金、金砖国家新开发银行。这对刺激欧亚大陆的发展有很大的贡献。

如今，我们正生活在一个图像社交时代，影视是文化的重要载体，影视文化交流和影视文化贸易是传播文化的重要途径，也是一国文化软实力的重要体现。世界各国都认识到了大力发展影视文化产业的重要性并在加大投资力度。影视文化产业作为中国丝绸之路经济带项目与俄罗斯欧亚经济联盟倡议的一部分，也是中俄两国在"一带一路"背景下需要重点合作的领域之一。"一带一路"给俄国的影视文化作品出口到中国提供了更加便捷的通道，为中俄影视文化合作提供更多的机遇和更加优惠的条件。

（二）"一带一路"背景下俄罗斯对华影视文化贸易现状

在中国"一带一路"倡议的推动下，俄罗斯电影在中国上映的影片数量和票房收入皆有较大变化。从票房收入情况来看，2008—2013 年，在中国上映的 13 部俄罗斯电影的票房收入约为 8780 万元，其中收入最高的是 2008 年上映的《密码疑云》，票房收入为 1526 万元；此外仅有《密码疑

云》《护宝娇娃》《古墓迷途》《超能游戏者2》这四部影片票房过千万，且多部影片是在俄罗斯上映多年后才进入中国播出。相比之下，2013—2018年，俄罗斯电影在中国上映的数量和票房收入皆有大幅提升，票房收入总计为2.83亿元。这五年在中国上映的25部俄罗斯电影中，票房收入最高的是2016年上映的《他是龙》，为6015万元；其中《维京：王者之战》《穿越火线》《夺命地铁》《他是龙》等九部影片票房过千万。此外，还有三部中俄合作影片《超能太阳鸭》《冰美人》《战火中的芭蕾》的票房收入过千万。

中俄在电影领域的合作在两国人民的文化互动体系中占有重要地位。在过去的10~15年里，两国的影视文化贸易与合作在有条不紊地进行中。合作的主要方向由俄中电影合作小组委员会讨论决定，例如在两国定期轮流举行会议，设置国家电影周、电影人会议，以及参加对方的国际电影节、合作拍摄电视连续剧等。

三、"一带一路"背景下俄罗斯影视文化对华贸易的成功经验

（一）植根俄罗斯本土文化进行影视创作

中国国家主席习近平曾提出："文明只有姹紫嫣红之别，绝无高低优劣之分。""一带一路"是一个开放包容、互学互鉴的合作体系，不仅是经济快速发展之路，更是多元文化发展之路。我们不难看到，很多文化作品、文化企业的成功都反复印证了"越是民族的才越是世界的"。近年来，俄罗斯影视产业发展迅速，影片类型不断丰富，制作水准不断提高。不论是气势恢宏、残酷写实的俄罗斯战争片，还是天马行空、奇思妙想的奇幻冒险片，或是刻画细致、犀利尖锐的人物传记和纪实片，都给中国观众留下了深刻的印象，受到世界范围内的观众的喜爱和尊重。这其中很大一部分原因就在于俄罗斯影视在内容上能够植根于俄罗斯本土文化和历史，电影中令人回味无穷的深刻内涵和独到的视角在世界影坛中自是独树一帜。

《斯大林格勒》是2013年上映的一部历史战争题材的电影，是俄罗斯

第一部 IMAX-3D 巨幕影片，同时也是首部 IMAX 格式的非美国电影。《斯大林格勒》以第二次世界大战中著名的斯大林格勒保卫战为背景，参考了大量历史博物馆的档案和参战者所写的日记，并选取了瓦西里·格罗斯曼长篇小说中的部分情节来编写剧本，讲述了几名随部队反攻失败后在德军阵地中幸存的苏联红军在残酷的条件下与敌人展开殊死搏斗的故事。为了还原那段惨烈艰难的历史，该电影制作团队花费大半年的时间动用了 400 多名工人，投入资金 400 万美元在圣彼得堡郊外的废旧军用靶场上搭建了大规模场景，全尺寸还原了作为斯大林格勒战役象征物之一的"儿童环舞"喷泉；影片中苏联红军驻守的房屋更是以著名的斯大林格勒标志性建筑巴甫洛夫大楼为原型搭建，逼真重现了斯大林格勒街区以及观众能在历史档案镜头中常见的场景。《斯大林格勒》于 2013 年 10 月 31 日在中国上映，上映首周就以 5200 万元人民币获得票房冠军。最终有累计 200 万中国观众观看了这部电影，票房总收入约为 1300 万美元。

《维京：王者之战》是一部史诗型战争类影片，于 2016 年 12 月 29 日在俄罗斯上映，2017 年 12 月 1 日在中国内地上映，中国是全球范围内仅次于俄罗斯本土的第二个上映的国家。该片根据俄罗斯历史上最具功勋和争议的"千古一帝"弗拉基米尔一世的真实事件改编，讲述了弗拉基米尔在面临兄长夺嫡、公国倒戈和外族入侵的千难万险中，内平叛乱外抵侵略，带领维京雇佣部队一路征战，最终建立伟大帝国的传奇故事。《维京：王者之战》拥有极高的电影制作水准，历时 7 年、投资 12 亿卢布，是俄罗斯影史上投资最高的影片之一。影片的取景地主要在弗拉基米尔一世受洗地克里米亚半岛。为了还原中世纪的建筑风格和北欧的辽阔风貌，摄制组还辗转意大利和挪威取景。除此之外，片方还极致考察了古罗斯、维京、拜占庭的服装、盔甲与武器，斥巨资搭建了波洛茨克城城堡，在拍摄时动用了上万名群众演员，使用了超过 500 个特效镜头，以呈现真实血腥残酷的古罗斯战场。中国观众在观影结束后无不沉浸在宏大的战斗场景中，感叹弗拉基米尔一世建立的丰功伟业，并情不自禁去搜寻和了解相关的俄罗斯历史。

《玛莎和熊》是俄罗斯家喻户晓的系列动画片，改编自俄罗斯的著名童话《玛莎和三只熊》。熊通常被外国人认为是俄罗斯的代表动物，是俄罗斯的象征，熊的形象引起了国外观众的积极响应。动画片中的女主角玛莎也是俄罗斯女孩子的生动写照，她穿着俄罗斯传统服装，熟知俄罗斯的风土人情和文化。有趣的是，米莎的侄子是一只中国大熊猫，还精通中国功夫和中餐。可爱、伶俐的玛莎和憨态可掬的大熊让人印象深刻，充满童趣的故事、热闹轻松的情节以及有活泼顽皮的表演都让人忍俊不禁，即使是大人也能看得津津有味。该动画片的其中一集"玛莎和稀饭"还因为在视频点播平台 You Tube 点击量最高而被列入吉尼斯纪录。《玛莎和熊》从 2009 年开始一直播放至今。它于 2020 年首次登陆中国大陆，在中央电视台 CCTV14 少儿频道播出，并在中国流媒体平台西瓜视频全网独播，深受中国儿童和家长的喜爱。

（二）中俄互办电影节为影视文化贸易搭建平台

俄罗斯电影在中国的传播，不仅需要电影制作机构的努力，也需要政府机构的大力推动。自 2006 年中俄互办"国家年"起，中俄两国就开始隔年互办一次电影周的活动。2013 年习近平主席访俄期间与普京总统达成了两国加强电影交流的共识，之后中俄两国开始每年互办一次电影节，俄罗斯电影节每年由中国国家新闻出版广电总局和俄罗斯文化部联合举办，电影放映和文化交流活动将在至少两个城市举行。尤其是在"一带一路"文化交流政策扶持的背景下，电影节这种文化交流模式既是增强两国贸易伙伴关系的有效手段，也是促进两国文化交流、增进民族感情的重要形式，是非常值得推广和坚持的。

中俄电影节以相互组织的形式举办，旨在让两国影视消费者更好地了解彼此的电影艺术和文化。借助电影节这样的平台以及新媒体的推广，有越来越多的中国观众走近电影院观看俄罗斯电影，了解俄罗斯的历史文化，感受俄罗斯电影带来的独特体验；俄罗斯影迷也可以通过网络观看中国电影，将电影作为了解中国文化并学习中文的一种方式。同时，除电影节平台外，中俄两国不断创新合作方式，建设中俄电影交流中心，实现两国网络电视互播，给两国电视观众提供更多优秀影视作品。2018 年俄罗斯中国电影节在莫斯科和鄂木斯克成功举办。2019 年中国俄罗斯电影节作为中俄两国庆祝"中俄建交 70 周年"的系列文化活动之一，在北京百丽宫影城国贸店拉开了帷幕。

自 2013 年第一届俄罗斯电影节在中国北京、上海、重庆开幕，到 2019 年为止，俄罗斯电影节走遍了中国十多个城市，放映了超过 50 部俄罗斯电影。电影节的互办实现了中俄文化的深入交流，爱情、喜剧、动作、科幻、童话等多种题材电影的展播激发了两国民众对电影文化的热爱，加深了中国观众对俄罗斯文化的了解，增进了两国影视文化贸易往来。除了中俄电影节，每年还有各地区及机构主办的俄罗斯电影周活动，在推广俄罗斯电影、介绍俄罗斯文化方面发挥了重要作用。这种形式应该继续保持下去，促进两国电影发展。

表 1　2013—2018 年俄罗斯电影节举办情况

时间	地点	主办方	展映影片
2013 年	北京、上海、重庆	中国国家新闻出版广电总局和俄罗斯文化部	《母亲》《圣诞树 2》《我会守着你》《石头》《间谍》《5 个新娘》《生死足球赛》《女倾慕者》《寻宝者》《男式女子足球队》
2014 年	北京、济南	中国国家新闻出版广电总局电影局、俄罗斯文化部电影局、山东广播电影电视局	《冠军》《好孩子的国家》《黑暗世界》《少校》《说曹操曹操到》《来自天堂的信使》
2015 年	北京、大连	中国国家新闻出版广电总局与俄罗斯联邦文化部	《塞瓦斯托波尔保卫战》《第一小分队》《爱情大冒险》《铁人伊万》《黄金地带》《敢死营》《生死 22 分钟》
2016 年	北京、西安	中国国家新闻出版广电总局和俄罗斯文化部	《冠军：更快、更高、更强》《幽灵》《挪威人》《翻译》《来去无踪》《绿色轿车》《发现》
2017 年	哈尔滨、北京	中国国家新闻出版广电总局和俄罗斯文化部联合举办	《破冰船》《俄罗斯之锤》《爸爸做的早餐》《离春天还有三天》《地震》《医生》《大村庄的热情》纪录片《天气预报》
2018 年	北京、沈阳	中国国家电影局和俄罗斯联邦文化部联合	《太空救援》《大剧院》《决斗者》《冻伤的鲤鱼》《大片》《暗夜守护者》《死亡之舞》

资料来源：吕丽，崔艳玲，于艺.“一带一路”背景下中国电影对俄传播探析［J］.中国电影市场，2020（05）：60-63.

（三）中俄合拍影视作品降低文化折扣

"一带一路"推动了中外电影合拍片的发展，为相互学习、借鉴和融合发展奠定了基础。中俄合拍影视不仅是一种商业合作，更是一种跨国家、跨民族的人际交往和文化交流活动。影视合拍除了可以为影视制作提供更充足的资金和技术支持获得更多的商业利益，更重要的是融合不同的思想，全方位提高影视作品的创作质量。中俄合拍影视的重要意义就在于融合中俄两国的文化理念，提升两国观众的文化认同感，有效降低文化折扣，成为跨文化交流的重要推动力，为两国影视文化产业的共同发展提供动力。

第一部中俄（苏联）合拍电影是《中国人民的胜利》，是 1950 年由北京电影制片厂和苏联纪录片制片厂联合出品的大型彩色纪录片。中俄在此后陆续合作拍摄了《东风来》《这里的黎明静悄悄》《猎人笔记》等影视剧。2015 年，一部俄罗斯奇幻爱情电影《他是龙》以精致唯美的画面、动听的音乐、高颜值的男女主角以及浓浓的俄罗斯风情吸引了无数中国观众。中国的华夏电影发行有限责任公司和中国电影集团公司参与了该电影的发行，对影片在中国的走红功不可没。该电影在中国上映后仅 7 天就取得了 5743 万的票房成绩，在中国引进的俄罗斯电影中票房排名第二。《他是龙 2》的制作将由中俄两国合作进行，电影中人物形象和场景设计将由俄罗斯和中国团队共同完成，电影导演延续了第一部电影的奇幻风格，取景地会延伸到中国，电影中不仅会出现中国元素，还会有中国演员参与主演。《他是龙 2》同时得到俄罗斯和中国观众的期待和瞩目。除了《他是龙》系列之外，此前广受好评的俄剧《战斗民族的发展》也将推出中俄合拍电影版。还有一部在开拍时就受到中俄影迷极大关注的中俄合拍的奇幻冒险片《龙牌之谜》，它是中国电影股份有限公司出品，由俄罗斯导演奥列格·斯特普琴科执导，中国功夫巨星成龙和好莱坞巨星阿诺·施瓦辛格特别出演。该片于 2019 年 8 月 16 日在中国上映，耗资 5000 万美元，是目前耗资最高的中俄合拍片。

四、"一带一路"背景下俄罗斯对华影视文化贸易的困境和应对

(一)官方交流"火热",民间交流"冷淡"

从 2013 年至今,中俄双方陆续举办了"旅游年""青年交流年""媒体交流年"等具有国家意义的大型活动。中俄文化论坛和"中俄文化博览会"成为"一带一路"倡议下人文交流合作的品牌项目。莫斯科的中国文化中心与北京的俄罗斯文化中心成为两国文化交流的重要桥梁和传播文化的重要平台。两国的专业协会、博物馆、剧院和艺术界也经常互动,大大丰富了中俄文化交流的形式和内容。

但是两国的政策性交流很难保证影视文化贸易的长期"火热",两国政府达成的共识只有落实到民间才能对影视文化贸易产生长久的实际成效。然而中俄两国之间影视文化的民间交流效果并不尽如人意:在电影方面,中国观众对"好莱坞"、韩国和日本的电影作品印象更加深刻、评价更高;在电视剧方面,中国观众更加喜爱英国、美国、韩国和泰国的电视剧。俄罗斯制作的电影和电视剧集在中国的受众面并不广,并且目前中俄合拍的电影口碑不佳、票房低迷,这样的现象一直得不到改善。承担中俄文化民间交流的媒介力量比较弱小,导致民间交流难以持续进行。这些困难重重的障碍也间接影响到了中俄关系的正常发展。

民间文化交流是两国关系的黏合剂和催化剂,是促进两国关系持续健康发展的最强劲动力,加强中俄之间影视文化的民间交流既具有商业价值又具有重要的战略意义。中俄之间的影视文化交流与合作可以凭借"一带一路"的官方力量搭建平台,以官方带动民间,重点推动中俄民间的沟通交流和良性互动,以高质量的影视文化作品激发两国民间交流的热情。

(二)文化差异明显,语言障碍重重

很多中国民众都知晓并认同中国和俄罗斯在政治上高度和谐的伙伴关系,了解俄罗斯对于中国的重要的战略地位,但很多中国民众对俄罗斯民

族文化的了解仍然十分有限和模糊，并存在较多的刻板印象。两国的历史文化和习俗方面的差异让两国民众和知识分子缺乏理解和信任，容易被很细小的事件煽动民族情绪。部分俄罗斯民众比较认同"中国威胁论"，对中俄文化交流持有怀疑态度，将中国文化的传入看作是一种意识形态的入侵。语言障碍也是阻碍中俄影视文化贸易的重要因素，未来需要更多精通双方国家语言的专业人才来进行影视作品的高质量翻译，为中俄影视文化贸易充当媒介。当前，很多优秀的俄罗斯影视作品缺乏高效准确的翻译人员进行翻译和推广。据中国教育部门统计，中国目前开设俄语专业的高校每年能向社会输送毕业生 2 万余名，但其中相当一部分毕业生毕业后并不会选择从事俄语相关专业的工作。在俄罗斯也同样如此。据俄罗斯卫星通讯社报道，俄罗斯国立研究大学高等经济学院东方学学院院长阿列克谢·马斯洛夫表示：虽然按照人口平均数计算，俄罗斯已经是世界上学习汉语人数数量最多的国家，但专业化的汉语教学机构太少，在俄罗斯所有院校中只有不超过 10 所能够提供高水平的汉语教学。

俄罗斯是坚定支持和拥护"一带一路"倡议的国家之一，中俄正在建立更高质量的合作关系。中俄双方都要加大人才培育的力度，为中俄深化交流输送更多高质量人才，还要为中俄交流的专业人才创造更多就业岗位，做到才尽其用，避免专业转冷、人才流失。总之，应充分利用好通过官方和民间两个平台，传播中俄优秀文化，播撒浇灌两国友谊的种子，持续推动中俄影视文化贸易往来。

（三）审查标准不同，影视引进受阻

中俄两国通过互办电影节互荐本国优秀影视作品，通过合编剧本和合拍电影让更多的民众走进了电影院支持两国影视文化贸易，但中俄两国的意识形态不同，两国民众的影视文化欣赏能力和影视创作的氛围也各不相同，加上两国影视文化作品的审查标准不一致，这就使得不符合中国广电审查标准的俄罗斯影视作品会受到删节处理，含有较多暴力、血腥、色情情节则不允许在中国国内公开上映。但中国广电总局对广播电视和网络视听行业的标准是一套系统、复杂、细致的体系，是维护中国意识形态安全

和保护未成年人身心健康的手段。在"一带一路"背景下，中俄两国在影视文化作品的交流过程中服从对方的审查要求是两国从事影视文化贸易的基本前提，是互相尊重历史文化的体现，也是维护两国关系和发展前景的要求。中俄影视文化贸易的目的是加强两国文化交流、增进两国的友好合作关系、促进两国文化软实力的共同提升，而不是文化侵略，也不是意识形态的强行输出。所以，两国影视文化的交流要在保证不去触碰审查标准红线的基础上进行。

在"一带一路"背景下的中俄影视文化贸易中，两国都要互相尊重历史文化差异，鼓励和支持两国的影视创作者在合作中不断探寻两国影视文化的最大公约数，创作出高质量的影视作品，促进文化贸易发展。俄罗斯需要正确认识和认真对待中国的影视作品的准入标准，中国也应该不断推进和完善影视作品的分级制度，对标国际影视作品的分级方式，为中国影视更好地"走出去"创造条件。

（四）媒体作用单一，交流缺乏合力

现今媒体技术的发展日新月异，新旧媒体的有效联动可以在中俄两国文化贸易往来中起到关键作用。独到的影视内容宣传、引人注目的影视信息传播和明确的舆论方向引导，都能对影视文化贸易起到正向的刺激作用。但当前中俄媒体在影视文化贸易中的作用比较单一，主要是在对方影视作品上映前对该影视的内容进行预告和宣传，上映后再由各大媒体对该影视剧情进行解读和推荐，对其幕后制作和票房情况进行报道等，但却把握不好真正能够吸引观众的内容。例如缺乏对影视作品创作背景的阐释，对影片中出现的文化符号、文化现象没有做出细致解读，对观众无法理解的一些情节场景做出解释。双方媒体缺乏深度合作、影视文化贸易进程比较缓慢，合作所达成的效果不明显。

中俄双方若想通过媒体来提高对中俄影视文化贸易的效益，就必须要清楚认识民众喜欢通过什么途径了解什么样的文化内容，喜爱什么类型的电影。还要加强俄罗斯媒体与中国媒体的深度联动，充分利用"一带一路"倡议下多样化的传播渠道和手段来优化交流效果，从双方观众更容易

接受的方面着手，寻找中俄接轨的文化契合点，注重影视作品的自我提升，传播优秀的影视文化作品。

国际经贸学院　Daria Golushchenko（德丽）

Iana Pashkevich（雅娜）Iuliia Zaitseva（尤丽娅）

"一带一路"背景下蒙古国
与中国文化贸易发展潜力研究

一、引言

（一）研究背景

近些年来，中蒙两国交流愈加紧密，合作往来越来越频繁，文化交流在两国关系发展中起到了重要的作用。在中蒙两国建交 70 余年的历程中，受政治关系的影响，两国文化交流历经波折，而"一带一路"倡议的实施为中蒙官方和民间交流提供了进一步深化的空间，中蒙两国文化产业的国际合作也随之迎来了新的发展机遇。中蒙互为重要邻国，有着特殊的历史渊源，自 1949 年建交以来两国关系经历了曲折的发展历程。冷战结束后，蒙古开启了政治经济体制的全面改革，提出"多支点"平衡外交战略。中蒙关系重新回到了向前发展的轨道上来，从恢复交往到改善关系，从睦邻互信伙伴关系提升到战略伙伴关系，实现了历史的跨越。

目前，中国与蒙古国的双边合作总体发展顺利，但仍面临着多方面的挑战，尤其是要应对文化多样性的挑战。中国与蒙古国要进一步提升双边合作水平，必须充分认识并发挥文化认同的作用，通过文化认同来消除双方合作的各种障碍，解决好跨境民族之间的共享文化建设，构建和谐的中蒙合作环境。加强中蒙文化交流，两国之间往来就会更加频繁，这有利于国家之间的互惠合作。并且在文化交流中，两国之间能够相互学习，互相借鉴优秀的传统文化，国家间双边关系会得到更好的发展。因此，本文的研究目的是如何以文化贸易交流为方式，继续深化中蒙双边关系。

（二）研究意义

笔者拟在中国"一带一路"背景下对蒙古国与中国文化贸易发展潜力进行研究，本着互利互惠、共同发展的原则，促进两国积极探索、发掘务实合作的新领域和新途径。通过阐述蒙古国对中国提出的"一带一路"发展策略认知的基础上，具体分析蒙古国家对中国文化贸易发展现状，结合实际情况总结两国文化贸易发展对两国关系的促进作用，进一步提升中蒙文化贸易的发展，这对于构筑和平、发展、和谐、共赢的世界和建立睦邻、互信、合作伙伴的新型中蒙关系，加深两国及两国人民之间的了解和信任，促进中蒙睦邻友好的合作事业发展，都具有历史和现实意义。

二、"一带一路"背景下中蒙两国文化贸易发展概况

（一）蒙古国对"一带一路"的认知

2013 年习近平主席第一次提出"一带一路"倡议时表示，"中国要和沿线国家改善合作关系"，但当时并没有具体表示包括哪些国家、哪个时代的丝绸之路。中国一直重视"一带一路"建设，但是对蒙古国而言，直到 2015 年仍对在这个重大倡议下能不能获得经济利益不太清楚。在中蒙俄三国元首的三次会晤之后，才明确了蒙古国也能参与"一带一路"建设。

在政治层面，蒙古国的相关部门机构在三国元首三次会晤期间签署的项目规范下，开始推进两个邻国相关部门间的积极合作。蒙古国学者们从2015 年才开始积极研究这一问题。目前蒙古国国内对"一带一路"的认知程度参差不齐，在政府单位工作的人和学者们对"一带一路"的认知比较好，与此相反，大部分民众虽然知道蒙古国参与"一带一路"的话会给蒙古国带来很多机遇，但他们对相关项目和实施过程的认知还很缺乏。大部分民众认为，蒙古国因为内外部原因并没有抓住"一带一路"机遇。

此前，国际关系研究所的学者 Shurkhuu. D 研究了三国经济走廊对三国政治合作关系方面带来的机遇，Davaasuren. A 研究了三国经济走廊对三国交通方面带来的机遇，Battsetseg. Ch 和 Ariungua. N 等学者研究了三国经济走廊对文化与人文交流方面带来的机遇。蒙古国国立大学的国际关系公共管理学院的 Guluguu. J、Battulga. L、Indra. B、Batsaikhan. Yo、Munkhorgil. U 诸教授们对三国经济走廊与蒙古国的地缘经济实施了对接研究。除此之外，还有蒙古国国立大学教授、在蒙孔子学院的蒙方院长 M. Chimedtseye 发表的文章《现时的"丝绸之路"与蒙古国》和蒙古国国立大学教授 Sh. Egshig 发表的文章《蒙古国建设的"古代丝绸之路"与新丝绸之路的构想》。Sh. Egshig 在文章中表示中国的"一带一路"倡议与古代丝绸之路是息息相关的，在历史上古代丝绸之路对中蒙及其他沿线国家带来了多方面的发展。以上学者主要强调"一带一路"是现代性的丝绸之路，在全球化的背景下，融合邻国的重大倡议是蒙古国务必要把握的机遇。

（二）"一带一路"背景下蒙古国与中国文化贸易发展的现状

2009 年 9 月 30 日，中国政府向联合国教科文组织提交了 2010 年中国申报世界遗产名录，22 项被联合国教科文组织列入"人类非物质文化遗产代表作名录"，其中包括蒙古民族的喉音演唱艺术——呼麦。呼麦是蒙古民族的一种喉音演唱艺术，歌手纯粹用自己的发声器官，同时唱出两个声部。声带发出的是低沉的基音，而口腔发出的是高亮的泛音，加上气息的调控，口腔共鸣点的变化就可在高音部形成旋律，形成人类歌唱艺术史上绝无仅有的多声部形态。呼麦主要分布在中国内蒙古自治区的锡林郭勒、呼伦贝尔草原和呼和浩特等地、新疆的阿尔泰山一带的蒙古族居住地和蒙古国的西部、俄罗斯图瓦共和国的蒙古族聚居地区，它是跨越中、蒙、俄三国的一种神奇的歌唱艺术。出于对联合国教科文组织申报世界遗产程序和条款的不甚了解，蒙古国政府及民众将中国政府的呼麦申遗成功的危害无限放大，扩大到了威胁国家文化安全的层面上来。

蒙古国政府于 2010 年 1 月 20 日，召开了申报世界遗产通报会，强调要加强保护民族文化遗产的力度，并致信联合国教科文组织世界文化遗产中心主任，称呼麦来源于蒙古西部阿尔泰地区，是蒙古国的文化遗产，不期望以外国名义申报世界文化遗产。蒙古国各大媒体从"呼麦申遗"到"蒙古袍申遗""蒙古民族舞、贝尔格舞申遗""蒙古史诗申遗"，从"成吉思汗是谁的民族英雄"到"《蒙古秘史》的归属问题"进行了长篇累牍的报道。蒙古网络加大渲染，网民丑化中国人形象的言论触目皆是，中国人被描述成具有威胁性的"文化掠夺者"。"呼麦申遗事件"虽未构成冲突，但"呼麦申遗事件"将蒙古国非官方反华情绪推向了顶峰，在一定程度上破坏了中蒙两国之间的友好合作的和谐氛围，助长了部分蒙古人对在蒙华人的不满和不信任，妨碍了中蒙之间正常的合作与发展。

（三）蒙中文化贸易发展对于两国关系的促进作用

世界科技的不断进步，提高了日常的工作效率，促进了世界经济的快速发展，加强了国家与国家之间的联系。通过中蒙文化贸易的不断加深和进一步的发展，中国与蒙古的联系更加密切，两国之间的互相认知更加深刻。比如，双方通过文化贸易合作发展，能够"想他人之想，思他人之所思"。在经济交往的过程中，能够更好地了解对方的关切，更有针对性地解决发展过程中遇到的问题，还能够更好地处理经济发展与文化传统保护之间的关系。国家间的经济往来逐渐加深，合作深度不断增强，经济往来的项目也不断增多，两国的文化贸易发展促进了经济关系的加深。同时，经济关系的加深还会反哺文化领域的交流，两者之间能够构成良性循环。两国关系在文化、经济领域这些低层次往来的加深也逐渐影响到政治、安全等高层次交往。彼此之间的默契合作，加快了事情的处理速度，双方在国际政治舞台上的合作也日渐亲密。例如在朝核问题上，中国和蒙古都作为六方会谈的参与者进行讨论。此外，通过中蒙文化贸易的发展能够使两国对彼此的文化有更加深入的了解。两国在发展国际文化贸易的同时，对于中蒙关系如何友好沟通以及如何做好下一步合作发展与交流，都提供了很好的平台。双方互相了解，才能增进彼此之间的信任，促进中蒙关系的进一步发展。

三、"一带一路"背景下蒙古国与中国文化贸易发展的潜力

（一）发展蒙古国与中国文化交流与合作平台

积极推动海外中国文化中心建设，加强中蒙两国文化艺术交流的广度和深度，打造以"一带一路"为主题的国际文化节、博览会等国际交流合作平台。中国要定期举办并完善蒙古"文化呼麦"活动平台，组织文艺演出、文化论坛、非物质文化遗产展览、文化贸易等活动；要积极参与、组织中蒙"文化年"活动，定期在蒙古国举办文化周、文化日等大型文化交流活动，合作举办国际蒙古语戏曲节、国际蒙古族舞蹈艺术节。中国还要积极参与在蒙古国举办的"欢乐春节"等大型活动，充分利用国家层面的高端平台，展现和宣传蒙古民族的特色文化。积极鼓励中蒙边境毗邻的中国盟市、旗县文化机构与蒙古相关对口机场之间建立直接的联系，构建形式多样的合作交流平台。

1. 建设文化交流中心

中国文化部与蒙古国乌兰巴托市合作共同筹建"乌兰巴托中国文化中心"，以此为平台全面开展与蒙古国的文化交流活动，同时邀请蒙古的各种文化艺术团体赴中国开展文化交流活动。在呼和浩特设立蒙古国文化中心，在内蒙古重点边境口岸二连浩特、满洲里等城市建设对外文化交流艺术中心，并以此带动其他边境城市的文化中心建设步伐。

2. 扶持文化交流艺术创作

定期举办中蒙文化艺术节，进行独具特色的中蒙戏剧和舞蹈展演、国际呼麦大赛等，各项活动由中蒙两国每年轮流举办一届，并对现有的"草原丝绸之路"主题舞台剧深加工、再打磨，使其更好地参与"一带一路"区域文化交流。与此同时，开展草原画派美术创作和美术展览等合作项目，引导和支持我国各类文艺院团与蒙古国相邻省区文化机构开展联合创作。

（二）夯实蒙古国与中国文化交流与建设的各项基础工程

1. 开展非物质文化遗产的联合保护与开发

基于《中华人民共和国文化部与蒙古国教育文化科学部联合保护非物质文化遗产合作协议》，中蒙两国联合向联合国教科文组织申报"蒙医药"项目为"人类非物质文化遗产代表作"，项目成果为中蒙联合申报、保护共有。积极开展对外交流展览，并邀请蒙古国选派非遗代表性项目来中国举办展览。

2. 开展图书典籍领域的国际合作

在以中国民族地区图书馆、社会科学院图书馆等特色馆藏图书为主体的图书领域，要加强同蒙古国国家图书馆以及蒙古各区域图书部门交流和合作。开展"数字文化走进蒙古——中蒙技术交流与推广项目"和"中蒙数字文化资源共建共享合作项目"，构建中蒙两国蒙古语数字文化资源共建共享机制。

3. 推进边境公共文化服务建设

扎实推进城镇居民与农村社区文化建设，实现每个社区、嘎查（村庄）都有文化室、文化体育广场等活动场所，加强基层公共文化服务设施建设，实施"两馆一站"（文化馆、图书馆、乡镇综合文化站）标准化、基层文化长廊等工程，着力增加弘扬社会主义核心价值观和体现我国民族特色的优秀文化产品供给，满足边境居民基本文化服务需求。

（三）制订对外文化贸易和文化产业发展计划

1. 通过有效平台和机制构建中蒙文化产业带

通过完善深圳国际文化产业博览会、北京国际文化产业博览会、敦煌国际文化博览会等参展机制，支持民族文化企业在文艺演出、工艺美术、文化旅游、非物质文化遗产生产性保护、文化会展等方面积极寻求对外合作；建设重点文化产业园区，支持内蒙古文化企业在蒙古国兴办实体，培育形成一批"专、精、特、新"的特色中小企业。

2. 积极促进中蒙经济合作走廊中文化贸易的拓展

以演艺、创意设计和制作、艺术授权、版权贸易、数字内容等新兴产业为主体拓展学术交流、人员流动、信息共享等国际合作渠道,定期组织文化行政管理部门、重点文化企业赴国外开展文化产业调研或参加文化产业培训,吸引外商投资于法律法规许可的文化贸易领域。

3. 建设运行良好的对外文化传播和贸易基地

建设文化传播和贸易基地,近期应重点抓住重要口岸城市,尤其是以满洲里市、二连浩特市为中心,依靠边境口岸和区位优势,以蒙古文化展示、文化贸易交流、生态文化旅游为重点,开展中蒙两国旅游节、冰雪节、选美大赛等品牌文化交流活动,把满洲里市、二连浩特市建设成草原文化展示窗口、中蒙文化交汇融通的示范基地。

(四) 加大专业人才的培养

中国要让蒙古国深入了解"一带一路"建设的目的,减少蒙古国的疑虑,使蒙古国愿意与中国共同推进"一带一路"建设,促进中蒙文化贸易发展,那么在中蒙文化贸易发展中,专业人才无疑发挥着重大作用,培养双语人才可以更好地服务中蒙文化贸易发展。因此,在加快中蒙文化贸易发展的过程中,要注重专业人才的培养。首先,中国要成立专业的院校,开设蒙语专业课程,为中蒙文化贸易发展培养专业人才。其次,加强中蒙两国高校合作,双方高校签署合作协议,共同致力于人才培养。再者,进一步发挥孔子学院的作用,在蒙古国境内积极推广孔子学院,开设孔子课堂,让更多的蒙古人学习汉语,学习中国文化。最后,高校可以与跨境合作企业建立实训基地,鼓励学生利用假期去境外实习,还要创造条件分批分期派高校教师到蒙古国及"一带一路"周边国家实地考察,加强师资力量的国际交流,积累国际素材的教学案例,建立起具有国际视野的双师型教师队伍。

四、结语

综上所述,在"一带一路"倡议下,中蒙两国之间的交流更加便捷,促进了中蒙文化贸易的发展。"一带一路"是中国深化对外开放的重要体现。在推进"一带一路"建设中,中蒙文化贸易既迎来了机遇,也面临着挑战。推动中蒙文化贸易发展必须立足实际，加大文化宣传和交流，立足两国文化的差异性和共性，研发出适销的文化产品。同时，还要加大专业人才的培养，更好地服务中蒙文化贸易发展，提高贸易水平。

国际经贸学院　Amarlin Erdenemunkh（安玛琳）

"一带一路"背景下
中缅文化贸易发展对策研究

"一带一路"倡议的提出为中缅文化贸易发展带来了新的机遇。通过了解"一带一路"的优势，研究中缅两国文化贸易发展现状，找出适合双方协同进步的措施，对于提高两国文化贸易发展水平有着重要意义。本文从"一带一路"倡议下中缅两国文化贸易的协同发展展开论述。"一带一路"倡议的提出，促进了中国与周边国家间的贸易往来，打开了中缅国际文化贸易的港口。

当前，在全球经济发展潮流中，区域经济的一体化发展是必然趋势。在此背景下，同一自由贸易区内的国家在贸易政策、经济合作、产业相关性上存在较高的联系，使得自由贸易区内的国家逐渐形成一个联系密切且共同繁荣的经济体。在新时代发展背景下，中国提出了"一带一路"倡议，并与当前的东盟自由贸易区并行存在。在"一带一路"与东盟自贸区框架下，缅甸与中国存在较多的互通之处，尤其表现在经济、社会体制以及文化等层面。虽然中缅两国在经济发展规模与发展阶段上存在差异，但两国对于推动双方的经贸合作有着较高的认可度与积极性。

一、中缅两国发展文化贸易的背景

缅甸曾是虽有不同社会制度但率先承认新中国的国家。周恩来总理也曾出访缅甸，缅甸与中国共同倡导并实践了和平共处五项原则。如今，缅甸还是共建"一带一路"的重要国家，是"一带一路"框架下"中国—

中南半岛经济走廊"和"孟中印缅经济走廊"的交汇点，是实现中国与东南亚、南亚地区互联互通的重要枢纽，是中国同周边国家和睦相处、互利共赢的榜样，是中国和平发展的重要依托力量。

2020 年 1 月，习近平主席同缅方领导人共话千年"胞波"情，同谱合作新华章，提升政治关系定位，深化互联互通合作，推进中缅经济走廊建设，推动中缅关系迈上更高水平。习近平主席此次访缅，与缅方主要领导人共同出席了中缅建交 70 周年系列庆祝活动暨中缅文化旅游年启动仪式等活动。站在 21 世纪第三个十年的起点，中缅两国人民欣喜地发现，从"同饮一江水"到"共建一条'路'"，中缅越来越亲。中缅山水相连，世代比邻而居。澜沧江—湄公河奔腾而下，绵延数千公里。两国人民"同饮一江水"，命运与共。如今，"一带一路"合作让中缅交往更加紧密。

习近平主席在缅甸媒体发表的题为《续写千年胞波情谊的崭新篇章》的署名文章中，两次提到"一带一路"，谈到"两国务实合作越做越大"。习近平主席指出，缅甸是共建"一带一路"的沿线重要国家。文章谈到两国要"深化经贸往来，注入互利合作新动能"。习近平主席强调，双方要深化共建"一带一路"框架内务实合作。

自 2013 年习近平主席提出"一带一路"倡议以来，缅甸政府迅速给予回应。缅甸作为亚洲基础设施投资银行的创始成员国，积极参与共建"一带一路"。2018 年，缅甸成立了由昂山素季国务资政领导的共建"一带一路"实施领导委员会。中国长期保持缅甸第一大贸易伙伴和最重要投资来源国地位。2019 年前 11 个月，双边贸易额达 168 亿美元。中缅双方深化发展战略对接，签署共建中缅经济走廊合作相关文件并成立联合工作委员会。中缅经济走廊及大项目合作带动了缅方沿线就业和经济发展，极大提升了当地人民的生活水平。

二、中缅两国文化贸易发展概况

(一) 缅甸国家对"一带一路"的认知

2014 年 11 月 15 日，在中缅两国共同签署的《关于深化两国全面战略合作的联合声明》中，缅方欢迎中方提出的"共建丝绸之路经济带和21世纪海上丝绸之路"的倡议。双方同意将继承和弘扬和平合作、开放包容、互学互鉴、互利共赢的丝路精神，加强海洋经济、互联互通、科技环保、社会人文等领域务实合作，推动中缅及与其他沿线国家间的合作共赢、共同发展。但与官方积极表态相对应的是，缅甸社会对"一带一路"仍然缺乏了解，在具体项目推进上明显滞后。目前缅甸国内了解"一带一路"的仅限于从事政策研究、与中国打交道的一些官员和精英，一般知识分子对其也知之甚少，甚至吴登盛总统府的官员都对其了解不多，不知中缅在"一带一路"倡议的框架下能开展哪些合作，因而建议中方在缅甸加强"一带一路"的宣传，甚至提出只要中方提供合适的相关文本，缅方可以组织人员翻译后在媒体上公开发表。缅甸国内各政党也对"一带一路"总体持积极正面的看法，普遍认为中国倡导的"一带一路"是缅甸经济发展的一个新机会，对缅中两国乃至整个地区来说都是有利的。缅甸政府官员、智库代表也对在"一带一路"框架下，进一步发展好中缅政经合作抱有相当的期待。他们普遍认为，中方提议建设的"一带一路"具有重大现实意义，可以促进区域经济发展和地区和平稳定，中国的"一带一路"倡议是个非常好的双赢模式，缅甸及其他沿线国家必将从中受益，这也将是中国推动世界经济发展的重要贡献。

（二）"一带一路"背景下缅甸与中国文化贸易发展现状

文化贸易是指世界各国（或地区）之间所进行的以货币为媒介的文化交换活动。它既包括有形商品的一部分，例如音像录影制品、纸制出版物等，也包括无形商品，例如版权、关税等。它是文化经济链条上的相关环节，如果说文化产业直接关注产品的生产，那么文化贸易则关注文化产品的下游，关注与文化产品制造紧密连接的文化产品的流通、交易与销售领域。

藤球是缅甸的一项传统运动。藤球是用藤条编织成的，缅甸人称Chinlone。Chinlone包括腿、膝盖、头肩等部位的运动，各种步法极其丰富，老少皆宜。藤球运动对场地、气候没有特殊的要求，藤球的制作十分简单，可就地取材，便于开展群众性的体育活动。藤球运动讲究技术和技巧，可以培养人们文雅和相互尊重的品质，是一项全身运动，但并不十分激烈，能够锻炼人的反应能力，还可以舒筋活血，有益身体健康。Chin Lone 的独特之处在于，它不是彼此之间的竞争，而是为防止 ChinLone 落地的团队努力。藤球是缅甸的国球，历史悠久，有着较高的技战术要求。近年来，藤球运动也受到很多中国人的喜爱。中缅两国地方球队经常举办邀请赛和友谊赛，相互学习，切磋技艺。藤球运动现已成为中缅民间友好交流的一个重要载体。

中缅合拍的微电影《小藤球情》，讲述了一段中缅青年因球结缘的故事。该影片的导演是缅甸人，编剧是中国人，剧中的男一号是缅甸演员，但他扮演的是一位在缅甸留学的中国留学生，其他参演者则是来自中缅两国各行各业的年轻人。2020 年 12 月 22 日，中缅双语公益微电影《小藤球情》在缅甸各媒体平台发布后，引起了广泛关注和赞赏。

创作缅甸歌曲 *for Ma* 的两位歌手，已经签订了向全世界销售这首歌曲的合同。"没想到这样流行，朋友拿给我看，我还以为是个笑话，然后它真的发生了。我们很高兴。我们现在允许一家中国公司出售三年。"歌曲作者 Ko Julai Tun 和 Ko Shin Min Aung 说，这是一首以多种语言重新演唱的歌曲。大约在 2011 年，Shin Min Aung、Ju Hlaing Tun 和 Ye Htwe 联手制作专辑 May Myo Thu，发行了一张 Mp3。歌曲 *for Ma* 也是 May Myo Thu 专辑中的一首歌，但是歌手是谁，人们不知道。如今，歌曲 *for Ma* 尚在世界著名的在线购物网站亚马逊上热销。

缅甸拥有丰富的自然资源，包括石油、天然气、铜、铁矿石和锌等矿物，是世界上最大的玉石生产国和出口国，也是第一批石油出口国和第十大天然气出口国之一。值得一提的是，缅甸是世界上最大的优质玉石和红宝石产地，大约占世界红宝石产量的 90% 和玉石产量的 70%。与其他采矿业不同，宝石行业仅由国有企业和当地公司承包，该领域拒绝外国投资。中国人则是世界上最早使用玉的人，传统上重视玉石。玉被公认为中国文化遗产，中国人比世界上任何其他地方的人都更喜欢玉。中国人称为"翡翠"的玉石产于缅甸帕敢，该地区翡翠产量约占世界翡翠产量的 95%。中国不产硬玉，只产软玉。软玉即和田玉，已在中华人民共和国新疆开采多年。缅甸克钦邦与中国南部接壤。中国从 18 世纪就开始与缅甸交易翡翠。

（三）缅中两国文化贸易的发展对两国关系的促进作用

近年来，中缅两国举办了各类文化旅游展、研讨会、论坛和各项交流活动，以增进文明互鉴，密切人文交流，推动两国友好关系。中缅在文化遗产方面交流密切，两国在人文和传统习俗方面也有着深入密切的交流。缅甸拥有举世闻名的仰光大金塔，绚丽多彩的文化风俗，蒲甘、骠国古城等著名的世界文化遗产。目前，中国已成为缅甸最大外国游客来源国。两国间每周有 150 多个直飞航班。《西游记》《红楼梦》等中国优秀影视作品也曾在缅甸热播。2020 年是中缅建交 70 周年，中缅两国地缘相近、文化相通，胞波情谊历经千年始终如一，是双边关系发展的动力和源泉。两国人民对彼此的传统文化、习俗都相互理解，这是非常重要的。正是由于两国之间的长期交流，才更了解彼此的历史与文化，这点非常有利于促进双边关系的长久发展。

三、中缅两国发展文化贸易的对策

（一）扩大教育和人才培养，增进中缅文化贸易合作密度

教育和人才培养是"软性基础设施"的重要组成部分，因此要加强对缅甸的语言、文化、宗教和其他基本形势的学习，加强对相关人才的培养。教育和学习是双向的，中缅可以互派学生进行定期的文化交流，或者互派学者进行定期的学术访问。中方还可以针对缅甸的学校、医院进行投资，帮助缅甸提高教育和医疗水平。中国政府应扩大缅甸学生来华学习交流名额，并提供奖学金，帮助缅甸培养各领域的专业人才；政府还应推动两国高校、研究机构等单位的合作，输送中国青年赴缅交流，加深对缅认知，为以后的对缅工作储备人才；加强中缅两国教育合作，办好"孔子学院""国门学校""国门医院""华文学校"；资助缅甸优秀学生到中国留学；继续支持中缅职业教育留学生合作项目，帮助缅甸储备经济社会发展所需

的人才。

（二）继续推进中缅文艺活动，深化人才交流合作

中缅两国的文化交流最早可追溯至汉代。新中国成立后，两国的文化互动更加频繁。通过两国间的文化交流活动，可以了解两国间的文化差异，逐步消除两国由于文化差异而引起的不必要冲突。利用"一带一路"国际日，组织大型民间活动，促进双方的民间交往。中缅两国"胞波情谊"源远流长，中国西南少数民族与缅甸在文化、习俗方面具有强烈的认同感。中国可以云南为纽带，推动政府或民间团体主导的文化交流，举办文化节等活动，增进两国民众的互相了解；积极主动创造条件，搭建国际性智库交流平台；继续举办好中国—南亚东南亚智库论坛、跨喜马拉雅发展论坛、中缅智库高端论坛、中缅旅游合作论坛、孟中印缅卫生与疾控合作论坛、孟中印缅现代畜牧科技合作论坛等平台；继续办好中缅胞波狂欢节、中缅瑞丽—木姐跨境马拉松赛事等交流活动；广泛开展智库交往合作。

（三）加强两国旅游业的沟通合作，提高两国民众交流便利化水平

推进两国旅游业的对外开放，强化区域间旅游业的交流合作，从而推动两国的政治交流和经济交流，逐渐消除偏见和误解，提高两国人民的互信度。中缅两国的旅游资源各有各的特点，同时双方的旅游资源又都很富饶，两国进行旅游方面的项目合作条件充分、前景广阔，可以携手打造中缅旅游业合作的标志性项目。中国应在国内宣传缅甸美丽独特的自然风景和人文景观，鼓励民众赴缅旅游，带动缅甸旅游业发展；同时，邀请缅甸民众和社会团体赴华参观、旅游，并提供适当的优惠，让缅甸民众切身体会中国的文化。加强中缅旅游合作，强化顶层设计，构建务实高效的旅游合作机制，实现赴缅旅游免签、落地签等跨境旅游政策，推进边境旅游通关便利化，授权地方公安机关出入境管理部门开展边境旅游国内居民异地办证工作，增加中国与缅甸间的直飞航班，加快推进云南重要旅游城市至缅甸旅游城市的铁路、公路建设并提升改造项目，加快中缅边境旅游线路、跨境旅游线路建设，打造中缅跨境黄金旅游圈。

（四）发挥华人华侨的文化纽带作用，做好对缅民间宣传工作

中缅两国历来交往甚密，虽然华人华侨的力量有限，但依然是顺利推进"一带一路"进程不可或缺的一部分。华人华侨有着炎黄子孙的血脉，具有较强的凝聚力。随着缅甸开始自身的政治转型，华人合理的政治权利势必会得到相应保证，华人团体的活动也会变得越来越活跃。中国应该主动增强与缅甸华人团体的往来，为其成长提供相应的帮扶，使"一带一路"倡议得到这些政治社团、政治利益集团的理解和支持。这能为中国争取到更多的政治资源，也能为缅甸更详尽地了解中国以及"一带一路"倡议提供有效的渠道。

随着"一带一路"倡议的逐步推进，越来越多的中国企业开始"走出去"。中国企业在对缅投资之前，应该虚心听取缅甸华人华侨的建议，了解缅甸的市场行情，减少因经验不足以及"文化障碍"等造成的失败。同时，缅甸的华人华侨团体可以给中国企业引荐效益稳定且风险小的项目。这不仅有利于中国企业在缅甸立足，也有利于缅甸搭上"一带一路"的便车来发展文化贸易。缅甸开始民主转型之后，各方的社会舆论对中国十分不利，再加上"中国威胁论"不断发酵，使得缅甸民众对中国实施"一带一路"倡议的目的产生怀疑，也因此对"一带一路"倡议持保守态度。此时，缅甸华人华侨应该发挥其在中国与缅甸之间的桥梁作用，通过各种媒介来宣传"一带一路"倡议的优势，最大限度地减少缅甸民众对中国的误解，增强两国人民的互信，从而顺利推动中缅两国的合作，推进"一带一路"倡议的实施。

（五）发展经济领域产业，促进中缅两国文化贸易多边合作

近年来，中缅两国在文化合作的基础上开始向经济领域延伸，取得了丰硕的成果，在经济领域的合作从原来单纯的贸易往来和经济援助扩展到投资和多边合作。随着两国开放领域的不断加深，双边贸易额在逐年递增，中国对缅甸主要出口成套设备和机电产品、纺织品、摩托车配件和化工产品等，从缅甸进口原木、锯材、农产品和矿产品等。为进一步与缅甸

开展经济贸易合作，扩大从缅甸的进口，中国先后两次宣布单方面向缅甸共计 200 多个对华出口产品提供特惠关税待遇。中缅两国在加强文化互动的基础上取得的成就，无不在体现着文化的价值。国与国之间的交往是以互利共赢为前提的，中缅两国举办文化交流活动的目的是为了巩固并发展两国的友好邦交关系，在互利共赢的前提下实现两国的社会经济发展。

随着社会经济的不断发展，中缅两国在以文化为契机的前提下，还将开启新的经贸合作交流，相关企业也需融入信息技术，注重智能化服务。在中缅文化交流过程中，文化互动不仅有利于维持两国长期以来的友好关系，更有利于中缅两国进一步的合作开放。无论是两国政府间还是民间群体自身的文化互动方式，都将为中缅两国的进一步发展翻开新的篇章。加强中缅民间人文交流合作，增进中缅文化互鉴、民心相通，积极推动中缅经济走廊沿线医疗卫生、扶贫开发、社会公益、文化和环境保护等项目，将使走廊沿线民众从中受益。

四、总结

中缅两国文化贸易在"一带一路"倡议下获得了新的发展机遇，构建了良好的协同进步环境，为两国经济建设及国际交流与沟通创造了良好条件。在"一带一路"建设中，缅甸的战略位置非常重要，加强中缅经贸合作，是推动"一带一路"建设的重要举措，必须得到足够的重视。笔者结合中缅文化贸易合作的现状，对其未来合作发展提出了一些对策建议，希望通过文化贸易的合作，实现中国与缅甸的互利共赢。

国际经贸学院　Zar Chi Ko Ko（王玉英）

Netflix 的国际化道路与策略研究

一、文化贸易的契机：文化休闲

Netflix（网飞/奈飞）是近十年里最有影响力的公司之一。由于一系列的因素，这个公司出乎意料地迅速壮大起来。人们想要了解 Netflix 提供什么类型的产品，以及是什么让 Netflix 在今日如此成功，首先必须分析一些有助于理解 Netflix 关于产品需求的概念和相关因素。

Netflix 是一家与文化商业有关的企业，这里的文化商业指的是文化产品和商业活动的投入或服务。文化产品一般是指思想、符号和生活方式在特定地理区域的传播。人们共享具有共性的文化特征。Netflix 提供世界上几乎所有国家的电影，这些电影被认为是文化产品，因为它是由一系列文化思想或行为赋予的。例如，印度电影里的服装、舞蹈和动作只有在印度才能真正看到，在其他国家是非常罕见的。因此说，这些电影具有印度本国特有的文化、政治或宗教色彩。Netflix 将来自多个国家的电影联合在一个在线平台上，在线平台上的这些用户可以观看到这些电影，但不受限于地理位置和语言。

为了更好地理解文化商业的运作方式和功能，接下来定义两个基本概念：文化资产和文化活动。文化资产是指物质材料的作品元素（绘画、椅子……）和非物质材料的作品元素（表演、手工技术），它们表达了一个民族及其艺术家或工匠的创造力。而文化活动是指某个（些）特定的社会群体或文化群体为创造、传播或促进某一特定文化娱乐内容的活动或会议。

文化商业是基于特定区域的文化产品销售或文化推广活动。如果这些产品是基于娱乐观众或专注于提供某种个人体验的满足，那么必须提到两个与此类产品或服务相关的概念：空闲时间和休闲。很多人认为空闲时间和休闲是两个相同的概念，但实际上它们之间没有很大的关系。

什么是空闲时间呢？空闲时间被定义为一个人在其个人义务之外所花费的时间，或在满足所有需求和义务后剩余的时间。也就是说，不工作、不学习的时间，以及排除了日常生活如打扫、吃饭或睡觉的时间。这是一段自由的时间，可用于个人事务，如看电视、学习一些自己感兴趣且有用的东西，或者仅仅是指在义务之外并直接具有自由支配权力的时间。什么是休闲呢？就是娱乐与满足个人并以自由和自愿方式进行的活动，这些类型的活动通常在空闲时间进行。

通过对这两个概念的分析，可以看出，休闲是空闲时间内完成的，如果没有了空闲时间，休闲也不可能存在。由于工人权利的发展和演变，使得世界各地的人们都开始尊重劳动时间，因此，通过为人们提供更多享受空闲时间的机会，可以提高人们的生活质量。更重要的是，目前还有专家专为提供只在空闲时间消费的活动或产品做着巨大努力。这也说明了，如果人们没有了空闲时间，就不会有电影院、公园或舞蹈课的存在，所有这些活动都是发生于人们有空闲时间并在空闲时间内寻求休闲以满足对新体验的渴望。

为什么要强调空闲时间和休闲的重要性呢？因为文化贸易直接与这两者紧密相连。也就是说，人们会在休闲上投入了大量的资金。有些人寻找令人兴奋的活动和娱乐来填补他们的空闲时间，例如运动、看电影、绘画、学习语言等。在这一点上，可以强调另一个重要的概念：全球化。由于全球化既统一了世界，也统一了人们的审美价值和品味。也就是说，全球化已经成功地统一了人们的品位，无论他们是什么出身、国家、种族等。这是都归功于新技术和互联网，它们让文化交流变得便捷且免费。这种演变与世界上几乎所有国家人民生活质量的提高紧密相连。20年前，几乎没有几个人可以上网，但现在有相当多的人每天都可以上网几个小时。互联网将人们连接起来，不会受限于网民的地点。这些都是文化商业的优势，它可以在短时间内让一个国家的文化产品广泛传播，被许多人熟知。

综上所述，我们了解到空闲时间、休闲和全球化的基本概念，以及它们是为文化商业提供许多产品和服务的关键因素，人们需要更多投资空闲时间的方式。诚然，要想有商机，这些服务就必须便宜；要使客户获得满足感，就必须做出一些超出他们期望的产品或服务。这就是为什么 Netflix 专注于通过提供相当高质量的产品来满足客户的期望和需求，在这种情况下，电影和电视剧是最好的选择。当然，Netflix 也面临着巨大的竞争，它不仅要与所有电影平台竞争，而且还要与所有人们可以用于休闲活动的替代品竞争。

二、Netflix 的创建和演变历史

Netflix 是一个在线流媒体平台，它为用户提供一系列电影或连续剧，服务价格根据消费者的注册、影片质量和屏幕观看的数量而变化（屏幕观看数量是指两个或更多人可以在同一用户的不同设备上同时观看 Netflix 的内容）。Netflix 公司不仅成功地为电影和连续剧的传播内容提供相应的服务，而且现在还发展为一家电影制作公司，制作自己的电影和电视剧集以提供新材料。

这家公司演变发展的作用是由于它的国际化，支持不同国家的不同影视项目。它没有像"好莱坞"那样的固定基地，而是在许多国家投资。另外，Netflix 的特别之处是，当电影或影视剧结束时，还会向用户发布其他专为消费者提供的更独特的售后服务，这在其他公司的应用程序中是找不到的。Netflix 是一家非常有趣的公司，它成功地建立了一种观看全世界电影的新方式。它改变了电影行业，在文化商业领域架起了一座桥梁。

（一）Netflix 的创建

创办 Netflix 的起因是从里德·哈斯廷斯（Reed Hastings）在 Blockbuster 影音连锁店租借一部电影开始的。因为忘了及时归还影碟，不得不支付 40 美元的罚款。这件事促使里德考虑通过电子商务建立一个不会产生罚款的电影租赁系统。起初，用户从这家虚拟视频商店的目录中订购了一部电影，当他们归还时，他们可以订购第二部。然后，真正的创新发生在以电影流媒体服务方式提供可视化内容。

（二）Netflix 的演变历史

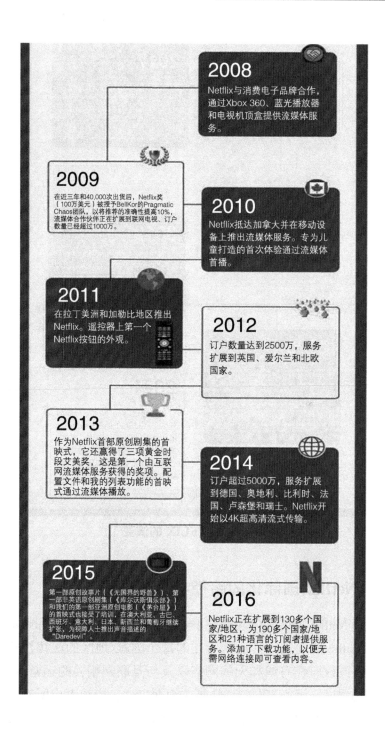

2008
Netflix与消费电子品牌合作，通过Xbox 360、蓝光播放器和电视机顶盒提供流媒体服务。

2009
在近三年和40,000次出货后，Netflix奖（100万美元）被授予BellKor的Pragmatic Chaos团队，以将推荐的准确性提高10%，流媒体合作伙伴正在扩展到联网电视、订户数量已经超过1000万。

2010
Netflix抵达加拿大并在移动设备上推出流媒体服务。专为儿童打造的首次体验通过流媒体首播。

2011
在拉丁美洲和加勒比地区推出Netflix。遥控器上第一个Netflix按钮的外观。

2012
订户数量达到2500万，服务扩展到英国、爱尔兰和北欧国家。

2013
作为Netflix首部原创剧集的首映式，它还赢得了三项黄金时段艾美奖，这是第一个由互联网流媒体服务获得的奖项。配置文件和我的列表功能的首映式通过流媒体播放。

2014
订户超过5000万，服务扩展到德国、奥地利、比利时、法国、卢森堡和瑞士。Netflix开始以4K超高清流式传输。

2015
第一部原创故事片（《无国界的野兽》），第一部非英语原创剧集（《库尔尔沃斯俱乐部》）和我们的第一部亚洲原创电影（《茶合屋》）的首映式也接受了培训，在澳大利亚、古巴、西班牙、意大利、日本、新西兰和葡萄牙继续扩张，为视障人士推出声音描述的"Daredevil"。

2016
Netflix正在扩展到130多个国家/地区，为190多个国家/地区和21种语言的订阅者提供服务。添加了下载功能，以便无需网络连接即可查看内容。

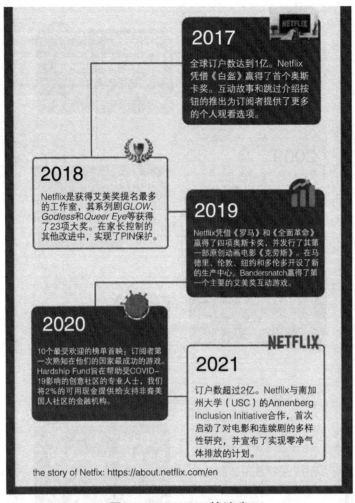

图 1　NETFLIX 的演变

三、Netflix 国际化的路径与策略分析

要发挥 Netflix 的国际化功能并不容易，一些国家的法律和政治环境非常复杂。Netflix 必须适应其运营所在的每个国家/地区的法律法规，因此必须考虑不同政府在有线和无线网络以及与互联网相关的运营商、网站、平台、应用程序、设备方面的立法等。简而言之，应该考虑所有可能对公司经济效益产生积极或消极影响的媒体方面的规定（Jenkins，2015）。由

于人们的收入因国家而异，Netflix 必须考虑合理的费率才能获得最大数量的订户（Netflix，2016）。社会和技术因素也可能是一个国际化问题。

图 2 展示 Netflix 国际化的演变历程，可以看到 Netflix 目前在 190 个国家/地区开展业务。无论人们的文化、社会地位如何，每个人都喜欢通过看电影或看一部好剧来放松。Netflix 必须使其业务适应每个国家的社会、经济、政治和法律条件，为所有类型的客户提供最好和最简单的观看方式。

图 2　NETFLIX 的国际化历程

Netflix 几乎成为人们娱乐的不二选择。人们上网使用的智能手机、笔记本电脑、平板电脑或网络电视等都是能够连接到 Netflix 的日常材料，现在人们很难避免日常生活的网络化，由于上网费越来越便宜，市场上有各种价位的智能设备。

（一）Netflix 国际化的路径

1. 减少电影盗版

自 Netflix 出现以来，影视盗版已经大大减少。几年前，还能在网上寻找下载电影和视听材料，以便免费观看，而今这个问题已经发生了改变。Netflix 的月费很低，在它的平台上可以找到各种电影，电影每天都在变化，质量也很好，几乎所有影视片都有多种语言版本，可以使用最喜欢的语言来观看。盗版对电影界和制作公司造成的损害如今几乎不存在。Netflix 在 190 个国家/地区提供相同的内容，为每个地区提供优质新颖的服务。

2. 联合行业

Netflix 不排除仍在电影院或电视上观看影片的模式。除了作为发行商之外，它还是生产商，自己拍摄影视作品。可以这么说，其商业模式的发展是内容融合，将互联网、电影院和电视的内容融合在一起，开创电影发行放映新逻辑。

3. 制作自己的内容

Netflix 从一个电影发行商变成了拥有自产自销的素材（影视作品）制作商，它不仅摧毁了整个 DVD 销售市场，而且还进入了影视行业，Netflix 正在全球范围内创作电影和连续剧。目前在墨西哥、美国、西班牙、波兰甚至俄罗斯都有 Netflix 原创系列。其产品创新以及它们是 Netflix 原创意味着竞争非常激烈，大型竞争对手必须投资开发新产品，这对观众来说非常有利，更好的素材供应每天都在增加。Netflix 还因其产品的多样性、创造性而脱颖而出，吸引了无数观众，提高了访问量。

4. 强化全球传播和原创性

在全球市场上，Netflix 新项目集中在观众的口味、推荐和习惯上，这使 Netflix 成为一家专注于客户满意度的公司。目前，专注于客户是 Netflix

最重要的策略。如果得到了客户想要的东西，就必须拥有很大一部分市场。Netflix 遍布 190 个国家，是一家利润丰厚的公司，这也是为什么 Netflix 将部分利润投资到新产品的创作、寻找优秀演员以及创作其他制作公司从来不敢做的素材上。

5. 扩大营销

Netflix 推出影响力非常大的短期广告活动，利用最重要城市的中心区域，大量投放广告，从而造成较大影响。这些广告也经常出现在社交网络上。例如，经常在推特上发表有趣的评论，吸引数百万用户的关注。

6. 分享多平台

单次订阅 Netflix 后，最多四五个人可以同时使用 Netflix 平台，因此按月付款更便宜。进入平台时，屏幕会被四五张图像分割，每张图像对应一个人，选择每个人是谁，然后访问 Netflix 的个人资料，同时另一个人可以使用同一个账户在另一台设备上观看 Netflix 节目。

图 3　Netflix. com

图 3 显示的是 Netflix 的起始画面，在这里可以看到最多五个用户可以同时观看 Netflix（每个用户在不同的设备上），此前是必须为全家人共享的电视，如今是父亲和母亲可以在电视上观看 Netflix 电影，而他们的孩子则可以在其他设备上看他们想看的内容。在图 4 中，可以看到每个 Netflix 配置文件所维护的内容。

图 4　Netflix. com

(二) Netflix 的策略总结

只要有互联网和一台设备，Netflix 能够帮助人们轻松访问影视服务平台。Netflix 以消费者为中心（满意度、通过消费者推荐和分析创造产品），产品质量高，具有原创性，且价格便宜。Netflix 既是分销商也是生产商。其强大的营销、简单的付款方式以及提供反盗版电影、卡通片、连续剧和纪录片的方法，使 Netflix 受到人们的喜爱。它以各种口味的产品，满足着不同人群的需求。

四、结论和启示

本文主要是分析并总结 Netflix 在影视剧市场是如何取得成功并走向国际化的原因和策略，及其与文化贸易的关系。下面，再深入系统地总结其成功的策略。

(一) 适应市场需求

Netflix 是目前许多国家或地区最重要的影视剧公司之一，也是人们娱乐活动中不可缺少的一个平台。这就是为什么我们要强调空闲时间和休

Netflix 的国际化道路与策略研究

闲。由于新技术的进步，Netflix 与文化贸易的关系非常明显，它可以为世界各国的电影和电视连续剧的传播销售和制作提供一个非常便利快捷的平台。此外，Netflix 不仅成功地开拓了世界市场，而且能够通过修改影视剧内容或专门提供一些观众想看到的内容（如反映其国家的文化习俗和观念等）来适应每个国家的市场需求。

（二）提供"物美价廉"的产品

Netflix 已经成功稳居欧洲国际影视剧市场的第一位，成为国际上最受欢迎的电影和电视连续剧制作商之一。其成功的根本原因在于它能够为用户提供价格低但质量高的影视剧。因此，可以毫不夸张地说，盗版的时代因 Netflix 的出现而结束。

（三）抓住商机和机遇

有时候，一个简单的想法就可以取得极大的成功，就像 Netflix 那样。因此，想要取得成功，不仅仅需要策略，更需要勇气。像 Netflix 的创始人那样看到市场的空白之处，便抓住商机，为用户创造和提供其他公司所没有的服务。

（四）学习和借鉴之处

Netflix 最值得其他公司学习的一点是取长补短，即借鉴其他公司的成功经验，吸取其教训。比如在演变阶段，我们可以看到 Netflix 在发展过程中，能不断反思自己的不足之处，同时借鉴其他影视公司成功的因素。

Netflix 的成功很好地向我们证明，任何想法、任何改进或任何市场都可能是商机。分析 Netflix 创立的初衷，可以发现"空闲时间"和"休闲"这两个文化定义可以为影视剧的商业化发展提供广阔的市场。毫无疑问，文化贸易能够分享并给予来自不同文化的人们非常满意的休闲娱乐产品或服务。

总而言之，文化贸易的成功，关键在于分析市场需求，抓住商机，并找到一种创造价值的新方法，以便能够就文化产品进行谈判。

国际经贸学院　　Melchor Nicolás Vivo（梅菜）

327

参考文献

[1] 马瑞青."新六大"电影公司"权力的游戏"——"互联网+"背景下好莱坞"新常态"格局的竞争分析 [J].北京电影学院学报, 2020 (06)

[2] 王妍芳.大数据技术下我国电视产业发展策略探讨——"网飞"经验的启示 [J].传媒论坛, 2021 (02)

[3] 迈克尔·韦恩, 敖蕾.国家市场中的全球性门户网站——"网飞"在以色列的品牌化 [J].世界电影, 2021 (01)

[4] 刘戈.自由与责任: 网飞快速成长的密码 [EB/OL].中国经营报, 2020-11-16

[5] 金错刀, 刘柳."星球大战"营销启示录——"星球大战"如何以游击营销成就200亿美元品牌帝国 [J].全球商业经典, 2005 (15)

[6] 麴力立.电影《星球大战: 原力觉醒》在中国的营销分析 [J].商, 2016 (21)

[7] 耿英华, 孙鸿妍.论《星球大战》电影IP的路径选择 [J].电影文学, 2016 (17)

[8] 姜艳.《星球大战》系列影片的营销分析 [D].哈尔滨工业大学, 2007

[9] 邓玥.浅析超级英雄电影的类型模式与文化策略——以漫威为例 [J].环球首映, 2019 (08): 24-26.

[10] 董天恒, 吴建晓.漫威影业旗下《复仇者联盟》系列电影的营

销策略研究 [J]. 现代营销（信息版），2019（11）

[11] 韩潇. 漫威电影品牌研究 [J]. 新闻研究导刊，2017，8（19）

[12] 何岸柳. 漫威影业品牌塑造研究 [D]. 湘潭大学，2020

[13] 何敏. 漫威改编电影的叙事策略及文化传播 [J]. 电影文学，2019（12）

[14] 滑彦立，李圣轩. 漫威漫画改编电影的繁荣、困境与展望 [J]. 电影新作，2018（4）

[15] 黄雯，孙彦. 从美国漫威公司作品看跨媒介叙事 [J]. 当代电影，2018（02）

[16] 高士杰，吴丽丽. 基于文化认同视角下的漫威系列电影全球化策略 [J]. 沈阳大学学报（社会科学版），2019，21（04）

[17] 孔繁宇，包韫慧. 漫威影业跨媒介叙事的 IP 开发探析 [J]. 北京印刷学院学报，2020，28（07）

[18] 李雪柔. 漫威电影在中国的跨文化传播策略研究 [D]. 大连理工大学，2019

[19] 刘静. 从《黑豹》解析美国电影中的超级英雄文化 [J]. 电影评介，2018（07）

[20] 任汝勤. 构建中国神话动画电影宇宙的路径探究——以漫威电影宇宙的构建为例 [J]. 新闻研究导刊，2021，12（02）

[21] 孙嘉曼. 文化品牌的跨文化传播研究——以美国漫威电影为例 [J]. 传播力研究，2019，3（08）

[22] 吴嘉宝. 基于美国漫威分析文化品牌的传播力 [J]. 传播力研究，2019，3（24）

[23] 苏佳成，苏海亚. 漫威品牌策略研究 [J]. 中国市场，2020（27）

[24] 涂艺. 浅析漫威电影 IP 产业链的模式创新 [J]. 现代商业，2016（33）

[25] 王新惠，秦子惠. 漫威品牌 IP 形象塑造与传播 [J]. 国际品牌观察，2020（29）

[26] 谢林杉. 浅析漫威超级英雄电影的跨文化传播 [J]. 丝绸之路, 2017 (18)

[27] 徐娜. 浅析漫威文化品牌推广对中国动漫产业发展的启示——以电影《奇异博士》为例 [J]. 视听, 2019 (12)

[28] 袁小涵. 新媒体背景下漫威电影宇宙的新浪微博营销模式探究 [J]. 西部皮革, 2018, 40 (12)

[29] 张冲力. "互联网+" 时代 IP 电影运营模式探析——以漫威电影模式为例 [J]. 戏剧之家, 2018 (18)

[30] 翟婧倩. 漫威电影宇宙的微博营销研究 [J]. 西部广播电视, 2016 (05)

[31] 周云飞, 安媛, 刘伟. 基于媒介融合背景分析漫威电影的叙事策略 [J]. 戏剧之家, 2017 (22)

[32] 邹怡婷. 互联网时代 "IP" 产业链初探析——以漫威电影模式为例 [J]. 东南传播, 2015 (8)

[33] 闫海涛. 迪士尼产业化运营的成功之道 [J]. 传媒, 2020 (15)

[34] 屈岺, 陈仕品. 迪士尼动画电影的特征及其启示——基于儿童认知发展的角度 [J]. 中国教育技术装备, 2019 (02)

[35] 李俊侃. 文化创意企业的发展与运营模式探究——基于华特迪士尼公司的案例分析 [J]. 中国集体经济, 2012 (19)

[36] 王凤飞. 华特迪士尼公司国际化经营优势分析——基于文化产业发展视角 [J]. 经济研究参考, 2012 (41)

[37] 范浉霖, 樊文昕. 迪士尼企业文化与品牌设计的发展缘由 [A]. 2019 年南国博览学术研讨会论文集 (二) [C]. 香港: 中国环球文化出版社, 华教创新 (北京) 文化传媒有限公司, 2019

[38] 何厚今. 迪士尼动画魔力的根源何在 [N]. 天津日报, 2016-03-16

[39] 王锐. 华特迪士尼 (中国) 有限公司的媒体战略分析与对策 [J]. 艺术科技, 2017, 30 (01)

[40] 荻凡妮. 迪士尼经营之道能带来哪些启示 [N]. 中国商报,

2016-05-24

[41] 吕新阳，苗新萍. 新媒体环境下迪士尼电影的成功之道 [J]. 视听，2017（01）

[42] 何澄. 探析迪士尼动画创作模式的启发 [J]. 传媒论坛，2020，3（24）

[43] 杨晗. 单调的膨胀：制片垄断下的日本电影产业发展 [J]. 当代电影，2019（12）

[44] 王玉辉. 2016 年日本电影产业观察 [J]. 电影艺术，2017（03）

[45] 支菲娜. 2015 年日本电影产业观察 [J]. 电影艺术，2016（02）

[46] 秦石美. 日本动画电影近十年发展情况分析 [J]. 传媒，2020（08）

[47] 刘伟军. 日本动漫对中国文化元素的运用及其启示 [J]. 智库时代，2018（48）

[48] 韩亚辉，戴敏敏. 论日本动画资讯杂志与动画产业的互动关系 [J]. 同济大学学报（社会科学版），2005（06）

[49] 余建平，蒋乃鹏，胡峰. 日本动漫与日本文化的互动关系——兼论对中国动漫产业发展的启示 [J]. 日本问题研究，2015，29（05）

[50] 刘鑫. 文化外交的经济功能研究 [D]. 华南理工大学，2019

[51] 程绚. 日本动漫对外传播研究 [D]. 山东大学，2015

[52] 马天艺. 日本东映动画公司国际化经营问题研究 [D]. 黑龙江大学，2015

[53] 朱雨晨. 中日文化产品贸易发展现状及其影响因素研究 [D]. 东南大学，2018

[54] 程永明. 日本文化产业战略及其实施路径 [J]. 日本研究，2011（04）

[55] 马芸. 日本动漫中的文化印象分析 [D]. 同济大学，2008

[56] 刘刚，荣欣. 日本动漫产业发展模式的形成和演化 [J]. 现代管理科学，2014

[57] 董志浩. 引进版英国畅销书的出版启示 [J]. 出版广角，2020

（24）

［58］陈睿，陈之奕. 元媒介视域下"哈利·波特"系列作品的 IP 运营策略［J］. 环球纵横，2020（20）

［59］熊晓君. 英国文学"哈利·波特"系列图书何以在中国畅销［J］. 出版广角，2020（16）

［60］赵俐苇.《哈利·波特》的产业链和文化价值分析［J］. 新闻研究导刊，2018（20）

［61］李雪鑫. 浅析《哈利·波特》式营销战略［J］. 西部皮革，2018（10）

［62］董璐.《哈利·波特》：从文学到电影［J］. 电影文学，2017（21）

［63］刘明阳."哈利·波特"的成功因素分析及启示［J］. 营销实战，2016（5）

［64］常升，暴慧敏. 哈利·波特飞到中国——浅谈《哈利·波特》系列中译本的成功之道［J］. 河北理工大学学报（社会科学版），2007（4）

［65］郑茜. 论对外传播纪录片创作的"格式化"路径选择［D］. 南京师范大学，2013.

［66］孙凤毅. 从纪实到现实：中国纪录片国际市场营销策略研究［M］. 北京：中国传媒大学出版社，2008

［67］燕京. 电视纪录片国际传播策略研究［D］. 扬州大学，2013.

［68］韩岳，韩诚. 中国纪录片的国际传播路径构建——基于国际纪录片节视角的研究［J］. 青年记者，2020（06）

［69］彭又新. 新时期中国纪录片的跨文化传播探析［J］. 中国电视，2019（12）

［70］黎明婉. 浅谈中国纪录片的国际传播策略［J］. 传媒，2019（15）

［71］裴武军. 中国纪录片国际传播新趋势［J］. 艺术评论，2018（07）

［72］许光. 提升中国纪录片国际传播力的路径探析［J］. 电影评介，2017（22）

［73］陈留留. 中国纪录片国际传播面临的挑战与机遇［J］. 传播与版权，2015（08）

［74］高启光. 中国纪录片国际传播实践的变迁与发展路径［J］. 艺术百家，2015，31（02）

［75］姜腾，刘成新. 中国电视纪录片国际化发展的 SWOT 分析［J］. 电影评介，2014（16）

［76］陈瑶. 中国纪录片的国际传播策略［J］. 东南传播，2014（10）

［77］刘文，朱翌冉. 以全球市场化思维建构中国纪录片国际品牌——央视纪录频道国际传播能力建设的理念与路径［J］. 电视研究，2014（06）

［78］韩璐. 浅析央视纪录频道的国际传播路径与对策［J］. 电视研究，2012（12）

［79］郑伟. 纪录片研究的"求实"与"求深"——文化大发展大繁荣背景下中国纪录片研究的分析与展望［J］. 中国电视（纪录），2012（05）

［80］王庆福. 国际视角与中国纪录片对外传播策略［J］. 电视研究，2010（11）

［81］高峰，赵建国. 文化外交视角下的中国纪录片国际传播［J］. 电视研究，2009（01）

［82］卢垚. 中国纪录片国际传播力研究［D］. 上海交通大学，2016

［83］杨植森. 中国纪录片的国际传播与国家形象构建研究［D］. 北京外国语大学，2019

［84］刘俨影. 中国纪录片国际化创作与传播策略研究［D］. 山东师范大学，2018

［85］The Broadway League：The Demographics of the Broadway Audience 2018-2019 Season. ［2021-03-23］. https：//www. broadwayleague. com/research/research-reports/

[86] 李冰洁，马爱萍. 探析百老汇的文化产业运营机制 [J]. 歌剧，2019（07）

[87] 吕华. 浅析伦敦西区音乐剧产业化——以《魔法坏女巫》为例 [J]. 戏剧文学，2019（05）

[88] 李怀亮，葛欣航. 美国文化全球扩张和渗透背景下的百老汇 [J]. 红旗文稿，2016（13）

[89] 肖雅婷. 音乐剧"本土化"跨界运营研究 [D]. 中国音乐学院，2016.

[90] 托本·布鲁克曼. 全球音乐剧发展概述 [J]. 歌剧，2015（07）

[91] 董雪蕾. 西方音乐剧中文版的产业化思考 [D]. 河南师范大学，2015.

[92] 陈健莹. 管窥韩国音乐剧产业化之路——首尔、大邱音乐剧节调研之行 [J]. 歌剧，2014（08）

[93] 费元洪. 韩国音乐剧本土化产业初探 [J]. 歌剧，2014（05）

[94] 罗薇. 百老汇本土音乐剧现状 [J]. 人民音乐，2013（11）

[95] 裴成赫. 韩国音乐剧的发展与关于中国音乐剧的预示 [J]. 歌剧，2013（08）

[96] 王橡. 20 世纪 80 年代前后美国百老汇演艺产业的演变与发展 [D]. 南京艺术学院，2013.

[97] 慕羽. 打造中国的音乐剧"全产业链"——音乐剧《猫》中文版的艺术与产业之路 [J]. 艺术评论，2013（04）

[98] 向勇，范颖. 中国音乐剧驻演百老汇策略研究——基于韩国功夫喜剧《JUMP》的比较 [J]. 福建论坛（人文社会科学版），2012（04）

[99] 罗建幸. 文化演出市场的体验式营销策略探析——以音乐剧《妈妈咪呀》为例 [J]. 科学经济社会，2011，29（04）

[100] 黄河清. 美国百老汇运作模式及其启示 [D]. 中南大学，2011.

[101] 刘素华. 百老汇为何存在于纽约？——论城市禀赋结构与文化产业区位选择 [J]. 中国文化产业评论，2010，11（01）

[102] 万丹. 浅析音乐剧《猫》演出的文化宣传策略——以成都演出

为例 [J]. 四川戏剧, 2009 (02)

[103] 音乐剧《狮子王》在上海市场的操作模式 [J]. 市场瞭望 (下半月), 2008 (07)

[104] 苑霄. 定义于任天堂电子游戏的文化与传播研究 [J]. 新闻知识, 2020 (07)

[105] 伏磊. 任天堂: 百年游戏帝国穿越史 [J]. 销售与市场 (管理版), 2020 (01)

[106] 杨千亚. 双边平台企业产品差异化战略 [D]. 河南工业大学, 2019

[107] 李洋. 任天堂的启示——从任天堂的经典产品探讨手工陶瓷产品的未来 [J]. 中国陶瓷工业, 2018, 25 (05)

[108] 李承龙. 任天堂经营方式与发展 [J]. 经贸实践, 2018 (07)

[109] 曹充, 成裕欣, 谢谦. 创新企业的发展之路——任天堂的前世今生 [J]. 科技经济导刊, 2017 (34)

[110] 黄晨阳. 任天堂进入移动游戏行业的战略研究 [D]. 延边大学, 2017

[111] 罗应鸿. 电子游戏的发展与游戏角色的塑造 [D]. 湖南师范大学, 2011

[112] 苑霄. 定义于任天堂电子游戏的文化与传播研究 [J]. 新闻知识, 2020 (07)

[113] 李馨月. 任天堂 Switch 的营销策略评析 [J]. 经营管理者, 2020 (05)

[114] 张容. 探索自由的边界: 开放世界游戏的控制与认同 [J]. 科技传播, 2020, 12 (15)

[115] 李金典. 浅谈动漫衍生品的探究与发展——以《神奇宝贝》为例 [J]. 计算机与网络, 2021, 47 (02)

[116] 孙庚. 日本家用游戏机企业的媒体管理战略——以"任天堂"为例 [J]. 社会科学家, 2019 (08)

[117] 丁鑫鑫. 任天堂和索尼游戏机价格竞争 [J]. 商场现代化,

2016（05）

[118] 郭一弘. 岩田聪："玩家"的革命 [J]. 理财杂志，2007（10）

[119] 曹充，成裕欣，谢谦. 创新企业的发展之路——任天堂的前世今生 [J]. 科技经济导刊，2017（34）

[120] 凯萨·麦克唐纳. 超级马力欧：顶级水管工的传奇 [J]. 风流一代，2021（05）

[121] 中国互联网信息中心. 第 47 次中国互联网络发展统计报告 [R]. 2021-02-03

[122] 中国游戏产业研究院. 2020 中国游戏产业报告 [R]. 2020-12-17

[123] 草缨. 日本动漫产业 "路线图" [J]. 黄金时代，2008（06）

[124] 邓子涵. 日本动漫与中国动漫的发展对比 [J]. 公关世界，2020（20）

[125] 高建奇. 日本动漫国际化发展战略研究 [D]. 黑龙江大学，2015

[126] 龚娜. 日本发展动漫产业的战略与措施 [J]. 东北亚学刊，2014（02）

[127] 季姝同. 日本动画产业发展及属性探析 [D]. 重庆大学，2016

[128] 刘慧佳. 东映动画中的配角塑造 [D]. 湖南师范大学，2016

[129] 刘刚，荣欣. 日本动漫产业发展模式的形成和演化 [J]. 现代管理科学，2014（04）

[130] 刘健. 20 世纪日本影视动画产业经营模式透析 [J]. 电影文学，2013（21）

[131] 刘甲男，蔡亚南. 日本动画产业的历史阶段特征分析 [J]. 电影评介，2012（18）

[132] 刘轩. 日本内容产业的国际化发展困境 [J]. 现代日本经济，2014（02）

[133] 牟震. 从动漫角色的特征浅析日本动漫全球化 [J]. 旅游纵览（下半月），2014（04）

［134］马天艺.日本东映动画公司国际化经营问题研究［D］.黑龙江大学，2015

［135］时佳璐.试论日本动漫产业国际化分析［J］.现代装饰（理论），2011（10）：67

［136］杨慧童.日本内容产业发展研究［D］.吉林大学，2020

［137］杨松.日本动漫在中国的传播［D］.中国艺术研究院，2018

［138］张长.变化的影子——东映动画早期风格研究［J］.中国电视，2018（04）

［139］叶常青.日本动漫产业国际化分析［D］.吉林大学，2011

［140］周焱.论手塚治虫有限动画的创新价值［J］.中国电视，2017（11）

［141］秦石美.日本动画电影近十年发展情况分析［J］.传媒，2020（08）

［142］周洋西.日本动漫繁荣发展的原因及启示［J］.大众文艺，2019（07）

［143］王玉坤.日本动漫产业链探析［J］.当代动画，2019（02）

［144］金韶，黄翀.日本动漫产业的 IP 运营模式和经验启示［J］.传媒，2018（24）

［145］曹莹，宋春耀，陆丹丹.浅谈日本动漫产业的创意与策划对中国的启发［J］.大众文艺，2018（23）

［146］傅志瑜.近二十年日本动漫影响研究综述［J］.文学教育（上），2018（08）

［147］李娜.日本动漫产业发展模式研究［J］.中国战略新兴产业，2018（16）

［148］李淑明.日本动漫产业发展对中国的启示［J］.现代商业，2018（04）

［159］晏旭.我国网络游戏产业链的优化之路［D］.江西财经大学，2019

［150］任文，王伟.中国电子竞技产业化分析及发展对策［J］.体育

科技文献通报，2008（10）

[151] 卢熠. 管窥游戏中的后殖民主义倾向——以《星际争霸》为例 [J]. 湖北广播电视大学学报，2013，33（10）

[152] 李浩. 暴雪游戏公司品牌传播研究 [J]. 西部广播电视，2017（24）

[153] 陈烁熹，唐小涵，侯玲. 基于霍金斯模型的暴雪公司探析 [J]. 现代商贸工业，2020，41（05）

[154] 刘玉堂，周学新. 从边缘到主流：游戏产业在中国文化产业界的角色转换——以电影《魔兽》风靡和电竞加入亚运为例 [J]. 中国文化产业评论，2019，27（01）

[155] 曹聪. 游戏企业国际化的动因与模式研究 [D]. 吉林大学，2020

[156] 李正良，田淼琪. "游戏 IP 电影化"改编的特征、难点与策略——从电影《魔兽》谈起 [J]. 青年记者，2016（36）

[157] 李菁. 日本游戏产业的发展分析及对我国的启示 [D]. 重庆工商大学，2013

[158] 侯阳平. 中国网络游戏产业本土化发展策略探析 [D]. 中南大学，2009

[159] 陈芳洁. 浅析中国民族网络游戏的本土化 [J]. 吉林画报·新视界，2010（7）

[160] 时佳璐. 试论日本动漫产业国际化分析 [J]. 现代装饰（理论），2011（10）

[161] 赵新利，宫效喆，陈曦. 日本内容产业对外传播的经验与启示 [J]. 青年记者，2019（28）

[162] 郑娟. 在东方与西方之间——宫崎骏动画电影与日本民族文化研究 [D]. 山东师范大学，2010

[163] 王浩宇. 吉卜力动画的商业探索与启示 [J]. 当代动画，2019（03）

[164] 刘艺. 国际动画电影制作研究——以日本宫崎骏吉卜力动画为

例［J］.明日风尚，2016（24）

［165］杜璐璐.日本文化产业发展路径的思考［J］.黑河学院学报，2020，11（8）

［166］薛燕平.世界动画电影大师（第2版）［M］.北京：中国传媒大学出版社，2010

［167］滕箫扬.日本动画电影的跨文化传播研究——以宫崎骏作品为例［D］.大连理工大学，2017.

［168］史公军.日本动漫产业运营模式对我们的启示——以吉卜力工作室为例［J］.现代视听，2013（12）

［169］杨晓萍，李传英.儿童游戏的本质——基于文化哲学的视角［J］.学前教育研究，2009（10）

［170］莲实.索尼的沉浮［J］.中国连锁，2013（03）

［171］李正.企业社会责任与企业价值的相关性研究——来自沪市上市公司的经验证据［J］.中国工业经济，2006（02）

［172］王京伦，邹国庆.从索尼兴衰看企业竞争优势及其持续性［J］.现代日本经济，2016（01）

［173］宋志红，李常洪，李冬梅.技术联盟网络与知识管理动机的匹配性——基于1995—2011年索尼公司的案例研究［J］.科学学研究，2013，31（01）

［174］杨金宏.上海迪士尼本土化营销策略研究［J］.中国商论，2018（2）

［175］丁苑.国际品牌主题乐园本土化设计研究——以上海迪士尼为例［J］.建筑与文化，2019，180（03）

［176］郑红，李毅峰.上海迪士尼主题乐园本土化营销策略中的第三文化研究［J］.文化学刊，2019（7）

［177］殷占录，孙文选，屈子琦.迪士尼乐园"本土化"发展策略分析——以上海迪士尼乐园为例［J］.旅游纵览月刊，2018，283（11）

［178］杜羡.泛娱乐时代下经典IP产业链本土化运营刍议——以迪士尼为例［J］.视听界（广播电视技术），2018（05）

[179] 李滢澄怡. 浅析迪士尼主题乐园的营销策略——基于全球化营销与本土化营销融合的视角 [J]. 湖北经济学院学报：人文社会科学版，2018，15（10）

[180] 苏丹妮，盛斌，邵朝对，陈帅. 全球价值链、本地化产业集聚与企业生产率的互动效应 [J]. 经济研究，2020（3）

[181] 耿川，沈锦发，陈为年. 当王阳明遇见德鲁克：现代企业博雅管理的本土化 [J]. 社会科学家，2019（08）

[182] 包振山. 跨国零售企业在华经营标准化输入与本土化演进路径研究——以日本永旺集团为例 [J]. 学习与探索，2020（02）

[183] 滕晓鹏，汝艳红. 百老汇戏剧产业孵化体系对中国演艺产业发展的启示 [J]. 山东社会科学，2018（10）

[184] 鞠虹. 百老汇音乐剧《音乐之声》的传播过程初探 [J]. 戏剧之家，2019（3）

[185] 韩曦. 本土化、典范化、国际化——美国音乐剧发展史的分期与特征 [J]. 上海戏剧学院学报，2020（6）

[186] 孙妍. 打造中国"百老汇"还需哪些功夫 [N]. 中国文化报，2014-02-14

[187] 杨志伟. 多元文化背景下美国百老汇的发展探析 [J]. 艺术评鉴，2020（11）

[188] 戴拥军. 金融危机百老汇剧院如何过冬 [J]. 中国戏剧，2009（4）

[189] 范煜辉. 论美国百老汇戏剧的成本票价及运营机制 [J]. 戏剧文学，2017（5）

[190] 王帅. 媒介融合时代百老汇音乐剧的传播路径 [J]. 青年记者，2018（10）

[191] 范煜辉. 美国百老汇戏剧产业启示录 [J]. 文艺争鸣，2010（11）.

[192] 贾国倩. 美国文化贸易的成功机制及启示 [D]. 青岛大学，2013

[193] 蒋帅. 美国音乐剧的发展及其文化意义 [J]. 河南师范大学学报（哲学社会科学版），2015（3）

[194] 任啸. 纽约外百老汇、外外百老汇的双轮驱动 [J]. 上海艺术评论，2018（12）

[195] 刘素华. 市场、社会、政府——三个角度看美国文化产业的发展启示 [J]. 中国文化产业评论，2010（2）

[196] 李冰洁，马爱萍. 百老汇为何存在于纽约？——论城市禀赋结构与文化产业区位选择 [J]. 歌剧，2019（7）

[197] 李文. 一部豪华音乐剧与一个城市的国际化气质 [J]. 新经济杂志，2005（2）

[198] 黄河清. 美国百老汇运作模式及其启示 [D]. 中南大学，2011

[199] 左学金，王红霞，钱智. 借鉴纽约经验建设上海"百老汇" [J]. 科学发展，2012（2）

[200] 赵如璋. 上海戏剧产业集聚探索——以现代戏剧谷为例 [D]. 上海交通大学，2012

[201] 傅海，汪如媛. 新世纪以来印度电影国际传播的文化策略与商业策略 [J]. 现代传播（中国传媒大学学报），2021，43（03）

[202] 姜博. 内外兼施：宝莱坞电影进军国际之路 [J]. 中国电影市场，2016（02）

[203] 吕丹. 好莱坞、宝莱坞的发展及国际化的共同经验探究 [J]. 新闻世界，2015（07）

[204] 迈克尔·波特. 竞争论 [M]. 高登第，李明轩译. 北京：中信出版社，2003

[205] 慕玲，张新阳. 国家形象与产业驱动：基于 2014—2018 年印度电影产业发展观察 [J]. 北京电影学院学报，2019（09）

[206] 宋诗伟. 印度宝莱坞对我国文化产业园区建设的借鉴研究 [D]. 武汉轻工大学，2013.

[207] 索姆吉特·巴拉特，付筱茵，王靖维. 宝莱坞的市场化 [J]. 世界电影，2019（05）

[208] 谭政. 2019 年印度电影产业观察 [J]. 电影评介, 2020 (Z1)

[209] 薛华. 中美电影贸易中的文化折扣研究 [D]. 中国传媒大学, 2009

[210] 巫志南. 当前推进我国文化政策创新的思考 [J]. 同济大学学报 (社会科学版), 2009, 20 (01)

[211] 张春华. 传媒体制、媒体社会责任与公共利益——基于美国广播电视体制变迁的反思 [J]. 国际新闻界, 2011, 33 (03)

[212] 朱春阳. 我国影视产业"走出去工程" 10 年的绩效反思 [J]. 新闻大学, 2012 (2)

[213] 庄廷江. 印度电影的海外市场开拓策略探析 [J]. 北京电影学院学报, 2015 (01)

[214] 孙大光. 体育文化概论 [M]. 北京：高等教育出版社, 2013

[215] 大山. 做受人尊敬的"责任者" [N]. 中国市场监管报, 2020-05-07

[216] 白杨. 体育运动品牌的案例介绍与营销策略分析——以 Nike 品牌为例 [J]. 当代体育科技, 2020, 10 (10)

[217] 熊一舟. 应对气候危机：全球企业发展需重新布局 [N]. 社会科学报, 2020-10-22

[218] 陆杨. NIKE 从广告说起 [J]. 时尚北京, 2019 (05)

[219] 朴光海. 韩流的文化启示——兼论韩流对现代社会生活方式的影响及其文化根源 [J]. 国外社会科学, 2011 (4)

[220] 张祖群. 影视"韩流"盛行于东亚还是全世界？[J]. 电影评介, 2015 (08)

[221] 刘宝全. 韩流在中国的传播及其对中韩关系的影响 [J]. 当代韩国, 2014 (01)

[222] 谭红梅, 柯妍. 韩国文化产业发展经验及对我国的启示 [J]. 经济纵横, 2009 (06)

[223] 朴光海. 韩流的文化启示——兼论韩流对现代社会生活方式的影响及其文化根源 [J]. 国外社会科学, 2011 (04)

［224］郑镇瀚. 韩流造成的经济效果研究［J］. 数字化用户，2019，25（29）

［225］郑贞淑. "韩流"的影响与展望［J］. 当代韩国，2005（3）

［226］朴星. 韩国文化产业出口振兴政策研究［D］. 上海外国语大学，2014

［227］徐小立. 从文化输出的角度看韩剧的成功［J］. 沈阳师范大学学报（社会科学版），2011，35（06）

［228］张磊，胡亚楠. 从文化输出观走向文化互惠观：透过"韩流"思考中国的国际传播［J］. 现代视听，2020（9）

［229］詹小洪. "韩流"文化盛行于中国及其原因［J］. 当代韩国，2007（01）

［230］吴玉. "一带一路"视阈下中外合拍电影的跨文化窥探［J］. 中共济南市委党校学报，2019（02）

［231］李湘艳. 当代中俄电影合作研究［J］. 理论观察，2014（07）

［232］吴易霏. "一带一路"视域下的中外合拍电影跨文化传播初探［J］. 视听，2019（10）

［233］史晓黑. 苏联解体后俄罗斯电影发展研究［D］. 山东大学，2018

［234］赵之群. "一带一路"倡议下中俄文化关系发展中的问题与出路［D］. 吉林大学，2018

［235］陈阳，德米特里·利沃维奇·卡拉瓦耶夫. 俄罗斯商业电影发展新趋势［J］. 艺术评论，2018（07）

［236］拜伊春. 文化差异视角下中俄电影中成吉思汗人物形象研究［D］. 昆明理工大学，2016

［237］于弘雪. "一带一路"倡议下的中俄电影合作［J］. 侨园，2019（08）

［238］李根. 中俄人文交流机制研究［D］. 吉林大学，2019

［239］俄罗斯通讯部. 俄罗斯和中国就100个媒体领域的联合项目达成一致［ED/OL］. http：//minsvyaz. ru/ru/events/34116/

[240] 魏亚东."一带一路"倡议下中蒙文化交流的区域特性研究 [J]. 新丝路：中旬，2020（8）

[241] 张薇，韩发. 中蒙文化理解与文化对话的路径创新研究 [J]. 前沿，2020（1）

[242] 李薇. 乌兰巴托中国文化中心：春风化雨，中蒙文旅交流入人心 [J]. 中外文化交流，2019（10）

[243] 曲莉春，张莉莉. 中蒙文化交流的意义、现状及路径研究 [J]. 前沿，2019（1）

[244] 刘冠华. 新时期中蒙文化交流对两国关系的影响 [D]. 吉林大学，2019.

[245] 李伟红. 加快发展战略对接落地推动中蒙关系持续前行 [N]. 人民日报，2018-04-10

[246] 王启颖."中蒙俄经济走廊"建设中的内蒙古与蒙俄文化交流 [J]. 实践（思想理论版），2018（6）

[247] 柴国君."一带一路"倡议背景下的中蒙文化产业国际合作路径研究 [J]. 国际贸易，2017（03）

[248] 张秀杰."一带一路"倡议与"发展之路"计划对接——基于蒙古国国家安全战略影响因素分析 [J]. 内蒙古社会科学（汉文版），2017，38（05）

[249] 张智荣，柴国君. 中蒙文化交流与文化产业合作研究 [M]. 北京：经济管理出版社，2017

[250] 郑媛媛. 中蒙俄经济走廊人文合作中的文化认同问题 [J]. 文存阅刊，2017（24）

[251] 赵起生，徐艳艳."一带一路"背景下中缅跨境民族传统体育交往路径研究 [J]. 当代体育科技，2020，10（09）

[252] 孙敬鑫. 中缅共建"一带一路"的新契机 [J]. 今日中国，2020，69（03）

[253] 丁工. 共建"一带一路"中缅关系再上新台阶 [J]. 旗帜，2020（02）

［254］周武英."一带一路"助力中缅深化合作 ［N］. 经济参考报，2020-1-16

［255］殷雅楠."一带一路"视域下中缅关系研究 ［D］. 中共陕西省委党校，2019

［256］许月."一带一路"建设中缅甸的国际定位研究 ［D］. 西南大学，2019

［257］苑生龙. 缅甸经济形势及中缅"一带一路"合作建议 ［J］. 中国经贸导刊，2018（36）

［258］姜秀敏，梁译文."一带一路"倡议下中缅合作困境及对策 ［J］. 大连海事大学学报（社会科学版），2018，17（02）

［259］李晨阳，宋少军. 缅甸对"一带一路"的认知和反应 ［J］. 南洋问题研究，2016（04）